马尔库塞文集

第二卷

走向社会批判理论

[美] 赫伯特·马尔库塞 著

高海青 陶 焘 译

COLLECTED PAPERS OF HERBERT MARCUSE
VOLUME TWO
TOWARDS A CRITICAL THEORY OF SOCIETY

人民出版社

编 委 会

主　　编　李晓兵

执 行 主 编　高海青

编委会成员（按姓氏拼音排序）

　　　　　　冯　波　高海青　黄晓伟　连　杰

　　　　　　陶　锋　陶　焘　朱春艳

目　录

前　言

彼得·马尔库塞

在阅读我父亲这些绝大部分未曾面世的手稿时，有两点令我惊叹不已。第一点涉及时事与长远分析之间关系，特别是与本卷选择的文章所揭示的长远分析之间的关系。第二点表面上看与写作风格有关，但更重要的是，与写作风格所揭示的思考过程有关。

这其中很多作品（其中一部分是发言稿，另外一部分是手稿）都完成于越南战争期间，即我父亲积极参与日常抗议活动期间。他的贡献不在于他提出了反战的论点，而在于他把战争放在了资本主义经济、资产阶级民主制、可能的抵抗形式的发展这个更宏大的框架下。他对事态的发展**程度**所作的某些判断今天看来或事后看来似乎在一定程度上并不正确，比如，正式场合的压抑的程度，或者，经济体系已经无法继续生产了。但是，基本的分析仍然正确。我认为，发展一种激进的社会批判在今天看来或许更为重要，而这可能是因为现如今的日常冲突看上去没有当时那么深刻。今天，由于从长远来看发生重大变革的可能性似乎非常遥远，所以我们倾向于较少考虑根本问题及其重要性，较少考虑激进的结构转变的必要性。

　　但是，正如我父亲在别处所写的那样，乌托邦已不再是乌托邦了，因为它们实际上可以在今天实现。因此，认真考虑哪种更好的社会组织模式值得选择，这一点很重要，虽然，与那时不同，这种反思现如今被搁置了。

[viii] ①　　我首先要讲的是，贯穿本卷所有内容的主题是政治的重要性，即与所有行动领域——从理论经济学到文化再到政治本身——的去政治化作斗争的重要性。从《马尔库塞文集》后续卷宗所发表的他后期的作品来看，他以形式与内容的辩证法为依据对艺术的政治内容做了明确的讨论，不过他拒绝该观点，即艺术，作为政治的，就应该是精致的宣传；在他目前尚存的专注于解放过程中艺术的作用和审美之维的篇章中，这些都有迹可循。从本卷收录的文章来看，他把精力放在了社会变革的根源上，他注意到，资本主义虽然带来了日益昌盛的物质文明，但也带来了愈演愈烈的非人化，而这需要以道德的方式来解决，也就是说，这意味着要靠政治，而不是狭隘的经济斗争。1966 年《爱欲与文明》的新序言的标题就是《政治序言》，而他在结尾处这样写道："现如今，为生命而战，为爱欲而战，也就是为**政治**而战。"这种道德、政治立场建立在对当前事态尖锐的理论分析的基础上，虽然当前的事态没有完全按照他预期的方向发展，但该立场却仍然巍然屹立。

　　至于写作风格，我印象最深的是，在第一次读到他发表的作品时，我曾经因为他很多暧昧不明的表述而对他恶言相向。我是一名律师，因此表述的敏锐性、精确性和清晰性被大力推崇，术语都有特定的定义，结论都被明确地给了出来，并且单方面地得到了强调。这样带来的往往是些读

---

① 　方括号中数字为原书页码。——中文版编者注

起来很晦涩、很不雅的复合句，即限定条件倍增的简单句，但经过一番努力之后，就会得出清晰、明确的结论。《国内税收法典》就很难读，但任何一个律师都会辩称，它试图精确地规定在什么情况下，有什么例外，对什么类型的公司来说，什么时候以及怎么做，什么征税和什么不征税。

从我那时专业的眼光来看，我父亲所写和所说的都与此完全不同。他经常使用的一个技巧是，以两种或三种不同的方式来说同一个东西，用逗号隔开或者加括号的方式，把一个名词加到另一个名词上，比如："事物之间的关系变理性了（更确切地说，合理化了）。"这样说也可以，但如果你的意思就是合理化，为什么不一开始就说呢？因为他想先把现象呈现出来，然后再拿它与现实进行比较。

"美国文化有时仍被说成是一种'否认死亡的文化'——但事实并非如此。或者倒不如说，神经质式的否认死亡隐藏着对死亡的深刻'理解'。"① 作为律师，我想问的是，到底是否认还是不否认？当然，答案并非简单的"是"或"否"；它否认死亡，但在另一个层面，它却不否认死亡。这并不是因为他的写作风格太过随意，而是因为他的风格接受矛盾、微妙差异和暧昧不明。 [ix]

在其他地方，他的写作风格更直接地暴露了内容："与［攻击性行为］的斗争……这里并不是压制攻击性行为，而是反向激活它。"② 这不是一个悖论吗？确实，但却是一个具有实质意义的悖论。这不是思想前后不一致吗？绝不是。

这样的例子很多，比如："既定社会使之成为可能但同时又受制于既定社会的生存方式。"两种情形能够同时出现吗？很有意思的是，答案是

① Historical Fate, ms. p. 22.

② Historical Fate, ms. p. 25。为了使这一点更清晰，我做了删节，但我并不认为这有什么不妥。

肯定的，这正是他的意思，也确实对社会做了准确的描述，即社会已经渐渐有可能为所有人提供越来越多的商品和服务，但商品和服务却仍然仅限于那些付得起钱的人。再比如："发达工业文明最令人感觉困惑的一个方面，即它的非理性具有理性的特征。"再比如："'价值'即规范和愿望，它们是……采取行动的原因。在这一意义上……它们反映了现有生产关系……的需求。然而，与此同时，至关重要的是，价值还反映了某些内在于[现存社会]但却又被[现存社会]压抑的可能性。"唉，作为沮丧的律师，作为希望一个词只有一个意思的律师，我想说的是，你能尽快决定你到底想表达什么意思吗？答案是他想同时表达两种意思，而它们之间存在着辩证的关系。这种关系贯穿《价值革命》这篇文章的始终。

　　这种风格接受暧昧不明，它确实看到了概念内部的矛盾，看到了特定行动和事件中的多重维度。其实，我们可以把这种写作风格称为辩证的。因为，我现在想说的是，它不是暧昧不明，当然，也不是不细致。毋宁说，它反映了现实的暧昧不明和矛盾，反映了这样一个事实，即事件其实有多重意义和结果，其中某些意义和结果与其他的不一致(更确切地说，它们之间存在着张力——他的写作风格抓住了该张力)。有时候，我觉得，父亲系统地讨论矛盾，完全是有意的，是为了让人产生震撼，比如，资产阶级民主制的最新状况是："(1) 它有着强大的群众基础，(2) 它有着激进反动的特点。"[1] 有时候，这些表述方式之所以引人注目恰恰就是因为它们看上去像是矛盾语("文明的野蛮"，"有利可图的奴役"，"压抑性的富裕")，甚至从逻辑上讲简直荒谬("废除了《第九交响曲》"，"无需工作的职业"，"实质上不完整的事实")。这种不同寻常的表述会迫使读者停下来

---

① Historical Fate, ms. p. 34.

思考，但通过努力，意义会变得清晰起来。

我之所以产生这些思考某种程度上就是因为这些重见天日的手稿。别忘了，它们（几乎）都未发表过；不过，即使是一系列备受瞩目的公开　[x]露面中的一次演讲，他也会把稿子写出来，然后删节、插入，一改再改。我父亲从不发表或授权发表任何他没有仔细读过的作品；比如，他在梅叶霍夫纪念讲座上的发言稿表明，除非他认为完善了，否则他不会对任何一个版本感到满意。他经常反复努力地修订他的文章的德语和法语翻译，尤其是当他注意到语言之间存在着细微的差别的时候。他通常不允许重印他的文章或书籍的部分内容，因为他认为，他的思想不能被割裂或脱离语境，而是必须从形成它们并由它们而来的完整的语境出发来考察。必须承认，在考虑发表他的作品，比如，本卷的文章时，我没有遵照他的意愿，甚至在我认为没有扭曲语境的情况下，我偶尔还会授权发表一些节选，而不是完整的文章，因为我觉得，任何对阅读这本书足够感兴趣的读者同样也都熟悉那些更完善的作品，同时我也觉得，形成那些已发表的作品的思路可能现如今对很多人来说很有价值。我父亲早已扔掉了那些只在短期内有用的东西，那些他认为毫无价值的东西；他不是档案管理员，也不认为他的研究过程具有历史意义，所以他扔掉了那些我们今天可能会觉得特别有意义的手稿。

但是，我最后想说的是，对他的时代，当然也是我们的时代来说，我父亲已成为一个重要人物。我认为，他的观点，以及它们的由来和改进，不仅具有历史意义，也具有当代现实意义。总之，这是我为《马尔库塞文集》第二卷辩护的理由，也是我推荐这本书的原因。

<u>The First Annual Hans Meyerhoff Memorial Lecture by Dr. Herbert Marcuse</u>

"Beyond One-Dimensional Man"

Please let me know as soon as you cannot hear me. I am not on
very friendly terms with technical instruments.

I dedicate this lecture to the memory of Hans Meyerhoff not only
on personal grounds but also on very substantial and objective grounds.
Not only because I was his personal friend; he was my closest friend.
But also because I believe that the work of Hans Meyerhoff testifies to
a trend of extreme importance for understanding what is going on among
the young generation, among the intelligentsia as a whole in the
present situation. I hope to be able to show you that my presentation
will bring out the exemplary character of the work of Hans Meyerhoff.

The trend that I am alluding to I would like to characterize, in a
preliminary way, *namely, as a* strange transformation of philosophy,
which involves the development from philosophy to politics via
literature and art. *This development tends toward* a realization of
philosophy, *which is* quite different from the one Marx foresaw, and quite
different from the way *it is often understood or rather misunderstood*, namely, that <u>instead</u>

引　言

马尔库塞与批判理论的变迁

道格拉斯·凯尔纳

透过马尔库塞的历史处境、理论兴趣和事业、人生的起伏，我们看到他与法兰克福社会研究所（Institut für Sozialforschung）① 密切地联系在一起。1923 年，该研究所成立于美因河畔的法兰克福，是德国第一个以马克思主义为研究旨趣的研究所。1930 年，霍克海默成了该研究所的主任，在他的领导下，因为跨学科的研究方法及其致力于形成一种当代社会的批判理论的研究计划，该研究所逐渐声名鹊起。霍克海默聚集了包括阿多诺、埃里希·弗洛姆、利奥·洛文塔尔、弗兰茨·纽曼、

---

① 关于社会研究所（或“法兰克福学派”）的历史与研究计划，参见 Martin Jay, *The Dialectical Imagination*, Boston: Little, Brown and Company, 1973（new edition, University of California Press, 1996）；Helmut Dubiel, *Theory and Politics*, Cambridge: MIT Press, 1985; Douglas Kellner, *Critical Theory, Marxism, and Modernity*, Cambridge and Baltimore:Polity Press and Johns Hopkins University Press, 1989；以及 Rolf Wiggershaus, *The Frankfurt School*, Cambridge and Cambridge, Mass: Polity Press and MIT Press, 1995。关于基础文本，参见 Andrew Arato and Eike Gebhardt, *The Essential Frankfurt School Reader*, New York: Continuum, 1982；另参见 Douglas Kellner and Stephen Eric Bronner, editors, *Critical Theory and Society. A Reader*, New York and London: Routledge, 1989。

马尔库塞、弗雷德里希·波洛克等在内的一群卓越的理论家，他们就形成于法西斯主义、共产主义以及国家资本主义时期的新的国家垄断资本主义形式、文化产业、权威主义人格以及社会控制模式提出了自己的理论。

[2]　　　1933 年，马尔库塞加入了社会研究所，并于 1934 年至 20 世纪 40 年代，即社会研究所流亡美国期间，成了研究所最活跃的参与者之一。马尔库塞深深地认同研究所的工作，从加入研究所开始，他的基本研究计划就是形成一种社会批判理论。本卷收录了马尔库塞晚年在他最高产、最有影响的 20 世纪 60、70 年代完成的一些关键的阐发批判理论的文本。为了便于讨论接下来的文章（其中很多都不为人知，并在这里被第一次发表出来），我将从他加入社会研究所，他在霍克海默和阿多诺20 世纪 40 年代末返回德国后离开研究所，以及他从 20 世纪 40 年代到1979 年去世这期间形成自身独特的批判理论这三个阶段简要地介绍一下马尔库塞。

马尔库塞加入法兰克福社会研究所

马尔库塞于 1898 年 7 月 19 日在德国柏林出生。其父亲卡尔·马尔库塞（Carl Marcuse）是一名成功的犹太商人，其母格特鲁德·克雷斯劳斯基（Gertrud Kreslawsky）是德国一位富裕的工厂主的女儿，在 20 世纪的头二十年，马尔库塞过着典型的中上层的犹太人生活，此时德国的反犹主义还不明显。"一战"前，马尔库塞在柏林的蒙姆森文科中学学习，"一战"打响后，马尔库塞加入了德国军队。1918 年初，被调到柏林之后，马尔库塞参加了德国革命，该革命将凯撒·威廉二世（Kaiser Wilhelm II）

逐出了德国，并建立了社会民主党政府。①

　　复员后，马尔库塞到弗莱堡开始了他的学术研究，并于 1922 年以论文《德国艺术家小说》获得了文学博士学位。在柏林做了短时间的书商后，马尔库塞回到了弗莱堡，并于 1928 年开始追随海德格尔学习哲学，而此时海德格尔已成了德国最有影响力的思想家之一。

　　1928 年至 1933 年，在弗莱堡跟随海德格尔工作期间，马尔库塞发表 [3] 了他最早期的文章，对现象学、存在主义以及马克思主义做了综合，而这也成了数十年后各种"存在主义"和"现象学"马克思主义者——例如，萨特、梅洛－庞蒂以及战后其他东欧和美国的学者——的研究的先声。马尔库塞声称，由于不重视社会、文化与心理分析，而偏重于经济和政治状况，马克思主义思想已经退化成了僵化的教条，因此需要关于当代社会状况的具体的"现象学"经验来更新马克思主义理论，并使之恢复生气。同时，马尔库塞还认为，马克思主义忽略了个体问题，因此，除了社会转型，马尔库塞终其一生都在关注个体的解放与幸福。

　　1932 年，马尔库塞就马克思当时刚出版的《1844 年经济学哲学手稿》发表了一篇极其重要的书评，而它也成了后来的一个趋势——即从早期马克思的著作的立场来重新理解马克思主义——的先声。② 作为最早认识到早期马克思的劳动、人性以及异化理论中的哲学维度的重要性的学者之一，马尔库塞认为，要想赋予马克思主义以具体的内容，批判的哲学视角是必要的。在撰写综合马克思主义与现象学的论文的同时，马尔库塞完成

---

① 参见 Douglas Kellner, *Herbert Marcuse and the Crisis of Marxism*, Berkeley and London: University of California Press and Macmillan Press, 1984。

② Herbert Marcuse, "The Foundations of Historical Materialism," in *Studies in Critical Philosophy*, Boston: Beacon Press, 1973.

了《黑格尔的本体论和历史性理论的基础》（1932）一书，并打算把它作为帮他赢得大学教席的"任教资格"论文。① 该书突出强调了黑格尔的生命与历史范畴的重要性，并重新激活了欧洲对黑格尔的研究兴趣。

　　1932 年，随着纳粹的掌权，弗莱堡的形势使马尔库塞陷入了危险的境地。正如他回忆所说："由于当时的政治形势，我极其想加入研究所。至 1932 年底，情况已经非常明显，在纳粹政权下，我根本不可能获得任教资格。"② 最终，马尔库塞与法兰克福社会研究所取得了联系，并就他能否与他们一起共事做了询问。他们邀请马尔库塞参加了一个面试，而正如洛文塔尔在本卷收录的一封信中所讲的那样，他们为马尔库塞在研究所安排了一个职位（参见本卷第 210 页③）。幸亏这样，因为正是在 1933 年，海德格尔加入了纳粹党，并开始为其发表演讲。④ 胡塞尔给法兰克福大学特派管理委员库尔特·里耶兹勒（Kurt Riezler）写了一封支持马尔库塞的信，与此同时，研究所也想向法兰克福大学请愿，希望其接受马尔库塞已经出版成书的研究黑格尔的"教职论文"，以便他能够被任命为大学教授。然而，实际上，马尔库塞从未在法兰克福的研究所工作，因为研究所成员预料到了纳粹的镇压，所以早早地就在日内瓦成立了分所，而马尔库塞也被分配到了那里。自此以后，尽管后来在哲学与政治上存在着分歧，但马

[4]

---

① Herbert Marcuse, *Hegel's Ontology and the Theory of Historicity*, translated by Seyla Benhabib, Cambridge, Mass.: MIT Press, 1987.

② Herbert Marcuse, "Theory and Politics: A Discussion," *Telos* 38 (Winter 1978–1979), p. 126。关于马尔库塞以这部研究黑格尔的著作来申请教职这件事，参见 Peter-Erwin Jansen, "Marcuses Habilitationsverfahren–eine Odyssee," in Peter-Erwin Jansen, editor, *Befreiung denken-Ein politscher Imperativ*, Offenbach/Main: 2000 Verlag, 1990。

③ 这里指原书页码。——中文版编者注

④ 参见 Martin Heidegger, *Die Selbstbehauptung der deutschen Universität*, Freiburg-im-Breslau: Korn, 1933。

尔库塞还是对现在所谓的"法兰克福学派"有着强烈的认同感，并为他们的计划做出了重要的贡献。①

1932 年，马尔库塞离开了受胡塞尔和海德格尔控制的守旧的弗莱堡大学哲学系，开始与新马克思主义社会研究所联系在了一起，这对于他的发展起到了关键性的作用。尽管海德格尔的影响在他后期的许多工作中清晰可见，但马尔库塞还是抛弃了将现象学存在主义与马克思主义综合起来的计划。海德格尔支持纳粹主义的"政治转向"和研究所对海德格尔哲学的坚决反抗促使马尔库塞与海德格尔决裂了，并与研究所一道全身心投入到了一种黑格尔式的马克思主义当中。研究所领导人霍克海默厌恶海德格尔晦涩的存在论，而他的同事阿多诺在完成了有关克尔凯郭尔的批判性研究之后，也开始批判起了胡塞尔与海德格尔的现象学。在接下来的十年里，马尔库塞参与到了研究所的工作当中，并且成了最为重要的成员之一。

马尔库塞早先对黑格尔与马克思辩证法的研究为他参与研究所关于形成一种辩证的社会理论的研究计划做好了准备。然而，在他与研究所合作的过程中，相比于早期著作，马尔库塞做出了重要的改变。从方法论上讲，他已经不再认为黑格尔与马克思提出的是一种社会与历史本体论，相反，他利用他们的方法与理念形成了一种社会批判理论。马尔库塞接受研究所的立场，即马克思主义的政治经济学批判是社会批判理论的中心与基础。于是，他将重心从"具体哲学"以及对"历史性"等主题的本体论分析转移到了阐发激进的社会理论上，而这种社会理论就根植于马克思主义

[5]

---

①　严格讲，"法兰克福学派"这一概念被用于社会研究所的工作应该在他们重返德国之后，当时，他们在法兰克福的约翰·歌德大学重新活跃了起来。这一术语后来流传了下来，被用来指认那些在美国流亡和返回德国积极参与研究所活动的人。

的政治经济学批判与面向现如今重大社会现实问题的历史唯物主义。另外，马尔库塞在政治上也发生了改变，他以更为温和的"解放"与"改革"等术语取代了"激进行动"与"毁灭性的总体革命"等概念。马尔库塞的革命性语言之所以有所缓和，部分原因是研究所做了这样的决定——因为处在流亡之中的他们需要采用"寓言式的语言"来掩饰他们的政治观点。当然，马尔库塞在政治语言上的转变还可能要归因于霍克海默以及同事们对他的影响已变得越来越大。由于法西斯主义的胜利，斯大林主义的暴政，以及随之而来的西方无产阶级作为革命主体的失败，研究所开始对马克思的社会主义和革命理论中的核心部分产生了质疑。

在霍克海默成为研究所领导，并且研究所将重心从经验研究与历史研究转移到发展一种跨学科的社会理论后不久，马尔库塞加入了研究所。霍克海默的能力对 20 世纪 30 年代的研究所来说至关重要，他负责研究所的研究计划、杂志、政治—理论取向以及大的方向。此外，在德国法西斯主义将研究所成员从西欧驱逐至美国这一段困难时期，霍克海默在哲学上和机构中发挥了他作为研究所领导的作用。霍克海默是一位训练有素的哲学家，有着广泛的学术兴趣。在试着发展一种"社会批判理论"的过程中，霍克海默把黑格尔—马克思当成了追求的方向。阿尔弗雷德·施密特（Alfred Schmidt）认为："霍克海默是从哲学角度来解释马克思这一趋势的重要的奠基人之一，而这与当今解读马克思的主流趋势完全不同。"① 他反对第二国际与苏联正统的马克思主义，也反对那时将马克思主义与新康德

[6]

----

① Alfred Schmidt, *Zur Idee der kritschen Theorie*, Munich: Hanser, 1974, pp. 37ff.。关于霍克海默 20 世纪 30 年代的代表作，参见 Max Horkheimer, *Between Philosophy and Social Science. Selected Early Writings* (Cambridge, Mass.: MIT Press, 1993)；另参见 Seyla Benhabib, Wolfgang Bonss, and John McCole, editors, *On Max Horkheimer: New Perspectives* (Cambridge, Mass.: MIT Press, 1993)。

主义、实证主义、人文主义或存在主义哲学潮流结合在一起的尝试。按照
施密特的说法："对于霍克海默来说，要想富有成效地、稳步地占有辩证
唯物主义，必须对黑格尔与马克思的历史和实质意义做严谨的分析。"① 霍
克海默认为马克思的基本论断是"哲学最杰出的成就是辩证法"，并且认
为必须将辩证法从它在黑格尔那里所具有的"神秘外壳"中解放出来。②

　　在霍克海默领导期间，研究所形成了"社会批判理论"。他们把理论
建构、社会批判与经验、理论研究结合了起来。除了关注社会心理学与大
众文化之外，在霍克海默的领导下，研究所在方向上最大的不同点就是他
们恢复了哲学在社会理论中的功用。正如卡尔·科尔施在《马克思主义和
哲学》中所指出的那样，占支配地位的马克思主义正统观念走向了实证的
唯物主义，并把政治学与经济学当成了理论与实践的方向，因而抑制了马
克思主义理论中的哲学成分。③ 然而，霍克海默、阿多诺与马尔库塞都是
专业的哲学家，他们认为哲学对社会理论来说至关重要。毫无疑问，这种
进路很适合马尔库塞，因为来研究所之前，他就已经完成了对黑格尔本体
论的研究，并且为了激进的社会变迁，他一直都在致力于将哲学与社会理
论结合起来。

　　霍克海默及其同事将研究成果发表在了引人注目的《社会研究杂志》
上。在第一期的序言中，霍克海默指出，研究所的研究将致力于形成一种
"关于整个当代社会的理论"④。他们决心要进行历史调查，解决当代问题，
形成一般性的、综合性的当代社会理论，研究"历史进程的未来发展"，

① Schmidt, op. cit., p. 41.

② Schmidt, op. cit., p. 42.

③ Karl Korsch, *Marxism and Philosophy*, New York and London: Monthly Review Press, 1970.

④ Max Horkheimer, "Vortwort," *Zeitschrift für Sozialforschung*, Vol. 1, No. 1 (1932), p. 1.

为社会变革提供工具。① 在后来的文章中，霍克海默与马尔库塞依据"社会批判理论"阐发了社会研究计划。(参见下一节的讨论)

[7]　　　1933 年，法兰克福学派的工作被法西斯主义的兴起打断了。他们早已预料到法西斯主义会掌权，因此提前将基金存放在了荷兰，并在日内瓦成立了分所。由于研究所的成员都是犹太人与激进分子，所以他们都知道他们在德国没有未来，必须寻找其他制度上允许他们存在下去的地方。在接下来的数年里，研究所居无定所，四处流亡，先后在巴黎、伦敦和纽约成立了研究中心。马尔库塞于 1933 年先是去了日内瓦，然后去了巴黎，最后于 1934 年 7 月到了纽约，在设在哥伦比亚大学的研究所分部待了数年。

社会研究所对马尔库塞的发展的重要性怎么说都不为过。在研究所的影响下，他与海德格尔决裂了，并与其他成员一道参与到了研究所的研究计划中。在马尔库塞与其他成员协同合作的第一年，研究所主要考虑的是解释法西斯主义的根源和原因。在这样的背景下，马尔库塞于 20 世纪 30 年代写了一系列的文章，分析了促使法西斯主义在德国取得胜利的文化力量和倾向。他与他的同事都坚定地认为"法西斯主义国家就是法西斯主义社会，极权主义的暴力与极权主义的原因都来自现存社会的结构"②。他们接受了正统的马克思主义的说法，即法西斯主义是资本主义社会的产物，是其经济体系、制度、意识形态和文化的产物。研究所承担着"识别出那些将自由的过去与它在极权主义的统治下的废止联系起来的趋势的任务"(N, p. xii，N 即 Negations 的简写)。他们认为法西斯主义的根源在于：(1) 为了保护资本主义的生产关系和维护统治阶级的

① Ibid., pp. 1–11.

② Herbert Marcuse, "Foreword," *Negations*, Boston: Beacon Press, 1968, p. xiii.

统治，社会经济危机得到了极权主义的解决；（2）资产阶级家庭等组织机构与压抑的社会化进程创造了认同并接受社会强加的统治的权威主义人格；（3）文化与意识形态在替现存的社会辩护和美化它的同时也使社会统治关系神秘化了；（4）极权主义国家实现了对整个经济、社会、政治以及文化系统的控制。

马尔库塞 1934 年的论文《极权主义国家观下的反对自由主义的斗争》是研究所第一次批判法西斯主义，它阐明了几个最具典型性的、可以代表他们分析独特之处的立场。① 据马尔库塞后来回忆，他的这篇论文是为了回应"希特勒在杜塞尔多夫工业家俱乐部的演讲；大家知道此事以后，霍 [8] 克海默把研究所的成员召集到了一起，指着一篇报刊文章，就希特勒的演讲为什么如此重要，以致我们至少应该对它进行独立的研究做了询问。我们做了讨论，并得出了结论"②。马尔库塞的观点是，极权主义国家及其意识形态对新时期的垄断资本主义做出了回应，为资本主义提供了防御其市场体系所产生的危机的措施，提供了防止市场体系遭到反对力量（即工人阶级政党）抵制的措施。在这种解读下，我们看到，法西斯主义与自由的过去并没有发生骇人的断裂，马尔库塞阐释了自由主义与法西斯主义之间的连续性，并揭示了自由主义对资本主义经济制度不容置疑的忠诚是如何为法西斯主义的极权秩序做准备的，以及随着它的到来，自由主义本身又是如何被废止的。

马尔库塞及其同事也对权威主义、个人如何以及为什么会屈服于极

---

① 参见 *Negations*, op. cit.。关于马尔库塞对德国法西斯主义更为详细的考察，参见 *Technology, War and Fascism*。

② Herbert Marcuse, "Theory and Politics," op. cit., p. 128。关于希特勒的演讲，参见 *My New Order*, New York: Reynal and Hitchcock, 1941, pp. 93ff.。

权统治做了经验上和理论上的研究。德国人民对法西斯主义的屈服以及他们对极权社会盲目乐观的接受带来了一个问题，即到底是哪些因素造就了接受与顺从甚至是最不合理的、毁灭性的权威的人格。社会研究所的成员认为，资产阶级家庭及其父权结构为个人骇人听闻地屈服于法西斯主义社会权威做好了准备。在"权威与家庭"这一团体合作专题中，他们研究了家庭在再生产资产阶级社会制度、社会实践和意识形态过程中的历史作用。社会研究所还研究了与屈服于社会统治相关的心理因素，并对不同国家的权威与家庭做了研究，对这些国家与家庭有关的各种文献做了批判性的评论。这些研究成果发表在了《权威与家庭研究》上。①

　　马尔库塞还就"自由与权威"做了长期的研究，梳理了自宗教改革、康德、黑格尔、反革命运动、马克思到最近的极权主义的权威理论以来的自由与权威观念。② 在这篇文章中，马尔库塞集中揭示了资产阶级[9]自由概念中的对立，这种对立将个人分裂成了两个领域：一个是自由的内在领域（自律），一个是外在的服从与束缚领域（权威）。马尔库塞认为，无论是新教和康德的内在自由，黑格尔神化的国家，还是反革命权威非理性的、传统主义的教条（伯克、德·迈斯特、弗里德里希·尤利乌斯·施塔尔），都为极权主义的权威理论做了准备。马尔库塞尖锐地批判了那些对于极权主义的权威理论和实践有着促进作用的观念，而这表明他有能力阐释观念的联系与后果——这在标准的思想史中却经常被忽略或被忽视。

---

① Institute of Social Research, *Studien Über Autorität und Familie*, Paris: Librairie Félix Alcan, two volumes.

② Herbert Marcuse, "A Study on Authority," translated in *Studies in Critical Philosophy*, Boston: Beacon Press, 1973, pp. 49–156.

走向社会批判理论

为了描述他们独特的黑格尔式的马克思主义，社会研究所于 1937 年决定采用"社会批判理论"一词。① 虽然社会研究所的几位"内部圈子"成员，特别是阿多诺和霍克海默原本极有可能修改他们在 20 世纪 30 年代使用的"批判理论"概念，但他们还是在接下来的数十年里用这一术语来指认他们的工作。20 世纪 30 年代，批判理论指的是研究所合作性的跨学科的研究纲领、计划和方向，相比个别的社会科学或哲学，它更倡导跨学科的社会理论。批判理论指的是在研究所的社会批判研究与课题中以激进的社会变迁为导向的哲学和社会科学的综合。实际上，批判理论是研究所流亡期间马克思主义研究的代名词，但后来它描述的是研究所核心成员所形成的独特的社会理论，并涵括了 20 世纪 30、40 年代到 50、60 年代这期间各式各样的理论，也就是说，涵括了研究所核心成员离开研究所并追求自身兴趣与事业之后形成的各种理论。

在 20 世纪 30 年代发表的一系列文章中，马尔库塞与霍克海默明确了研究所社会批判理论的研究纲领与哲学预设，同时对他们的事业与其他社会理论和哲学做了区分。② 马尔库塞把精力放在了批判理论和哲学之间的关系上，尽管他批判资产阶级哲学，但他也对其进步要素做了辩护："理 [10]

---

① 正如赫尔穆特·杜比尔（Helmut Dubiel）指出的那样，20 世纪 30 年代早期，社会研究所一直使用"唯物主义"和"唯物主义的"，或"社会经济理论"来描述他们的马克思主义纲领，直到 1936—1937 年，他们才用"批判理论"来描述。

② 参见 Max Horkheimer, "Critical and Traditional Theory," in *Critical Theory*, New York: Continuum, 1972, pp. 188–252, 以及 Herbert Marcuse, "Philosophy and Critical Theory," in *Negations*, op. cit., pp. 134–58。

性、理智、道德、知识与幸福不仅仅是资产阶级哲学范畴，也关系到了人类。因此，如果它们得不到更新的话，就必须被保留下来。"（N, p.147）马尔库塞的立场是，通过形成颠覆主流意识形态的概念，哲学可以在社会理论中扮演进步的角色，此外，在为争取更好的社会而斗争的过程中，哲学可以提供批判的武器。

从 20 世纪 30 年代的文章来看，马尔库塞不仅着力于保留他所认为的资产阶级传统中的解放性元素，同时也对他所认为的服务于压抑和支配的倾向做了批判。进步元素与保守元素往往不可能分割开来，但马尔库塞的文章却能够从分析资产阶级哲学与文化中的意识形态性、压抑性走向描述它们的解放性。马尔库塞认为，总体上讲，新兴资产阶级早期的革命理想涉及一个自由的社会的方方面面，他们的自由理论、理性主义理论、批判的唯心主义理论、人权理论、民主理论以及关于人类需要和潜能的唯物主义理论时至今日对社会批判理论来说仍然很重要。马尔库塞经常讲，资产阶级没能成功地实现自己的理想，因此，早期的理念，例如，民主和自由的理念，可以被用来批判它们现在被忽略、扭曲或压抑的方面。在他看来，许多早期的资产阶级理想可以被用来批判如今法西斯主义对自由权与自由的压制。

毫无疑问，这里体现了法兰克福学派所谓的"内在批判"的方法，即从历史建构的理想、原则和制度——比如，启蒙、自由、民主和人权——的角度出发来批判现行的社会状况或理论。不过，马尔库塞同样对他所认为的资产阶级传统中那些有助于法西斯主义取得胜利的倾向做了严厉的批判。因此，他在文章中不仅对自由主义、存在主义、唯心主义、理性主义以及资产阶级文化进步的方面做了高度的评价，也对其做了意识形态批判。马尔库塞认为，资产阶级的哲学与理想渐渐地变成了资产阶级用来使社会状况合法化和神秘化的、更为抽象和形式化的意识形态。实际上，马尔库塞认为，资产阶级哲学从一开始就有保守—调和的倾向，而这主要是为了维护资产阶级的私有制秩序，即占有性的个人主义，维护不受限制的市场以及无限积累资本的权利。但是——马尔库塞的文章到处是辩证的意想不到的曲折变化——即使是最具意识形态性的概念，比如，平等、自由、幸福等等，也为保留某些充满理性、人性的解放人类的理想提供了"庇护"。因此，保守的动机与解放的动机总是紧密地联系在一起，需要谨慎地分析与批判。

[11]

在马尔库塞与社会研究所"核心成员"看来，资本主义文化有两个传统：一是进步的遗产，它由人文主义的解放的元素构成；二是反动的遗产，它有保守性、神秘性、压抑性。他们认为，相比早期更为进步的阶段，后期的资本主义文化则显得不太合理，甚至出现了倒退。例如，在1936 年的文章《本质概念》中，马尔库塞写道：

> 根据资本主义初期代表性的观点，批判自律的理性主体应该建立所有理论性的、实践性的真理所依赖的终极真理，并为之辩护。人和事物的本质都包含在了自由思考的个体之中，即包含在了我思之中。在这个时代结束时，认知本质主要是为了将个体批判的自由与先在的、绝对有效的必然紧密地联系起来。本质论的工具已不再是概念的自发性，而是变成了直觉的感受性。认知以承认宣告终结，在此被固定了下来。

在评价艺术与理念——比如，它们的起源、本性、社会功能——的时候，马尔库塞总是将文化形式和它们所处的具体的历史情景联系起来。

进一步讲，在分析社会与文化形式的时候，他总是将他的主题与政治经济联系在一起，因为他认为，个人与社会的主要问题"可以从经济学的角度去思考"（N, p.134）。既然批判理论"承认经济状况对整个现存世界负责"，并从政治经济学的角度理解"现实在其中被组织起来的社会结构"，那么就应该摒弃哲学是一门特殊的、优越的学科这一观点，也应该摒弃社会理论是一种讨论社会和社会生活的自主的话语模式这一观点。然而，哲学不会被抛弃，也不会遭到诋毁，因为批判理论就是要对哲学和科学进行综合，利用与实证研究相结合的哲学建构。虽然马尔库塞和他的同事都接受马克思主义的立场，即经济对所有社会生活来说是关键性的决定因素，但他们拒绝一切形式的经济还原论，并一直都在试着描述将作为一个相互作用的系统的部分的经济、社会政治制度、文化、日常生活以及个人意识等联系起来的一系列复杂的中介。

[12]　　　批判理论主张"以社会存在来解释整个的人类实存及其世界"（N, pp.134–5），而这其中就蕴含着一种社会研究的理论与纲领。批判理论认为，特定的社会现象只能被理解为整体的组成部分，因此社会理论的主要任务就是描述社会系统的结构与动力。遵照马克思主义理论的原则，马尔库塞强调指出，承认社会实存与人的实存由"生产关系的总和"（N, p.82）构成至关重要。正如马尔库塞在《本质概念》中所讲的那样，既然经济是社会的"本质"，那么批判理论必须描述经济的运作方式，以及经济是如何与其他社会生活形式相互联系并影响它们的。

马尔库塞指出，社会批判理论"与唯物主义联系在一起"，与"其奠基者的信念"（N, p.135）一致。按照社会研究所的策略，即不要让人注意到他们的马克思主义立场，马尔库塞在《哲学与批判理论》中一次也没有提到马克思，但很明显的是，所提到的批判理论的奠基者就是马克思，而且文章中所表现出来的立场就是马克思主义的基本立场。不过，马尔库塞就马克思的唯物主义给出了自己的解释："正是两大基本要素将唯物主义与正确的社会理论联系了起来，它们分别是：（1）关心人类的幸福，（2）坚信只有通过改善物质生活条件才能获得幸福。"（N，p.135）因此，对马尔库塞来说，"唯物主义"是一种关心人类需要和幸福的社会实践，而不是一个宣称物质是基本的本体实在的哲学命题。

在《论快乐主义》一文中，马尔库塞阐释了批判理论对人类需要及其满足的承诺，这也是他第一次详细地阐述他对需要、感官享受和幸福的关心，而这也是他后期哲学一个主要的关注点。他支持个体对快乐和感官享受的要求，反对禁欲主义哲学对需要和激情的压抑，反对那些把需要和激情当成危险或不道德的东西而加以压抑的禁欲主义哲学和制度。但是，他也抨击了那些主观主义的快乐主义者的观点，因为他们认为快乐是纯粹内在的事件，不存在高级快乐和低级快乐、真实快乐和虚假快乐的客观条件或标准。文中，马尔库塞揭示了幸福是如何与决定了人类幸福可能与不可能并确定了幸福的范围与内容的社会条件紧密地联系在一起的。例如，他揭示了无论是在古希腊还是在资本主义社会，劳动制度在本质上与人类的幸福相冲突，并创造了两大阶级，其中特权阶级相比被剥削的工人阶级更有可能获得满足，而正是工人阶级的生产使前者的满足成为可能。（N，p.183）在资本主义社会，幸福是一种阶级现象，而且在最大的程度上被限制在了消费领域。（N，p.173）它受制于劳动制度的要求——在该制度 [13] 中，工作大多都很无聊、很痛苦。顺从劳动制度的要求带来的是这样一种职业伦理，它贬低快乐，并创造了使幸福转瞬即逝或不可能的客观条件。

对马尔库塞的构想来说至关重要的是他将自由与幸福联系在了一起："幸福，作为个体所有潜能的实现，以自由为先决条件，实质上，它就是自由。"（N, p. 180）在马尔库塞看来，如果没有满足自身需要的自由，如果没有以自我实现的方式去行动的自由，那么真正的幸福是不可能的。如果自由没有在现有社会的物质条件下盛行开来，那么就必须创造新的社会环境，以便有可能增加幸福与自由。马尔库塞认为，只有在经济发展以满足人的需要（而不是利润）为目的的自由生产者的联合体中，个体才能真正获得自由和幸福："在这里，我们再次看到了旧有的快乐主义的定义，在全面满足需要与需求的过程中寻找幸福。满足需要与需求应该成为劳动过程的规范性原则。"（N, p.180）

充分满足可能的需要的潜能就存在于现代技术之中，因为它可以通过自动化减少异化劳动，可以生产满足人的基本需要所必需的商品。（N, p.184）在这里，马尔库塞第一次给出了这个观点，即技术可以生产出一种能够提供审美享受和感官满足的环境。不过，技术并没有以满足人的需要为目的，该事实要归咎于社会制度仅仅以追求利润的最大化为目标，而这也正是无数的不幸和痛苦的根源。这一在《论快乐主义》中约略提到的主题渐渐地引起了他的关注，并成了马尔库塞后期著作的一个主要的关注点。

在马尔库塞看来，在现代社会，大多数人不可能真正获得幸福，这不仅仅是因为劳动制度妨碍了自由与幸福，还因为劳动制度中处于支配地位的快乐是虚假的，限制了真正的幸福与自由。从 20 世纪 30 年代直到他去世，马尔库塞一直都确信，理性能够把真实的需要与虚假的需要、真快乐与假快乐区分开来。因此，对马尔库塞来说，"幸福与知识有关，它也因此超出了单纯的感觉维度"（N, p.180）。他认为，理性是"人类思想的基础范畴，是唯一一个通过自身将自身与人类命运联系在一起的范畴"（N, p.135）。理性是质问一切实存的"批判的法庭"，它的任务就是批判社会

秩序的不合理性并规定人类最高的潜能。按照唯物主义的观念，理性应该
创造一个能够将个体从限制自由、幸福以及个人潜能发展的不合理的羁绊　　[14]
与束缚中解放出来的合理的社会。理性必须规定个体与社会真正的需要和
真实的兴趣，此外，为了个体的幸福，理性还要抨击普遍盛行但却应该被
废止的虚假的需要和压抑性的兴趣。

因此，幸福还是不幸福是一定程度上可能会受到社会实践影响的社
会事件。强制延长工作日，维护非人的工作环境，阶级划分与剥削，压抑
的道德，充满危机的经济，所有这些社会条件都是自由与幸福的客观束
缚。要想消除这些束缚，唯一的途径就是：

> 藉由这样一个经济与政治过程来完成，而该过程主要包括由共
> 同体来支配生产方式，重新将整个社会的需要和需求确定为生产过
> 程的方向，缩短工作日，个体积极地参与到整个社会的管理中。(N,
> p.193)

所以，在马尔库塞看来，只有通过彻底地重建社会，个人才能获得
自由与幸福。（N, pp.192–200）尽管表述很温和，但我们可以明显地看到，
马尔库塞追求的是马克思的社会革命概念。不过，马尔库塞并不同意严格
的正统的社会主义概念，即将社会化等同于受中央计划管控的生产资料的
国有化：

> 劳动过程并没有按照计划进行管理，相反，决定管理规则的利
> 益变得重要了起来：仅仅当这一利益是大众的自由与幸福时，它才是
> 合理的。忽视这一因素也就剥夺了理论的本质特征。它从获得了解

放的人类的形象中根除了原本用以区分这种人类与先前所有人类的
幸福理念。如果在人类的社会关系中没有自由与幸福，那么即使是
最大限度地提高生产，废除生产资料私有制，这些过程也还是摆脱
不了旧有的不公正的影响。（N, pp.144–145）

马尔库塞在这里将他的社会主义概念与现存社会中受压抑或限制的
自由与幸福的潜能联系了起来。他认为，这一对人类的现状及其潜能的关
心将"批判理论"与"那些阐明了人类自由、幸福以及个性化的条件与特
征的伟大哲学"联系了起来。批判理论就是要规定人类最高的潜能，并根
据它是进一步发展、实现了潜能还是进一步约束、压抑了潜能来批判社
会。批判理论的终极目标与根本旨趣是生活在理性社会中的自由与幸福的
人类。这涉及人类的解放及其潜能的发展。（N, pp.145ff.）

[15]

对于这样一种筹划来说，激进的社会变迁是必要的，因此批判理论
的所有概念都以社会实践为旨归。从方法论的角度来看，批判理论不仅要
理解现存社会，批判其矛盾与不足之处，还要构建不同的社会。所以，它
的概念既是描述性的，也是规范性的，而其目标是一个新的社会。这些概
念都是"建构性的，它们要去把握既定的现实，同时还要去把握它的废除
以及随之而来的新的现实"（N, p.145）。批判理论的概念描述了既定社会
的结构，并且"已经包含了对它们的否定与超越：没有剩余价值的社会组
织形象。所有的唯物主义概念都包含着控诉与命令"（N, p.86）。因此，这
些概念是多维的，它们不仅描述、批判现实，同时还提出了一种可以替代
既定状态的方案。对马尔库塞来说，马克思提出了批判理论的范式，他不
仅描述了资本主义社会的异化、剥削、占有剩余价值以及资本积累，通过
尖锐的批判概念批判了那个社会，并给出了一个摆脱了资本主义的压迫性

的社会形象。因为批判理论的目标是"批判事实，并以更好的可能性来对抗坏的事实性"（N，p.143），所以它否认事实与价值之间或者描述性陈述与规范性陈述之间存在着截然的对立，并提供了一个既具有描述性又具有批判性并以社会变迁为旨归的理论。

在评价一种社会秩序合理还是不合理的时候，现存社会将被拿来与其更高、更好的潜能进行比较。在马尔库塞看来，"是什么"与"可能是什么"之间的矛盾为社会变迁提供了动力。比如，马尔库塞不断地拿现代技术的潜能和积累的社会财富与它们当前受限制的使用进行比较，并因此对社会没有能够以更为解放、更为人道的方式使用技术提出谴责。所以说，批判理论以未来为导向（N, pp.145, 153），具有乌托邦性。它对未来的筹划并不是毫无意义的白日梦，而是建立在对当前社会趋势——即它有可能发展成为一个提升人的自由与幸福的理性的社会——的分析基础上的充满想象力的社会重建计划。要想填补"理性思考与现状之间的鸿沟"（N，p.154），想象是必要的。强调想象力在社会理论中的重要性，这一直是马尔库塞后期作品的话题，其目的就是为了恢复曾经存在于亚里士多德和康德等哲学家的著作中、但却被现代哲学所忽视和鄙视的想象力的意义。（N，pp.154–155）因为马尔库塞认为："如果没有想象，一切哲学知识都将受到现在或过去的控制，并与未来隔绝，因为它是哲学与真正的人类史之间唯一的纽带。"（N, p.155） [16]

此外，批判理论还会对与它相联系的实践做出反思和批判。马尔库塞写道："最后但同样重要的一点是，批判理论还会对其自身以及构成其基础的社会力量做出批判。理论中的哲学要素是为了对抗新'经济主义'，因为后者将经济斗争孤立了起来，将经济和政治领域分离了开来。"（N, pp.156–157）在这里，马尔库塞间接地指出了批判理论应该批判正统的马克思主义，拒斥经济还原论（即新"经济主义"），还应该批判工人阶级运动的局限性。不同于狭隘的经济还原论，批判理论在马克思主义框架下不仅为政治领域做了辩护，还呼吁政治决断和关系应该以社会和人类的目标为旨归，应该"为了人类的解放组织管理社会财富"（N, p.157）。批判理论想要摆脱幻想，所以它不担心自身的理论和马克思主义会碰到这样的问题，比如，"如果理论所勾勒的发展没有发生，该怎么办？如果本该引起社会变革的力量被压制了并且似乎失败了，又该怎么办？"（N, p.142）在这里，马尔库塞给出了一个令人不安的可能性，即如果工人阶级运动中的社会力量被打败了，那么批判理论就会失去实现理论的社会基础。正是这样一种困境将推动马尔库塞后期大部分作品——尤其是《单向度的人》——的创作以及霍克海默和阿多诺后期的工作。但在 20 世纪 30 年代，马尔库塞却指出，批判理论应该不顾历史环境地保持对其自身真理性的信仰，"因为批判理论保留了哲学思想真正的品质，即固执己见"（N, p.143）。

在马尔库塞看来，批判理论应该既要保留哲学批判和解放的维度，又要推动使自身得以实现的社会实践。因此，马克思对理论与实践的统一的强调是马尔库塞批判理论的指导思想。马尔库塞将终生不渝地循着这一筹划来努力发展批判理论，而本卷收录的文本就是很好的证明。

[17]　　　在晨边高地的十年

马尔库塞是研究所最高产的成员之一。在我看来，作为一位哲学家，马尔库塞要比霍克海默更具原创性，也更精细，并且对黑格尔与马克思有着更扎实、更详细的认识。马尔库塞参与到了研究所的集体研究计划中，帮助阐释了批判理论的构想，对资产阶级意识形态做了强有力的批判，并就哲学、社会学、历史和心理学主题为研究所的期刊写了大量的书评。①20 世纪 30 年代中后期，马尔库塞与霍克海默的合作特别紧密，而且此时他们对批判理论的构想与阿多诺和本雅明有所不同。② 无论是霍克海默还是马尔库塞，都没有像阿多诺那样渴望"清算唯心主义"，同时，他们所持的黑格尔式的马克思主义与阿多诺早期的（甚至是晚期的！）作品相抵触。③ 但是，随着阿多诺 20 世纪 30 年代后期成了研究所的"核心成员"，霍克海默在工作上开始与阿多诺更为密切起来，到了 20 世纪 40 年代，他们对批判理论的看法渐渐地远离了 20 世纪 30 年代的研究纲领。

我们在马尔库塞档案馆看到了《在晨边高地的十年：关于研究所 1934—1944 年这段历史的报告》这一文本，它简要地概述了研究所在十年流亡期间——这段时期，马尔库塞全身心地投入到了研究所的研究计划当中——的行动与处境。它表明将社会批判理论与哲学整合起来是研究所的研究方法，也是马尔库塞自己的研究方向。

　　每一种研究，在符合最高的科学标准的同时，应该也有一个哲学取向。它应该促进社会活动的终极动机的形成。在这一意义上，哲学与科学之间并无明确的界限。科学本身变成了哲学，而哲学本身则不仅仅是科学研究。在我们看来，文艺复兴以来的欧洲伟大的人文主义学派的思想的典型特征正是这一作为哲学的科学概念，即

---

① 参见 the bibliography in Kellner, *Herbert Marcuse*, op. cit.。

② 关于 20 世纪 30 年代霍克海默 – 马尔库塞和阿多诺 – 本雅明的批判理论的区别，参见 Susan Buck-Morss, *The Origin of Negative Dialectics*, New York: The Free Press, 1977。

③ 关于阿多诺的"清算唯心主义"计划，参见 Buck-Morss, op. cit., pp. 111ff. ；关于霍克海默和阿多诺的区别，参见 Stefan Breuer, "The Long Friendship: On Theoretical Differences between Adorno and Horkheimer," in *On Max Horkheimer*, op. cit., pp. 257–80。

作为科学的哲学概念。

[18]　　　　研究所在研究中保留了这种态度。在特定的哲学专著中，研究所一直都在试着向美国科学解释这种精神状态，并拿它来解决当代的问题……逻辑、道德和艺术问题以批判的精神得到了讨论，而这么做的目的是保存衰退的人文主义文化中的人文主义思想要旨。①

这一报告强调："现代大众社会中个体的命运，即一方面是他的原子化和挫败感，另一方面是他的理性做好了向大众的支配方式屈服的准备，一直以来都备受关注。"通过概述他们"关于权威主义制度及其趋势的研究"，我们可以注意到极权主义制度是如何"从个体的根源与基础出发"来攻击个体的。研究所对权威、家庭、法西斯主义以及极权主义趋势的研究表明："对权威有明确的意识而且普遍信仰权威一直以来都是现代社会的典型特征。"因此，启蒙运动中对自由和理性的爱"从一开始"就与资产阶级文明的主要趋势"相矛盾"。②

民族社会主义被解释成了"一个权威主义的行动系统"，而这是"现代世界普遍可见的倾向和冲动的一种极其恶毒的表现形式"。它是一种新的社会秩序，"与所有其他形式的西方社会有着本质的不同"。它用"一种建立在主从式的命令与服从基础上的紧密联系的社会结构"取代了市场经济。此外，民族社会主义同样表明家庭、私有财产、法庭、文化的社会功能发生了变化。在这样的秩序下，父母的权威被国家的权威取代了，权威有了更客观的政治、社会支撑物，像个人、市场、家庭、宗教以及传统文

---

① Institute of Social Research, "Ten Years on Morningside Heights: A Report on the Institute's History 1934–1944," p. 11 （马尔库塞档案）.

② "Ten Years," op. cit., pp. 13ff.

化这样的资产阶级社会的支柱有了明显的减少。其结果是，社会出现了原子化趋势，出现了新的支配形式，传统社会的一切纽带都瓦解了。另外，法西斯主义的秩序具有流氓国家的特征：国家机关可以随意地从伪合法变成彻头彻尾的恐怖，自治组织被碾碎了，个人被剥夺了有组织的抵抗手段，成了单子，无助地暴露在了宣传、腐败、恐怖的夹击之下。[①]

《在晨边高地的十年》表明，研究所的哲学、政治和社会研究植根于对那些在所有高度发达国家中促进了经济力量的集中的过程的经济研究。[19]从市场经济到国家垄断资本主义的转变"促进并在一定程度上决定了其他领域的权威主义的趋势"，而且改变了市场的角色，并"将愈演愈烈的集中控制与计划这种干涉因素带入了所谓的自由经济"。与此不同，民族社会主义呈现出来的是一种政府管制经济，即计划经济。[②]

该报告还简要概括了他们在艺术、偏见和反犹太主义等方面所作的社会学研究，并清楚地表明马尔库塞参与到了广泛的跨学科活动中。从他战后的活动来看，马尔库塞仍认同发展一种社会批判理论的计划，而他整个一生也一直都在致力于将哲学、政治经济学、社会理论和激进政治整合在一起。"二战"期间，当霍克海默和阿多诺忙于哲学研究，即后来的《启蒙辩证法》，并渐渐远离马克思主义和具体政治的时候，马尔库塞却全身心地投入到了历史和政治研究中，并参与到了反法西斯主义斗争的具体政治活动中。此外，纽曼和马尔库塞已开始从当今时代出发来阐释一种"社会变迁理论"，而这项工作填补了社会研究所在这方面的空白[③]——马尔

---

① "Ten Years," op. cit., pp. 14–15。关于马尔库塞对德国法西斯主义的分析，参见 *Technology, War and Fascism*, op. cit.。

② "Ten Years," op. cit., pp. 15–16.

③ 参见 Herbert Marcuse, *Technology, War and Fascism*, op. cit., pp. 93–138。

库塞虽身处不同的环境，但终生都未放弃该工作。

　　早期马克思曾试图对哲学和政治经济学进行综合，也正是在他的深刻影响下，马尔库塞把全部热情都奉献给了批判理论的这一计划，即将哲学、社会理论及政治经济学结合起来，在经典马克思主义的政治经济学研究之外增加社会批判理论这一维度，处理尚未被马克思充分理论化的现象，例如，人类生活的社会、文化、美学以及心理维度。这也正是典型的马尔库塞式的综合，而本卷所收集的研究将把它呈现出来。

　　因此，马尔库塞不是一个传统的哲学家或社会理论家，而是一个真正跨学科的、辩证的思想家，对他来说，哲学范畴通常以政治经济学和社会理论为中介，与此同时，哲学为社会生活的各个方面提供了批判性的视角。因此，为了社会批判理论，马尔库塞替哲学范畴，甚至是形而上学做了辩护，而在发展一种具有实践意图的哲学社会理论时，马尔库塞把社会理论对哲学的**扬弃**呈现了出来。这一计划牵涉到要重新建构和重新思考马[20]克思主义，以填补它的空白，并使之更适应当代现实的需要。该讨论为介绍马尔库塞战后的批判理论研究及其独特版本的形成做好了准备。

马尔库塞的批判理论：马克思、弗洛伊德以及对他们的超越

　　在收到法兰克福大学发来的几封令人鼓舞的信件和邀请函之后，霍克海默在 20 世纪 40 年代末致马尔库塞的信中谈到了他返回德国重建社会研究所的计划。霍克海默、阿多诺以及霍克海默的密友波洛克确实于 1948 年回到了法兰克福，霍克海默被选为所长，并被任命为法兰克福大学的校长，而声名远播的法兰克福学派在德国实现了重建。然而此时，马尔库塞却仍然待在美国，尽管他与研究所有着密切的联系，并且频频表示

很想与他先前的同事重新团聚。

1951 年 10 月 18 日，马尔库塞给前不久他刚刚拜访过的霍克海默写了封信，他在信中说道："您曾问起我有关弗洛伊德一书的计划。当我冒险进入一个风险极大的领域时，无论私下讲，还是客观讲，我都已经决定把我一开始想到的一切都写下来，然后再重写。所以，除了我在法兰克福向您提到的那些想法外，我没有任何计划。"①　马尔库塞在这里向霍克海默提到的这一计划就是最早期的《爱欲与文明》，此后，马尔库塞总是不时地告知霍克海默他的进展，并把不同阶段的手稿拿给霍克海默看。在1954 年 9 月 1 日致阿多诺的信中，霍克海默指出，这本书"非常好"，而且"书中亮点极多，我们应该毫无保留地接受它"，因此他建议阿多诺把这本书纳入研究所资助的系列丛书。此后不久，马尔库塞在致霍克海默的信中写道："如果这本书的德文版能够成为研究所的文本，那简直太好了，它属于研究所及其所长。"②

在那卷题为《社会学》（在霍克海默 60 岁生日那天，献给了他）的文集中，马尔库塞的《爱欲与文明》最后一章的摘译紧随阿多诺的文稿被放在了第二篇的位置上，③ 但阿多诺——总是嫉妒马尔库塞，总想让霍克海默更青睐于他——在 1955 年 8 月 30 日致霍克海默的信中却写道：　[21]

> 在《异见》（Dissent）中，有一篇马尔库塞反驳精神分析的修
> 正主义者的长文，总的来说，该文所反驳的也包括我们关于该问题

---

① Marcuse to Horkheimer, October 18, 1951; Max Horkheimer, *Gesammelte Schriften*, Vol. 18, edited by Gunzelin Schmid Noerr, Frankfurt: Fischer, 1996, pp. 221–2.

② Marcuse to Horkheimer, December 11, 1954（书信来自法兰克福霍克海默档案馆）。

③ 参见 Max Horkheimer and Theodor W. Adorno, *Sociologica I. Aufsätze zum sechziggsten Geburtstag gewidmet*. Frankfurt: Europäische Verlags-Anstalt,1955。

的看法，尽管我们在该文中完全没有被提起，但我总觉得奇怪。我坚决反对片面的团结，而结合他的书——该文就是其中的一个章节——来看，我唯一想说的是我们的工作可能会变得**毫无意义**。①

最终，阿多诺如愿以偿，尽管马尔库塞与霍克海默、阿多诺、波洛克就《爱欲与文明》的出版问题有大量的往复书信，②但它还是没有被纳入研究所的系列丛书。在致马尔库塞的信中，阿多诺声称，马尔库塞对弗洛伊德的解释太"直接"了，而这是英语本身的问题，德语可能是更好的**中介**，因此如果马尔库塞愿意将该书翻译成德文的话，这本书有可能会得到改进，并能够达到让阿多诺觉得合适的程度。③

马尔库塞可能是被这样的答复惹恼了，不管怎样，他是不会为了取悦阿多诺来花时间翻译自己的书的。他把精力放在了另一个计划上，即后来的《苏联的马克思主义》上，与此同时，在研究所胡扯一通之后，他让另一家德国出版社翻译出版了《爱欲与文明》。许多评论家和读者都认为《爱欲与文明》是马尔库塞最好的一部著作，也是批判理论最重

[22]

---

① Adorno to Horkheimer, August 30, 1955（书信来自法兰克福霍克海默档案馆）。

② 威格绍斯在《法兰克福学派》中将德文版《爱欲与文明》的这段历史解读成了马尔库塞与社会研究所之间产生距离和客观上相互疏远的标志，参见 Wiggershaus, *The Frankfurt School*, pp. 496ff.。这段插曲同样还表明阿多诺一直都在不断地削弱马尔库塞在社会研究所中的地位；关于阿多诺对马尔库塞的抨击，参见阿多诺致霍克海默，引自 *Technology, War and Fascism*, p. 16; 同样在那些书信中，我们还可以看到，阿多诺不同意把德文版的《爱欲与文明》纳入研究所的系列丛书；在其他致霍克海默的信中，我们可以发现，阿多诺对马尔库塞做了尖锐的批判，虽然阿多诺和马尔库塞保持着友好的书信往复，但在信中，马尔库塞对霍克海默和阿多诺20世纪60年代的政治态度与行为做了严厉的批判，而我们把其中部分书信也纳入了本卷。公平地讲，阿多诺和马尔库塞的关系极其复杂，一方面是因为他们与霍克海默的关系，一方面是因为阿多诺希望马尔库塞与这个控制着研究所财权、资助的人保持距离。

③ Adorno to Marcuse, July 16, 1957（书信来自法兰克福马尔库塞档案馆）。

要的发展之一。① 该书对马克思和弗洛伊德做了大胆的综合，并简要勾勒了一个非压抑性的社会。虽然弗洛伊德在《文明及其不满》中已经指出，文明不可避免地包含着压抑与痛苦，但马尔库塞还是坚持认为，弗洛伊德理论中的其他要素表明无意识中包含着本能追求幸福与自由的冲动的证据。马尔库塞认为，这种证据在白日梦、艺术作品、哲学和其他文化产物中清楚地表现了出来。通过这样解读弗洛伊德和研究哲学与文化的解放传统，马尔库塞简要勾勒了一个非压抑性的文明，它包括充满爱欲的非异化劳动、游戏、自由开放的性爱以及能够促进自由与幸福的社会与文化生产。他的解放观成了 20 世纪 60 年代反传统文化中诸多价值的先声，同时它也使马尔库塞成了 60 年代重要的知识分子和政治人物。

马尔库塞认为，当前的社会组织通过维护社会非必要劳动，过度限制性爱，围绕利益和剥削组织社会制度，带来了"剩余压抑"。考虑到匮乏状况日趋减少，将来会越来越富裕，马尔库塞极力呼吁人们终结压抑，创造一个新社会。马尔库塞对现存社会及其价值的激烈批判，对非压抑性文明的呼吁，对新弗洛伊德修正主义的批判，引发了他与先前的同事弗洛姆的争论，弗洛姆指责马尔库塞对现存的价值和社会持"虚无主义"，指责他是不负责任的快乐主义。马尔库塞则在《爱欲与文明》中批判弗洛姆过于"顺从"和"唯心主义"，并在《爱欲与文明》出版之后就他的作品展开的论战——热烈地讨论了马尔库塞对弗洛伊德的运用，他对现存文明的批判，他有关另一种社会与文化组织的提议——中不断地重复他对弗洛

---

①　关于我对此的正面评价，参见 Kellner, *Herbert Marcuse*, Chapter Six; 另参见我为 1998 年劳特里奇版本的《爱欲与文明》撰写的《序言》，the Preface to *Eros and Civilization*, London and New York: Routledge, 1998, pp. xi–xix。

姆的这一指控。①

[23]　　1956 年，马尔库塞前往法兰克福参加了社会研究所主办的弗洛伊德诞辰 100 周年大会，哈贝马斯及社会研究所的其他年轻成员、学生都是第一次见到马尔库塞，而令他们印象深刻的是，马尔库塞似乎通过当代有利政治条件使早期激进的批判理论思潮具体化了，而这是霍克海默和阿多诺所缺乏的②。会上，马尔库塞作了一次关于"从精神分析的角度来看进步"的演讲，③ 对此，哈贝马斯评论道：

> 马尔库塞的进步的辩证法表明，一个非压抑性的文化在技术上是可能的，进步的工具——科学、工业和技术——已经使没有贫穷、压抑和物质剥削的世界成为可能，但当前的社会组织却阻碍了这一

---

① 　参见 Erich Fromm, "The Political Implications of Instinctual Radicalism," *Dissent*, II, 4 (Fall 1955)，pp. 342–9；另参见 Marcuse's response "A Reply to Erich Fromm," *Dissent*, III, 1 (Winter 1956)，pp. 79–81。

② 　Conversation with Jürgen Habermas, Frankfurt, August 1988。哈贝马斯告诉魏格豪斯说，当时，他和其他人根本不清楚马尔库塞与霍克海默和研究所的关系究竟有多么紧密，也不清楚他的全部背景，参见 *The Frankfurt School*, pp. 544ff.。哈贝马斯对我强调说，马尔库塞给他留下了极其深刻的印象，不同于日趋保守的霍克海默，他有着进步的政治态度，看起来很有吸引力（参见 1990 年 10 月在法兰克福的谈话）。在 1958 年 9 月 27 日霍克海默就哈贝马斯发表在《哲学评论》（*Philosophical Rundschau*）上的一篇关于马克思和马克思主义的文章致阿多诺的信中，我们可以看到，霍克海默对哈贝马斯充满着强烈的敌意。霍克海默声称哈贝马斯总是不断地提起革命，他把批判理论变成了革命理论，扬弃了哲学，使它变成了实践，因此背叛了（霍克海默和阿多诺的）哲学和批判理论。此外，霍克海默指责说，哈贝马斯不理解经验现实，他可能是一个勤奋的、积极的研究者和作家，但有可能使研究所蒙羞（参见 Horkheimer to Adorno, in Max Horkheimer, *Gesammelte Schriften*, Vol. 18, Frankfurt: Fischer, 1996, pp. 437–48）。一开始，霍克海默阻止哈贝马斯在社会研究所的晋升，但在他退休之后，阿多诺又把他请了回来，参见 Wiggershaus, op. cit.。

③ 　Herbert Marcuse, "Progress and Freud's Theory of the Instincts," *Five Lectures*, Boston: Beacon Press, 1970, pp. 28–43.

可能。不同于弗洛伊德，马尔库塞为一种可能的非压抑性的文明做了辩护。①

　　研究所从没有人给出如此清晰的乌托邦式的替代方案，而这给哈贝马斯及其同事留下了深刻的印象。此外，马尔库塞还分析了各种形式的发达工业社会，即资本主义和共产主义，并于 1958 年发表了他的研究成果《苏联的马克思主义》。② 因此，战后，马尔库塞逐渐形成了独特的研究视角，他把对支配的分析与对解放的分析结合了起来，既强调当代社会最具压迫性的方面，又强调它最为乌托邦的可能性，而他后来的作品不是强调这一极就是强调那一极——在某些情况下，他也试图使双方保持平衡。

　　因此，马尔库塞批判理论的特点是，它不仅激进地批判支配的力量，　　[24]
同时也寻求反对的力量和解放的力量。此外，在霍克海默和阿多诺远离政治实践的时候，马尔库塞却持续不断地寻求理论与实践的统一，以便使批判理论变成社会变迁的工具。他与霍克海默、阿多诺在政治上的分歧在他们 20 世纪 60 年代的往复书信中明显地表现了出来，而我们在本卷把这些书信也收录了进来（参见本卷 212 页及以下③）。通过书信，马尔库塞察觉到随着霍克海默与阿多诺渐渐地卷入"冷战意识形态"，他们在推动反共产主义运动的同时没能充分地批判西方。往复书信揭示了马尔库塞毫不妥协的政治激进主义立场，而这也使他成了 20 世纪 60 年代最重要的批判

---

① 　Jürgen Habermas, "Triebschicksal als politische Schicksal," *Frankfurter Allgemeine Zeitung*, July 14, 1956.

② 　关于我对《苏联的马克思主义》的评价，参见 Kellner, *Herbert Marcuse*, Chapter Seven ；另参见我为 1985 年哥伦比亚大学版本的《苏联的马克思主义》撰写的"引言"，the Introduction to *Soviet Marxism*, New York: Columbia University Press, 1985, pp. vii–xiii。

③ 　这里指原书页码。——中文版编者注

理论家之一。

批判理论与历史境遇：从 20 世纪 60 年代到 70 年代

　　整个 20 世纪 50 年代末到 60 年代初，马尔库塞一直试图通过一系列的研究来阐发他自己的批判理论，而这些研究成了《单向度的人》（1964）的背景与内容。[①] 在《爱欲与文明》中，马尔库塞极为详细地描述了他的解放观，而在《单向度的人》中，他则极其系统地描述了支配力量。在《单向度的人》中，马尔库塞分析了那些创造"单向度的人"与"无对立面的社会"的新的社会控制形式的发展。通过列举社会的顺从趋势，马尔库塞描述了创造"虚假"消费需要的文化和社会形式，而该需要通过大众媒体、广告、工业管理和缺乏批判力的思维模式把个人整合进了现存的生产消费系统。为了对付"单向度的"思想和社会，马尔库塞突出强调了批判的辩证思维，而它能够感知到更为自由、幸福的文化和社会，并且它主张拒绝一切形式的压抑和支配。

　　在《单向度的人》中，马尔库塞从理论上阐释了资本主义社会革命潜能的衰退和新的社会控制形式的发展。马尔库塞指出，"发达工业社会"创造了把个人整合进生产消费系统的虚假需要。大众媒体和文化、广告、工业管理和当代的思维模式都在再生产现存制度，不但如此，它们一直以来都在试图消除否定、批判和反对。最终结果就是它们营造了一个"单向度的"思想与行为世界，其中，批判性思考与实际反抗的天资和能力渐渐消亡了。

[25]

---

① 　Herbert Marcuse, *One-Dimensional Man*, Boston: Beacon Press, 1964.

　　资本主义不仅把工人阶级这一潜在的革命力量根源整合了进来，而且通过国家政策和新的社会控制形式的发展形成了新的维持稳定的技术。因此，马尔库塞对正统马克思主义的两个基本假定——即革命的无产阶级和不可避免的资本主义危机——提出了质疑。不同于正统马克思主义所强调的工人阶级是社会变迁的主要根源，马尔库塞拥护少数派、局外人和激进的知识分子等未被整合的力量，并一直都在努力通过促进批判性思考和他所说的“大拒绝”来培育对抗性的思想与行为。

　　对马尔库塞来说，支配把经济、政治、技术、社会组织和文化结合在了一起。然而，对于正统的马克思主义者来说，支配内在于资本主义的生产关系和商品化逻辑。对于海德格尔主义者、韦伯主义者以及其他人来说，技术、技术理性和(或)政治制度是社会支配的主要力量。相比之下，马尔库塞则对这些路径做了综合，形成了一种多维的分析模式，并藉此把整个社会秩序中支配与反抗的方面都揭示了出来。此外，马尔库塞坚称，制度的矛盾，即经典马克思主义所理解的资本与劳动的对抗仍然存在，尽管形式发生了改变。马尔库塞经常提到生产与破坏的统一，即创造财富的方式带来的却是制度性的贫穷、战争和暴力。因此，对马尔库塞来说，即使发达工业社会表面上取得了一些成就，不过“目标不明确”，它拥有可减轻贫穷与痛苦的财富、科学、技术、工业，但却把生产工具用到了强化支配、暴力和不公平上。

　　本卷所收录的文本，比如，《技术社会中的社会变迁问题》（1962）和《工业社会对社会变迁的遏制》（1965），对马尔库塞所谓的“发达工业社会”做了精彩的分析。从这两篇文章的标题来看，我们注意到，马尔库塞对社会变迁有着持久的兴趣，而这也是他区别于霍克海默和阿多诺的一个重要的方面——后者渐渐对推进社会变迁或政治实践、变革丧失了兴趣。

[26]　　　　除了发展他的一般理论观点之外，马尔库塞还持续不断地投身到了具体的社会政治分析当中。他在本卷所收录的《伟大社会中的个人》(1966)一文中对美国总统约翰逊的"伟大社会"构想中的意识形态矫饰做了机敏的批判，并对个人在当代世界中的命运做了犀利的分析。约翰逊在呼吁发展"伟大社会"的同时也加快了美国对越南的介入；马尔库塞则对约翰逊的计划做了极富洞察的评价，在肯定了它的进步要素的同时，马尔库塞声称，要想实现这些要素，必须彻底改变现存的社会组织。

　　从《单向度的人》和 20 世纪 60 年代早中期的大部分文本来看，马尔库塞对阻碍社会变迁的支配与愈演愈烈的社会控制趋势做了冷静而又悲观的批判，但与此同时，他却仍旧不懈地继续寻找社会变迁的主体与可能性，而他确实在 20 世纪 60 年代的学生反战争运动、新兴的反主流文化运动以及第三世界解放运动中找到了。在本卷所收录的《1966 年〈爱欲与文明〉的政治序言》和 1968 年的演讲《超越单向度的人》中，马尔库塞对反对与反抗力量以及社会反抗中的审美与爱欲成分的重要性给予了高度的评价。在某种意义上，马尔库塞在《爱欲与文明》中预料到了反主流文化运动以及 20 世纪 60 年代各式各样的解放运动，因此，当那些体现了他的爱欲、爱、游戏的价值以及审美维度的力量出现的时候，马尔库塞为这些力量做了辩护，并进一步促进了它们的发展。

　　在马尔库塞档案馆中，我们发现了一篇以前不为人知的文章，并给它拟定了一个标题，即《文化革命》(大约完稿于 1970 年前后)，在本卷中，我们也把它收录了进来。在该文中，马尔库塞就文化革命对激进社会变革的重要性做了极为详细的分析。不过，《文化革命》一文的起因、形成与历史至今却仍然是一个谜。这篇文章很完美，看上去是要准备发表，但是为了另一项计划，即他 1972 年的著作《反革命和造反》，马尔库塞显然还

是放弃了。①《文化革命》一文延续了《论解放》所表现出来的革命乐观主义，
但质量更高，通过回顾，我们可以看到，《文化革命》是乐观主义与悲观 [27]
主义最平衡的一个作品。它就新左派、反主流文化运动、激进的反对力量
做了极其微妙的评价。文中，他同时强调了制度与反对派的力量的"客观
矛盾"，也就是说，它们既具有肯定性，又具有否定性。此外，他还概述
了他的"新感性"概念，从而使理性与感官在一个对抗性的主体性中联合
了起来。

　　在本卷中，我们把马尔库塞档案馆中的另一篇重要的但至今尚未发
表的文章——即《资产阶级民主制的历史命运》——也收录了进来。从时
间上讲，很明显，该手稿完成于《反革命和造反》之后，并且进一步加
深了它悲观主义的倾向。该文刚好写于 1972 年尼克松大胜反战候选人乔
治·麦戈文（George McGovern）并再度当选美国总统之后，文中，马尔
库塞对一个特殊的历史时刻做了极为细致的分析，并对资产阶级民主制的
矛盾做了强有力的批判。可以说，手稿很完美，似乎准备要发表，但我
们不清楚马尔库塞为什么没有发表。② 基于弗洛姆的《逃避自由》（*Escape
From Freedom*）以及阿多诺与社会研究所成员合著的《权威主义人格》（*The*

---

①　虽然《文化革命》中的一些观点在《反革命和造反》中得到了进一步的发展，但其他观点在
　　前者中的解释则更为充分；虽然文中有几页重叠，而讨论的主题也相似，但《反革命和造反》
　　中的"文化革命"概念与这里的不太一样。即使是否定性的，《反革命和造反》中的"文化革
　　命"概念也比此处刊载的这一更为乐观和肯定的文本中的"文化革命"概念温和。自 20 世纪
　　60 年代进入 70 年代以后，马尔库塞肯定在某种程度上对这一概念产生了怀疑，所以 1972 年
　　前后，马尔库塞已开始主要关注"反革命"概念，而不再是革命力量。正如我在《马尔库塞
　　文集》第三卷中所讲的那样，我认为，《反革命和造反》其实对"反抗"的力量和"文化革命"
　　做了尖锐的批判，参见 *Collected Papers of Herbert Marcuse, The New Left and the 1960s*。
②　就像《文化革命》一样，无论是在马尔库塞档案馆中，还是在他致朋友的信中，都没有提到
　　《资产阶级民主制的历史命运》，到目前为止，没人知道该文本的起因、由来和历史。

Authoritarian Personality），马尔库塞指出了他认为存在于底层人口和反主流文化运动中的"施虐受虐"倾向。虽然对资产阶级民主制进行政治分析是正统马克思主义者的职责所在，但马尔库塞还对作为社会变迁的进步力量的妇女解放运动和生态运动给予了很高的评价。

　　随着水门事件的发生以及尼克松因为同时遭到政治体制和媒体的攻击而辞职，马尔库塞就新法西斯主义势力的崛起表现出来的悲观情绪似乎受到了质疑。但马尔库塞在一封致《纽约时报》的信——以《水门事件：当法律和道德成为绊脚石的时候》为题在专栏上发表了出来——中指出，这一事件被当成了其他方面都很公正、合理、公平、实用的政治体制的一种反常现象。在本卷所收录的这一文本中，马尔库塞坚持认为，水门事件仅是整个社会制度腐化的一个症状。这封信写于水门事件发生后尼克松政府的罪行不断被揭露、持续被媒体讨论之时，它表明马尔库塞坚决抵制轻率的自由主义者的乐观情绪，同时也表明他延续了他激进的批判——而这也是其批判理论的特色所在。

[28]

　　从《超越单向度的人》和《论解放》所表现出来的革命的乐观主义，到《文化革命》所表现出来的更为平衡的立场，再到《反革命和造反》和《资产阶级民主制的历史命运》所表现出来的极其消极与悲观的立场，马尔库塞发生了显著的变化。从他 1968 年到 20 世纪 70 年代早期这段时间的作品来看，马尔库塞把注意力放在斗争与解放的力量上，从他 1972 年前后到 20 世纪 70 年代中期的作品来看，马尔库塞再次把注意力放在了支配与压抑的力量上。马尔库塞的批判理论与当时的政治形势极其合拍，而根据新左派和激进反对力量在当代历史形势下的前景，他的情绪和分析的焦点似乎从乐观主义转向了悲观主义。

　　整个 20 世纪 70 年代，马尔库塞都在试图更新他的社会与政治批判，寻求新的社会变革主体——关于这一点，我们可以在讨论马尔库塞与新左派的交往的第三卷那里看到。通过本卷所收录的《价值革命》（1973）这一讲稿，我们可以看到马尔库塞是如何在他的社会批判与社会变革方案中坚持哲学与政治分析相结合的。意味深长的是，进入 20 世纪 70 年代，马尔库塞一直都在呼吁文化革命，而这次却是价值革命。一开始，他就价值与社会变迁的关系做了正统的马克思主义的解释，接着，他就价值变迁是社会变迁的条件给出了一个辩证的论点，例如，启蒙运动先于法国大革命，19 世纪的社会主义思想先于俄国与其他国家的社会主义革命。

晚年，马尔库塞从阐发社会批判理论和激进政治理论这种高度政治性的研究转向了他最后的美学研究，[①] 此外，马尔库塞还参与到了女权主义、生态学以及当时的社会运动当中，并且不断地更新他的理论分析，寻求新的社会变革主体。因此，从 20 世纪 30 年代到 1979 年去世这段时间，马尔库塞的研究可以被看成是一种为当代发展出一套社会批判理论和激进政治理论的尝试。

结语：新千禧年里的马尔库塞　[29]

本卷所收录的文本对于理解马尔库塞和法兰克福学派来说至关重要。它们清楚地表明，马尔库塞对哲学、社会理论、美学和激进政治做了独特的综合（这成了马尔库塞的批判理论的典型特征），同时还表明马尔库塞为了回应政治与历史的变迁一直都在不断地更新和修订他的理论。它们把马尔库塞最激进的方面呈现了出来，把他与霍克海默、阿多诺的分歧清楚

---

① 　参见 Herbert Marcuse, *The Aesthetic Dimension*, Boston: Beacon Press, 1978。本系列丛书后面的卷宗将把马尔库塞的美学作品纳入进来。

地展现了出来，同时，它们还表明马尔库塞对当代社会状况做了敏锐的分析和批判。

　　总之，我想说的是，这些文本不只具有历史价值，因为即使在今天，我们仍然需要马尔库塞提出的这种辩证的社会理论。虽然马尔库塞对当代资本主义社会的批判以及对激进社会变迁所作的辩护引起了很多的争议，但回顾过去，马尔库塞还是为我们留下了复杂而又多方面的研究成果，它们与布洛赫、卢卡奇、阿多诺、本雅明的学术遗产不相上下。他的社会理论的特点是，它有着试图把握当代主要的社会历史、政治与文化特质的广阔的批判视角。在全球化时代，即资本重组与技术革命正在改变生活的方方面面的时代，从大局着眼，把当今时代的基本变化、发展、矛盾与斗争理论化，这样的尝试比以往任何时候都更为必要。所以，马尔库塞的思想仍然值得讨论，因为他提供了一种全球性的理论分析与解决问题的模式，这对当代理论与政治来说仍然很重要。马尔库塞尚未发表的手稿包含着大量的与当代关切相关的材料，在我们进入新的千禧年之际，在面临新的理论与政治挑战之际，它们可以为我们重新燃起对马尔库塞思想的兴趣提供基础。①

　　总之，马尔库塞提供了全面透视支配与解放的哲学视角，强有力的分析当代社会的方法与框架，以及比经典马克思主义、其他批判理论和现行的后现代理论更有意义的解放观。事实上，马尔库塞给出的是批判性的

---

①　关于马尔库塞的当代意义，参见 JohnBokina and Timothy J. Lukes, editors, *Marcuse: From the New Left to the Next Left*, Lawrence, Kansas: University of Kansas Press, 1994；另参见 Peter-Erwin Jansen, editor, *Herbert Marcuse's Nachgelassene Schriften*, CampusVerlag and zu klampen Verlag；另参见近年来巴西出版的作品，比如，Jorge Coehlo, *Marcuse. Uma Trajetoria* (Londrina: Editora UEL, 1999) 以 及 IsabelLoureiro, *Herbert Marcuse, A grande recusa hoje* (Petropolis: Editora Vozes, 1999)。

透视人类及其与自然、社会的关系的哲学视角，此外，他还给出了实质　　　[30]
性的社会理论与激进政治理论。通过回顾，我们看到，马尔库塞的解放
观——即个人在非压抑性的社会中实现其全面的发展——以及他对现有的
支配与压迫形式的尖锐批判，使其与他人的研究区别了开来，而他也因此
成了研究支配与解放力量的理论家。由于深受哲学以及社会研究所提出的
社会理论构想的影响，所以，马尔库塞的工作缺乏某些马克思主义理论那
样持续的实证分析以及某些政治理论那样详细的概念分析。然而，马尔库
塞却不断地向我们揭示科学、技术以及理论本身的政治维度，不但如此，
他还对他所生活并为了更好的社会而战斗的动荡时代中的各种占支配地位
的社会、文化和思想形式做了坚实可靠的意识形态和历史分析。

　　因此，我认为，马尔库塞克服了当代各式各样的哲学与社会理论的
局限，他的作品为当代的理论与政治关切提供了一个可靠的起点。尤其
是，他结合社会理论、文化批判、激进政治对哲学所作的阐释成了他不朽
的遗产。主流的学术分工使社会理论与哲学及其他学科割裂了开来，但马
尔库塞却为社会理论提供了强有力的哲学维度和文化批判，同时在与当代
具体的社会、政治和文化分析互动的过程中，他还发展了他自身的理论观
点。因此，这一辩证的进路使哲学在社会理论中有了一个重要的位置，从
而为批判理论提供了强有力的规范性的哲学视角。

　　此外，马尔库塞还是一位敏锐的甚至有先见之明的社会政治理论家。
他是左派中第一个对苏联马克思主义提出有力批判并预见到苏联的自由化
趋势的人。[①] 在 1956 年波兰和匈牙利起义被残酷镇压之后，许多人都推测
说赫鲁晓夫必定会中止他的去斯大林化计划，并进一步加强管制。然而，

①　　参见 Marcuse, *Soviet Marxism*, op. cit.。

　　马尔库塞却有不同的看法，1958 年，他写道："东欧事件有可能减缓甚至在某些领域逆转去斯大林化的趋势。特别是在国际战略上，而我们也看到，相当程度的'强硬化'已经表现了出来。但是，如果我们的分析正确的话，那么基本的趋势将会继续下去并在这样的逆转中肯定自身。关于苏联内部的事态发展，这意味着目前仍旧会实施'集体领导'，减少秘密警察的权力，分权，法律改革，放松审查制度，以及文化生活的自由化。"①

[31]

　　一定程度上是因为苏联共产主义瓦解了，一定程度上是因为出现了新的技术、经济条件，资本主义制度在全球重组的过程中一直都处在混乱和改组的状态。马尔库塞对马克思主义的忠诚促使他一直都在不断地分析自马克思以来的资本主义社会的新状况。因此，在发展植根于对资本主义与技术变革以及新兴的全球经济体系的分析的当代社会批判理论的过程中，社会理论现如今可以建立在马尔库塞的传统的基础上。对马尔库塞来说，社会理论本身是历史性的，而且必须对当代的突出现象与先前社会形态的变迁进行概念化。然而，后现代的理论家，比如，鲍德里亚和利奥塔，他们的观点都预设了历史是断裂的，所以他们无法分析正在发生的变迁的主要构成，鲍德里亚甚至宣称"政治经济学终结了"②。与此相反，马尔库塞总是试图分析资本主义不断变化的结构，总是将社会与文化变迁与经济变革联系起来。

　　此外，马尔库塞一直以来都特别关注技术在组织当代社会的过程中的决定性地位。随着新技术在我们这个时代的涌现，马尔库塞对技术与经

---

①　参见 Marcuse, *Soviet Marxism*, op. cit., p. 174。

②　参见 Steven Best and Douglas Kellner, *Postmodern Theory: Critical Interrogations*, London and New York: Macmillan and Guilford Press, 1991；另参见 *The Postmodern Turn*, London and New York: Routledge and Guilford Press, 1998。

济、文化以及日常生活的关系的强调现在看来显得尤为重要。同时，马尔库塞还把精力放在了对新的文化形式以及文化是如何既提供操纵工具又提供解放工具的研究上。近年来新媒体技术与文化形式蓬勃发展，要想把握它们在推动进步性的社会变革上的潜能与带来更精简的社会支配形式上的可能性，我们必须采取马尔库塞的视角。马尔库塞总是将经济与文化、技术联系在一起，既意识到了它们的解放潜能，也意识到了它们的支配潜能，尽管后现代理论家也谈到了新技术，但他们（比如，鲍德里亚）却只是单方面地谈论，因而通常会成为技术决定论的牺牲者，而他们对社会与文化的看法同样使他们无法意识到积极的、解放的潜能。

我还想说的是，我们在一定程度上与 20 世纪 60、70 年代的马尔库塞处在同样的极其不明朗、不稳定的形势下，技术革命和极其矛盾的政治局势很可能会带来不可预知的后果。过去的 20 年，我们经历了巨大的变革，经历了技术革命，也经历了全球资本重组。马尔库塞对技术、经济、社会之间关系的强调有助于我们理解我们正在经历的大变革的深层次原因，而他的思维模式可以帮助我们追踪和评价我们正在经历的戏剧性变革。藉由技术革命，特别是计算机与生物技术革命，社会巨大的变革力量被释放了出来，虽然它包含着巨大的希望，但也有着强化支配与破坏的危险。因此，在当前全球范围内的技术、社会、政治力量中既含有进步的因素也含有退步的因素。所以，当前的历史形势是不稳定的、开放的、不明朗的，需要马尔库塞提出的辩证的分析与批判模式。

[32]

马尔库塞文本分析中的不确定性和变化把历史冲突与变革凸显了出来。社会批判理论这项研究始终都在进行当中，它始终是局部的、历史的，需要修改。因此，人们一直朝着一种对新的历史经验、现象和话语开放的批判理论前行。马尔库塞毕生的事业表明，批判理论几十年来一直都在起作用，并提供了丰富的例子告诉我们该如何从事批判理论研究，如何分析充满矛盾的社会力量和社会变迁与变革这一当代的决定性的标志。①

最后，虽然某些后现代理论，比如，鲍德里亚的理论，已放弃了激进政治，但是马尔库塞却总是试图将他的批判理论与当代最激进的政治运动联系起来，并因此使他的哲学与社会理论政治化。正因为如此，我认为，马尔库塞的思想仍然可以为目前这个时代的批判理论与激进政治提供重要的资源和刺激。虽然马尔库塞对新的理论、政治趋势持开放态度，但他却忠于那些他认为能够为这个时代的引人注目的挑战带来启发与实质性东西的理论。所以，当我们面对现如今的理论与政治问题时，我认为，马尔库塞的作品为我们当前的形势提供了重要的资源，而马尔库塞的复兴有可能为社会批判理论带来新的动力与任务。

[33]

[34]

---

① 相比之下，霍克海默和阿多诺倾向于放弃发展批判理论，倾向于重复 20 世纪 50 年代和 60 年代的许多关于文化产业、理性危机、个体的衰退的相同论题，或者重复他们在 20 世纪 40 年代发展的被完全管理的社会。他们的一些出版物也暗示了当前社会状况的分裂和复杂性，将当代社会描述为一个整体已经变得不可能。参见 the Preface to Max Horkheimer and Theodor W. Adorno, *Sociologica II. Reden und Vorträge*. Frankfurt: Europäische Verlags-Anstalt, 1962。

《技术社会中的社会变迁问题》原本是为了参加联合国教科文组织1961 年 5 月 12—14 日举办的"社会发展研讨会"而准备的发言稿。不过，彼得 – 欧文·詹森（Peter-Erwin Jansen）已经查明马尔库塞很可能没有参加这次会议。虽然马尔库塞的来稿被发表在了限量发行的会议论文集上，参见 On Social Development and Le Developpement social, edited by Raymond Aron and Bert F. Hoselitz（Paris Mouton,1965），但是马尔库塞没有出现在参会名单中。此外，与洛文塔尔的往复书信表明马尔库塞正准备出席 5 月 14 日为亚伯拉罕·马斯洛（Abraham Maslow）举办的鸡尾酒会，然后在他马萨诸塞州沃尔瑟姆的家中款待了洛文塔尔。此后不久，洛文塔尔在 1961 年 5 月 24 日的信中向马尔库塞表达了谢意，他表示"无论是从理智上，还是情感上，还是从最令人难忘的美食上，这都是一段美妙的时光"（参见 the editors' notes to Peter-Erwin Jansen, editor, Herbert Marcuse, Das Schicksal der bürgerlichen Demokratie, Lüneburg: zu Klampen Verlag, pp. 37–8）。

詹森指出，联合国教科文组织的会议的主题是分析第二次世界大战以来的社会发展，希望能够找到西方工业国家和所谓的不发达国家之间发展不均衡的原因。它还就加速合理化的条件下道德进步和人类进步是否可能的问题进行了争论。马尔库塞这篇文章分析了技术社会中的社会变迁，提出了他后来在《单向度的人》中强调的主题，即技术发展对自由、个人主义、民主及其他积极的价值来说是一个威胁，但也为更大的自由、平等、公正等创造了先决条件，以至于当代工业社会组织当时都在极力阻止它的发展。

技术社会中的社会变迁问题

　　发达工业文明①的成果之一是自由衰落，并且是非暴力式的、民主式的衰落——高效的、平稳的、合理的不自由似乎在技术进步之中有其根源。个人的自主性因社会必要的但却痛苦的劳动的机械化与标准化而受到了压制，私人企业集结成了更高效、更高产的公司，设备方面不平等的经济主体之间的自由竞争得到了规范，妨碍资源国际化配置的特权与国家主权受到了限制，还有什么比这些更合理的吗？该技术秩序需要政治与思想上的协调，这种发展也许令人感到遗憾但却很有前途。权利和自由等工业社会开始和早期阶段至关重要的因素对工业社会的更高阶段屈服了：它们正在失去它们传统的理论基础与内容。此外，发达工业文明的能力表明它完全能够预防和控制波及社会基本制度的社会变迁——有别于既定社会制度框架**内部**的社会变迁。如果社会变迁确立了本质上不同的人类实存形式，比如，新的社会劳动分工、新的生产过程控制模式、新的道德等等，那么社会变迁就是质变。现在，发达工业社会最突出的成就也许就是它在

---

① 　结合本文，发达工业社会可以被定义为建立在自动化程度日益提高的机器大工业基础上的社会。

整合和调解敌对团体与利益方面取得了成功：两党政策、对国家意志的接

[38]   受、商业与劳动的合作就证明了这一成就。当然，冲突一直持续，并且爆

发力极其强大，但趋势却与先前时期完全不同。在科学与技术征服的影响

下，随着生产设备规模和功效的加大，以及生活水平的提升，现存社会基

本制度政治上的反对力量屈服了，变成了目前接受的条件下的反对力量。

本文的目标是阐明这些趋势的历史功能，即从替代方案的角度为发

达工业社会提供一种批判理论。从一开始，我们的工作就面临着这样一个

问题，即该批判之所以能够合理进行下去的基础是什么。它的条件和标准

是什么？显然，它们本身一定是历史性的，它们源于现有社会显而易见的

趋势与功能，而后者有可能使更加合理的社会与个体实存模式得以出现。

不过，这里的模式仅仅是些"价值"、理想或抽象的理论可能性，除非批

判可以进一步指出能够将理论转化为行动，将价值转化为事实的社会团体

与利益集团。在这里，批判似乎因发达工业社会在遏制内部反对力量方面

取得的成就丧失了效力——正是这一成就从一开始就使得从替代方案的角

度来批判发达工业社会显得极为抽象和乌托邦。这一新处境或许可以通过

简要地说明替代方案在前一阶段的社会理论中的地位得到说明。

替代方案在它们实现之前仅仅作为"价值"时隐时现，只有某些团

体或个人认为它们具有优先性。在社会理论及任何其他领域，价值都不是

事实，并且作为价值，与事实相对立；事实作为事实，不是价值，并且与

价值相对立。它们之间的对立只能通过一种颠覆极端的形式来调和极端的

历史"中介"来解决，即通过建立可以使价值转化为现实的实际条件（制

度与关系）来解决。在工业社会的上升期，这样的历史中介出现在了将自

由主义转变为现实的资产阶级的意识和政治行动中；在这个社会的成熟阶

段，另一种历史中介出现在了无产阶级的意识和政治行动中。然而，随后

的发展却改变了这些阶级的结构与功能，他们已不再是历史变革的主体。维护制度现状的最大的利益集团与以前的反抗力量联合了起来。在资产阶级仍然是统治阶级的地方，它更加公开地揭示了它对遏制社会变迁的依赖。因为经济—技术设备的生产效率不断提高，换言之，因为在全面管控下舒适程度不断提高，在最发达的工业文明地区，大部分劳动阶级已经从"完全否定"变成了顺从，甚至肯定制度。 [39]

　　在社会变迁缺少明显的代理人和代理机构的情况下，社会批判就会变得极其抽象，因为缺少理论与实践、思想与行动统一的基础。现在，暗含着客观的历史趋势与对替代方案的客观评价的社会理论和社会变迁理论似乎成了不切实际的推测，对它们的追求成了一种个人（或群体）偏好。以马克思的社会主义观念为例：考虑到发达资本主义与发展中的共产主义的现实，你必须承认这是一个不真实的、一厢情愿的观念。然而，以这个观念为最终结论的理论有没有被当前资本主义和共产主义的事实所驳倒呢？这些事实根本就不完整，甚至矛盾：它们是更大的历史时空背景下的组成要素。事实与自身背景的割裂歪曲了事实以及它们在社会中的功能，因为它使得事实与对事实的否定割裂了开来，也就是说，使得事实与有助于事实完成超越并走向既定社会使之成为可能但却又被既定社会所阻止的存在方式的那些力量割裂了开来。如果这种割裂被纠正了过来，那么事实就不会像它们在直接（割裂的）经验中所表现的那样。如此一来，它们就可以根据历史现实，即把资本主义与共产主义、过度发达地区与不发达地区、前技术文明与技术文明、富裕的社会与悲惨的社会并入一个全球性的历史结构中的历史现实来"领会"和把握。这种历史结构是形成当代社会批判的概念和标准的经验基础。例如，"社会必要"与"社会浪费"、"生产性"与"非生产性"、"工作"与"休闲"、"自由"与"奴役"等概念在这样的基础上有了不同的内容：它们从当前可用的物质与思想资源的角度获得了新的定义，而通过重新定义，它们与这些资源实际的分配与利用形成了鲜明的对比，因此，也就给出了依据当前文明有可能带来的人的"最优化的发展"来客观评价现存社会的历史基础。这种"最优化的发展"在经验上是可定义的；在当前阶段，只有当可用的资源通过最少的辛劳被"合理地"①用以满足人的需要，也就是说，用以创造自由支配自由时间的前提条件时，才能实现最优化。的确，接受这些标准还需要决心：因为这些标准要以生命最优化的发展来衡量现存社会，所以它们是"价值判断"和偏好。拒斥这种标准并选择压抑与破坏生命是完全可能的。然而，我们站在话语和逻辑这一边，因为逻辑和话语是作为极力"拯救"和实现生命的工具而发展起来的。

[40]

历史处境被理解成了具体的普遍性，因此它划定了使对现存社会的批判分析可以继续下去的理性的界限，它还划定了向不同社会开放的变迁的替代方案的界限。替代方案之间彼此的差别就在于它们接近"最优化的"发展的可能程度。巨大的不确定性因素似乎减少了，因为在一定程度上，技术社会在对人与自然的科学控制上完全实现了可计算性，但与此同时，作为社会变迁的向导（标准），"理性"概念却受到了质疑。通过对比发达工业社会与其早期阶段，我们可以阐明这种新情况。在工业革命期间，以及此后的近半个世纪里，社会不合理的地方很多并且很显眼：童工、非人的工作环境、高死亡率、普遍贫困、社会财富分配明显不公证明了进步的不合理性。它的不合理性并不会因为指出物质和技术生产力发展水平相对较低而有所减少：即使是处在这个相对较低的生产力水平上，辛劳与痛苦

———————————

① 接下来我们就会看到"合理的"这个术语很难定义。

也可以减少，也就是说，对进步进行更加合理的组织安排完全是可能的。然而，在发达工业文明阶段，"理性"似乎拒斥任何定义，除非通过国家或社会利益来定义。这个社会有能力在越来越大的范围内"履行承诺"：毁灭性的战争、资源的持续浪费与滥用所带来的永久性风险已经不再是现存的制度将会被另一种有可能（也可能不）减少压迫与不公正的制度取代的理由。曾宣称是资本主义的历史否定的共产主义社会的发展进一步削弱了社会变迁理论的说服力。共产主义是资本主义在历史上的否定这个说法仍然成立，但是，只要它建立在历史微积分的基础上，即未来的解放需要以现在的压迫为代价，那么它更高的合理性就仍是可望而不可即的。

　　发达工业社会的成就的总体特征以及作为这些成就的结果与前提的对立面的一体化促进了物质与思想的稳定。批判理论发现自身缺乏超越现状的经验基础。这个真空使理论结构本身失去了意义：社会批判理论的范畴形成于有效的反映在实际的社会力量中体现了出来的时期；它们都是 [41] 些与既定事态完全对立的"消极"的否定性范畴。"社会"范畴本身就体现了社会领域与政治领域之间的尖锐冲突——社会与国家对立。类似的，"个体""阶级""私人的""家庭"指的是还没有与现存条件——充满紧张与矛盾的领域——一体化的领域与力量。随着工业社会一体化进程的推进，这些范畴渐渐地丧失了它们的批判内涵；它们渐渐变成了描述性的、欺骗性的或操作性的术语。

　　因此，社会处境指出了社会批判的两个不足之处：（1）因为思想缺乏与行动统一的基础，所以尽管（也许是因为）批判分析提出了客观的历史标准，但它仍然是与一切有效的实践相分离的纯**理论**；（2）作为社会理论，批判分析面对的是似乎已不再适于理解现存社会的社会学范畴。重新夺回这些范畴的批判性含义并理解它是如何被社会现实"取消"的意愿，也就是说，迫切对工业文明逐渐展开的理性进行批判的意愿似乎从一开始就是意识形态性的：与实践相结合的理论退化成了抽象的、思辨的思想，政治经济学退化成了哲学。

意识形态与现实之间的关系自始至终都是一种历史关系，并取决于社会变迁。在马克思的观念中，"意识形态"包含着这样一种意识，这种意识要比它所面对的现实更先进——之所以更先进是因为它提出了很多社会发展使之成为可能但与此同时却又被社会发展抑制的理念，比如，自由、平等、幸福。由于无力改变这种处境，并因此屈服于社会现实，所以意识形态性的意识是"虚假意识"，不过，它以一种理想主义的形式预示了既定现实所包含的历史可能性。然而，这个概念似乎并不适用于发达工业社会。该社会通过将意识形态转化为现实的政治制度、郊区住宅、核电站、超市、药店和精神病诊所超越了意识形态。在这些组织机构中，理性、平等、幸福、人格等理念在实际的社会关系中实现了它们的价值。这个转化过程压制或证伪了那些意识形态性的内容，而后者威胁着要通过倡导"终结"自我推进的生产力，即通过倡导一种不再把生命当成手段、不再让人取决于他的劳动工具的人类实存来引爆实际的社会关系。与对自由的这些承诺形成鲜明对比，发达工业社会仍旧在宣传全职工作的必要性，仍旧把生命视为手段。从这个意义上讲，它的生产力不仅是自我推动式[42] 的，也是自我毁灭式的：它创造了一种破坏性的潜能，而该潜能不仅在毁灭身体的兵工厂中显示了出来，同样在内在压抑中也显示了出来（通过有组织地转化，政治与商业需要变成了个体需要）。发展与压抑的结合似乎是当代所有形式的发达工业社会的特征，冲破了它们在政治和经济制度中最本质的区别。

解放性的力量和奴役性的力量、生产力和破坏力的共同基础是什么？

我们很自然地就会想到作为社会物质与技术基础的机器大工业。然而，该回答立刻就遭到了反对，即技术是"中立的"，容易同等程度地受到各种各样的社会、政治用途的影响，因此，技术不能解释特定的社会、政治制度。然而，这个反对意见是有问题的，因为，在发达工业社会，具有生产与分配功能的技术设备并不是可以孤立于社会、政治环境而又不失其本来面目的工具的总和，它**先天地**决定了产品，决定了个体与社会在服务和扩展设备上的行动，也就是说，决定了社会必要的需求、职业、技能、态度，因此也决定了社会控制和社会融合的形式。的确，技术设备使那些控制它的人和那些为它服务的人之间的决定性的区别得到了具体表达，而它一旦成了生产的普遍基础，即维护与发展社会的基础，它就会把自身的迫切需要强加于国家与国际。社会顶层的行动自由的范围正变得越来越小。因为真正的替代方案事实上是灾难性的：它们不仅涉及现有社会制度、目标、政策**内在的**变化，甚至还涉及这些方面的消失，而这一新的发展方向确实对整体构成了威胁。工业社会到了只能进不能退的地步，从历史的角度来讲，它到了质变的地步，而为了**防止**这一事件的发生，它把一切资源都动员了起来。

　　毫无疑问，无论是当代资本主义还是共产主义社会，制度中都有其他替代方案。因此，一个支持半私人或政府或混合控制生产、民主制度、裁军的福利国家在经济和政治上是可能的。但是，这样的国家将保留并加强其前身的主要特征，即人服从技术设备，受自身生产力的奴役。真正的"超越了福利国家"的替代方案有着相反的特征，这意味着，对于成熟的技术社会来说，随着日常物质生产逐步的自动化，（必要）工作时间与自由时间传统的比例颠倒了过来——自由时间变成了**任凭个人处置的**"全职工作时间"。这样的发展将会推翻"谋生"过程中压抑性的工作道德，将

[43]

会与现存工业社会基本制度相抵触，也就是说，与为了满足阶层化的社会（不是技术的！）分工的要求而形成的人类实存的组织形式相抵触。我想强调的是，发达工业社会走向这样的灾难，一定程度上是因为它是**被迫**去完成技术进步的，因为它受迫于不断提高生产力的需要，而这种需要反过来又因为内部发展和安全的必要性以及资本主义与共产主义的外部竞争得到了强化。解放带来灾难，这是一种历史趋势，也就是说，它不会像不可阻挡的物理规律那样起作用；它能够被阻止、操控、转移——这是当今时代的主要内容。但是，尽管如此，该趋势决定了现存社会是其合理性的否定，决定了现存社会是消解理性的力量。通过武装自身来对抗自身的潜能这个有可能意味着自身终结（它有极限和实现两种意义）的幽灵，通过动员自身资源来遏制它自身的力量，发达工业社会创造了一个扩张但却封闭的世界，在这里，对人类与自然日益有效的支配，越来越多的商品与服务，促使人类把强调生存斗争的组织保留了下来——量变与质变对立了起来。沿着这一发展进程，发达工业社会正在建立一种全面管控制度：离心力量（即现有的物力和智力）通过看上去像是理性**本身**的技术中介被整合进了现行秩序。其他用于实现现有能力的历史替代方案不是遭到社会的极权主义成就的排斥，就是被它吞噬了。因此，工艺和技术起到了社会与政治控制的作用，它们把先前未被掌握的私人与公共的实存维度组织了起来。在当今社会生产的中心，个别机器不仅是由商店、工厂、产业分支机构等组成的技术**总体**的一部分，也是政治与文化总体（传播链条、网络以及媒介，大企业王国，托拉斯，企业集团）——将其服务与服从模式强加到了底层人口身上——的一部分。技术政治总体的生产力与合理性使支配性的社会制度得到了巩固，并将发展限制在了支配性的框架内。

　　这种社会仍忠于它的起源：它是特定地经验、改造和组织自然的结

果——工业文明的历史筹划进入了最新阶段。在这里，自然被筹划成了受 [44]
支配的中立的材料，除了那些由它的数学物理结构决定的方面外，被筹划
成了对人的理论理性与实践理性来说毫无限制的物质。在现代物理学的发
展进程中，由于看上去越来越难以独立于主体来定义客观性，所以自然中
的物质似乎蒸发了。科学的主体即是观察的、实验的与推理的主体，也是
中立的与普遍的主体，独立于它自身第二性的质与特定的目标。尽管科学
方法能够从特定的目标中抽离出来，并为了认知而认知，但是，它的理论
的纯粹性本身仍然是衍生物，要以具体的关于（1）何谓科学以及（2）何
谓科学对象的理念为前提。方法及其运用的发展都遵循指导性的筹划，而
后者是前者的历史的**先天条件**，它既是不同社会中的占支配地位的利益的
一部分，又与其保持一致。因此，只有当现实不再被经验为有序的整体，
也就是说，不再被经验为一个由功能、时间和地点、价值和目的构成的自
然的层级结构时（更确切地说，当自然不再作为有序的整体被强加于经验
时），通过数学来认识现实的**理论**方法才是真实而有效的科学方法。对现
实的经验在工业社会组织强制实施的着手处理现实的实践方法中就发生了
这样的变化。在这一框架下，科学不断地将自然形式化，并把这当成了事
业：纯粹的认知，无尽的支配。虽然科学就物质与运动给出了精确的数学
概念，规定了中立知识纯粹的理论对象，但它却没有给出支配的内容与目
的：它们与其他一切终极因一道被从科学概念中清除了出去。然而，这里
本质上没有支配。终极因的缺失使自然成了一个受理论与实践支配的普遍
的、假设性的工具系统，成了主导这一发展新科学的新社会的目标的框架
和中介。科学藉由它自身的中立化推行了开来：资本主义经济将个体行为
与职能的具体表现简化成了衡量其普遍的交换价值的公分母，对**市场化**的
人和物的处置变成了支配真正的内容。通过自然的去自然化，科学走进了

由数学的结构和关系构成的"真实的现实",与此同时,社会价值也被量化了。科学与社会,理论理性与实践理性以**技术**为中介实现了统一。

这里先不讨论技术的定义。当有必要(1)解释在何种意义上技术"中立"的概念是站不住脚的时,以及有必要(2)澄清在何种意义上,随着技术的不断完善,技术社会趋向于废除它得以建立和发展的条件时,我会对它的定义做出讨论。

[45]

事物与自然之间的传统区分可以清楚地表明,技术通过改造"自然"条件在何种程度上创造了人造实体。此外,这是一种"讲求方法的"创造,也就是说,它建立在关于给定的自然物质自身发生变化甚至质变的限度和方式的知识的基础上。在限度以内,技术通过人类的思想和行动对自然做了有方法的否定。通过这种否定,自然条件和关系变成了保存、扩大和改善人类社会的工具;随着技术在社会再生产中的作用的扩大,它们在主体(有方法地改造理论和实践的主体)和客体(作为被改造的材料与物质的自然)之间建立了一个中间领域。从字面意义上看,在技术世界中,一切事物以及事物之间的关系都变合理了(确切地说,都被合理化了),也就是说,它们的"自然的"客观性已经按照人类社会的需要和利益重新做了调整。事物本质上已经变得**可操作**;技术决定了它们的本质,即筹划了它们的价值以及对它们的潜能的运用:技术构成了逻各斯,构成了世界的理性。这个世界的特点是,主体与客体之间有了新的中介模式。一切客观性只有依据主体、为了主体才可以被定义;这种关系同样适用于前技术理性:即使柏拉图的理念也只**是**为了获得智慧。但是,这种前技术的智慧所获得的客观现实包含着对实存的规范,然而技术中介却把客观性从这些规范中释放了出来。残存的客观性则更为主观;数学方程是观念性的思维活动的结果,方程"所对应"或所表达的只不过是用于理论和实践改造的材料。

　　将技术称为应用科学，这并不能充分地描述科学与技术之间的关系。在任何应用之前，科学必须从它的结构而不是意图——后者有可能极"纯粹"——来讲可用。现代科学的结构是技术性的，因为它的基本概念是数学的，也就是说，因为它们对物质做了去自然化和去实体化的处理，所以极大地扩大了物质作为改造性活动的材料的范围。关于客观现实的科学概念越功能化、越普遍、越符号化和形式化，客观现实就越难以抵抗人类实践有方法的改造，它也就越容易激发这样的实践。现代科学和工业社会之间的亲缘关系在前者的结构中有其根源。在这个社会中，技术并不是一个 ［46］特别的因素和维度，但却是一切现实和现实化的先天条件。话语和行动领域也是技术领域：思想和实践的对象都是"给定的"，因为它们通过对自然的系统改造和否定得以构成，并受制于对自然的系统改造和否定。

　　技术对自然的否定也包括对作为自然存在的人的否定。当然，后者的改造从历史发端就已经开始了。文明的进步不仅体现在对人的内部自然与外部自然的征服上，也体现在对人的内部自然与外部自然的压制上。弗洛伊德的压抑性文明论蕴含着一种历史动力：只有在这个文明阶段，即工作已经成为普遍的、全职的并且可以量化为社会价值尺度的阶段，快乐原则对现实原则的服从才会变得普遍有效。技术对象世界的筹划必然需要技术主体，即作为一般工具的人（劳动力的持有者）。或许，我们可以做一个有一定真理性的笼统的类比：无论从历史上讲，还是从结构上讲，将第二性的质科学地转化为第一性的质与将具体劳动社会化为抽象劳动相一致，它们都是一个量化的过程。

　　前面对技术社会这个哲学概念的概述也许有助于阐明该社会在发展过程中形成的内在的辩证法。它筹划了一个工具和设备（与工具一起发挥效力）世界，自然正是通过该世界受到了占统治地位的社会需要和利益的支配，而后者又以获得可交换的商品和服务为先决条件，正是商品和服务使它们的拥有者在生存竞争中的地位得到了维持和加强。对绝大多数人来说，这意味着在物质生产过程中终身劳动是必要的，而竖立在这种必要性之上的不只是这个社会的物质再生产，还有它的道德和政治结构：支配性的制度及其心理对应物，因稀缺和谋生而产生的压抑性的工作伦理。技术进步通过它在促进人类劳动机械化和征服稀缺这两方面的力量有可能使这种必要性变得不必要、不合理。最终结果有可能是，人们有目的地废除了商业和工业劳动，并且生存得到了缓和。但这一结果决不内在于技术进步。技术可以被用来并主要被用来维持甚至增加社会必要劳动的量，用来否定满足和缓和。不是技术的理性力量，而是工业社会现有的组织，即它不断提升劳动生产率的迫切需要，推动着这个社会朝着扩大自动化的范围和扩大社会财富的方向发展，并因此也破坏了强调稀缺和支配的政治经济学。

[47]

    然而，这一发展动态既不致命也不明确。我想先谈一下发达工业社会在何种程度上能够遏制（量的）社会变迁，因为我认为，这种遏制是当今时代最重要的内容。现在，同样是由占统治地位的社会利益组织筹划的技术进步确保了遏制的有效性，而且通过发展创造了新的遏制形式，通过合理化创造了新的压迫形式，通过满足创造了新的不自由的形式。新的支配模式目的是为了使那些与历史向人类社会更高阶段过渡有关的概念丧失效力，而正是这些概念使工业社会的批判理论充满了生气。

    技术进步使它自身的设备得到了发展，并且根据它需要完成的任务得到了发展，而这个任务并不是由技术决定的，而是有待满足的社会需要外在地赋予的。社会需要并不能像个体需要那样自由地发展；除了最低生活水平，它们还受占支配地位的社会劳动和娱乐分工的影响——它们必须符合社会分工的要求，必须是有利可图的社会需要。在完全有能力满足全体成员的最低生活需要的发达工业社会，需要的进一步发展是一个政治问题，不同于先前的历史阶段，现如今，它能够以高度可计算的方式（对那些政治人士来说，就是以较低自由度的方式?）有条不紊地实现；那些控制着经济的人同样控制着需要的创造以及满足需要的方式。所有这些都外在于技术。不过，技术与发达工业社会的政治的关系并不像是一个外力作用于纯粹的技术总体。通过它的**规模**、它的**内部组织**以及它在社会再生产过程中的**功能**，技术总体成了一种政治总体——它不仅仅是社会控制得以在个体身上实施的中介，而且凭借自身力量成了社会控制设备。技术理性以政治理性的形式表现了出来。在此，我只想指出某些使技术理性有了政治性的条件；它们需要细致的分析。

（一）发达工业社会通过**批量**生产再生产了它自身。批量生产之所以必要，是因为（1）人口不断增长，（2）机械化劳动的生产效率不断提高，以及（3）经济部门的集中。

技术进步的辩证法似乎在三个层面体现了出来：

（1）人口增长是过更好的生活的机会有所增加的一个结果，然而，这一结果未经检验且太过草率，它使个体过更好的生活的机会降到了最低限度，减少了自主与私密的物理和心理空间，延续了稀缺和生存斗争。　[48]

（2）在支配性的制度内部，劳动生产效率的提高形成了抵制"过早"（就这种制度来说）满足和失业的需要。计划报废、浪费以及制造有利可图的社会需要通过生产设备使辛劳和奴役得到维持。

（3）经济部门的集中增加了以缓和生存斗争为目的计划经济的技术

可能性，但与此同时，**私人**控制的集中却削弱了这些可能性并扩大了主从关系的范围。

以满足有利可图的社会需要为目的的批量生产同时也追求批量分配和批量消费。这三者必须持续不断地向生产者和消费者**兜售**，并且以不断扩大的方式向他们兜售，但由于贫困仍然普遍存在，所以产出的大部分是对个体需要的自由发展的压抑，完全被浪费了。在这样的环境下，批量生产是通过无所不在的、庞大的技术设备来实现的，而后者按照控制设备的利益集团的要求把私人和公共实存的各个领域都整合了进来。但关键是，这种整合看上去并不像是政治行动——它声称自己是技术整合，而它也确实是如此，它把方便和效率的合理性展现了出来，把"富裕社会"令人惊骇的舒适和力量展现了出来。在生产和消费社会福利的时候，那些分得福利的个体表现得很理性，任何历史法庭都无法公正地谴责他们——他们做得比以前好多了。在合理行动的过程中，在顺从他们对自然施以技术征服的过程中，他们愿意承受技术设备的激增及其给他们带来的沉重负担。

（二）技术设备不仅包括物质生产中运用的机器，还包括充斥在办公室、商店和街道，尤其是私人住宅和公寓中的机器。值得注意的是，这些广泛分布的技术单元在多大程度上相互协调，以及它们的使用者在多大程度上依赖相互协调的垄断公司的利益集团。技术分工：科学管理和科学合理化加强而不是弱化了自由劳动和自由消遣对那些决定使用劳动和消遣的人的服从，之所以加强，主要是因为组织机构的技术形式及其"履行诺言"的能力使主人消失在了客观的技术结构的背后。"资本家老板""残酷的剥削者"及早前的奴隶主已经让位给了"管理"，但就管理而言，最终的责

[49]

任几乎无法界定——因此，仇恨、抗议、控诉失去了它们具体的目标。从某种程度上讲，这种说法完全正确，因为主人本身已经变得开始依赖于他们不得不保持和扩张的技术设备，而这种依赖完全不同于自由企业家对他的个人企业和自由市场机制的依赖。现在，相比于企业主，政府、利润率、国家利益、东西方冲突已经在企业主之上和之外成了独立的力量——虽然企业主在整合力量的过程中是决定性的一环。

（三）在生产和分配设备运转的过程中，技术操作与政治操作，技术控制与政治控制密不可分地纠缠在了一起。在半自动化的工厂中，工人—操作者本身被工具化了，机械地适应了机器的速度和结构，而机器已经不再是工人的工具，而是成了一种（就像黑格尔曾经说过的那样）"独立的工具"。这种工作组织方式所产生的原子化在关于半自动化企业的实地研究中得到了丰富的描述。此外，体力在一定程度上被脑力取代了，而后者倾向于从有意识地活动退回到部分有意识或潜意识地活动（"白日梦"，完全就是对机器节奏所产生的观念和图像的反应式的联想）。技术领域——在这里，社会—政治的等级关系看上去就像是客观技术理性的表达——特有的去具体化趋势同样出现在了受这种理性制约的个体的心理结构中：由于无法穿透技术的帷幕并发展政治意识，所以个体很容易就会采取一种非政治的技术态度。激进反对制度本身，即这个"履行诺言"的制度本身，似乎不合理并且没有意义。技术理性和效率促进了肯定性思维的发展，并使其在公众那里广泛散播了开来。实际上，发达工业社会通过它所生产的商品和服务，目的是为了兜售它自己，也就是说，它兜售舒适和方便，目的是为了使人们保持一致，压制其他现实的替代方案。

技术社会中个体与群体的自主性的衰落并不完全是否定性的，也不

[50]

完全就是倒退的象征。免于匮乏的自由到了一定的程度，所有自由的具体内容就会变成一种现实可能性，到了一定的程度，与较低生产力状态相适应的自由就会慢慢失去它们先前的内容。在一个看上去越来越有能力通过其组织方式来满足个体需要的社会，思想独立、自主和政治抗争的权利正在渐渐失去它们基本的批判功能。因此，这种社会有可能就会理所当然地要求接受它的原则和制度，使反对沦为对**现状允许范围内**的其他政策的讨论和推广。在生活标准不断提升的情况下，对制度本身不顺从似乎对社会没有什么用处，特别是当不顺从给经济和政治造成了明显的不利并威胁到了整体平稳的运行时，更是如此。事实上，至少在生活必需品的范围内，似乎找不到为什么商品和服务的生产和分配应该通过个人的自由发挥来进行的原因。如果个体不再被迫在市场上证明自己是一个自由的"生存斗争"和"谋生"的经济主体了，那么这种自由的消失将是文明最大的成就之一。

正是这一有可能取得的成就（这是工业文明特有的承诺）改变了自由的社会基础。推动生产机械化和标准化的技术流程往往倾向于清除广大领域中的个体的自主性，而那些领域中的自主性的大部分力量实际上也早已被消耗殆尽了；这种力量能够在超越了必然性的未知的自由王国被释放出来。只有当人被排除在了机械化的工作世界之外时，他才会作为个体而存在；他的自由才会成为对生产和分配设备的自主权。这一目标完全在发达工业文明的能力范围内；它是技术理性的"尽头"。然而实际上，相反的趋势在起作用：技术设备将其国防和扩张的经济和政治要求强加到了人类的劳动时间和自由时间上，强加到了物质和精神文化上。当代工业社会藉由其组织自身技术基础的方式很容易走向极权主义。因为极权主义不仅仅是一种恐怖主义的从政治上协调社会的方式，也是一种非恐怖主义的从经济技术上协调社会的方式，后者通过既得利益者对需要的操控起到了作用，并因此阻止了有效对抗由这些利益组织起来的整体的反对力量的出现。不仅某种特定的政府或政党统治形式有可能导致极权主义，特定的生产和分配制度同样有可能导致极权主义，尽管这些制度有可能与某种支持多党、报纸、"对抗性"力量的多元主义完全兼容。在当代，政治力量通过推动生产设备这个技术总体前进的机器运行能力来维护自身。只有当发 [51] 达和发展中的工业社会的政府能够成功地动员、组织和利用工业文明中可用的技术、科学和机械生产力的时候，它才能维护和保护自身——这种生产力倾向于把超越于任何特定的个人或团体利益之外的社会当成一个整体。机器的物理力量（只有物理力量吗?）远胜于个体乃至任何特定团体的力量，这一残酷的事实使机器成了任何以负责机器运行的组织机构为基本单位的社会最有效的政治工具。但由于同样的事实，政治趋势有可能被扭转，因为机器的力量只不过是人类储存和投射的力量。只有当工作世界被设想成一台机器，并按照该设想来使其机械化时，它才会成为新的自由的**潜在**基础。

当代工业文明已经到了"自由社会"无法再通过传统意义上的经济、政治和思想自由来充分定义的阶段。不是因为它们已经变得无关紧要了，而是因为它们太重要，所以不能局限于传统的形式；为了适应发达工业社会的能力，它们需要新的实现模式。但是，这些新的模式只能以否定的形式来表示，因为它们的肯定是对占支配地位的自由模式的否定。因此，经济自由将意味着**从**经济**中**解脱了出来，也就是说，人不再被经济力量和经济关系所决定：从日常的生存斗争中，从谋生中解脱出来。政治自由将意味着个体**从**他们无法有效控制的政治**中**解放了出来，即政治不再作为社会分工的一个独立分支和功能而存在。类似的，思想自由将意味着个体思想在被大众传播和灌输同化之后又恢复了过来，即"民意"及其制造者被废除了。这些主张听起来很不切实际，但这并不是因为它们的乌托邦性，而是因为通过预先准备好能够使过时的生存斗争形式延续下来的物质和精神需要来阻止主张实现的力量占据着主导地位。

　　预先对需要进行标准化处理本身并不一定是压抑性的。相反，消除对各种乏味而又浪费性的东西的需要，消除对有利可图的、攻击性的自由的需要，很可能是解放的一个先决条件。尽管把一切力量都集中在生产和分配生活必需品上牺牲了不必要的选择，但却消除了浪费。不过，现如今，社会对废物的生产和分配有着巨大的需要，甚至对那些自由已经变得毫无意义和富有欺骗性的领域中虚幻的自由形式也有着巨大的需要。（例如：在受管控的价格上自由竞争，在排除了所有真正偏离常规的意见之后进行自由讨论，对自身的审查比任何一个国家指定的审查机构还要严格的自由媒体，在品牌和小玩意之间进行自由选择。）自由可以成为一种强大的统治工具。并不是对个体开放的选择的范围，而是个体**可以**选择什么和个体选择的**是**什么决定了个体自由的程度。自由选择的标准永远不可能是绝对的——但也不完全是相对的。自由选择主人不会废除主人和奴隶；正如我们现在试图要表明的那样，如果商品和服务继续维持着社会对辛苦、焦虑的生活的控制，即如果它们继续维持着异化，那么在大量商品和服务中进行自由选择并不意味着自由。

　　现有的人类需要本身不能决定必要的满足的范围——对创造更好的生活方式的先决条件来说必要。只有那些完全是因为人类生存下去而要求无条件满足的需要才是迫切需要，即对所有人来说要求满足的一定文化水平的吃、穿和住——因为它们的满足是包括物质价值和精神价值在内的**所有**价值实现的先决条件。超出这一水平的人类需要就是历史的，因为它们的发展及其对满足的要求是不同社会的产物，所以受制于政治标准和批

[52]

判，即受制于"它们的满足到底是满足了个体需要，人类需要，还是'仅仅'满足了社会需要，即以压抑需要自由发展为基础的社会为了自身利益而强加在个体身上的需要"这个问题。这种阶层化的社会需要的满足也是个体需要的满足，他会因此获得"更多的快乐"，这并不是一个公认的事实。因为其中既包括"虚假的"需要，也包括"真实的"需要，而前者指的是那些使辛劳、攻击性和现行秩序延续下来的需要（比如，每隔一两年买一辆新汽车的需要，在电视机前放松的需要，在兵工厂工作的需要，吃美味但却未烤透的面包的需要，"赶上邻居"的需要）。什么是"真实"的需要这个问题必须最终由个体自己来回答——但只是最终。如果个体被一个阶层化的社会洗脑了，并受到了它的操控（甚至他们的本能层面也受到了它的操纵），他们对这个问题的回答就不能被看作是他们自己的。出于同样的原因，任何"法庭"都无法公正地自行决定应该发展和满足哪些需要。

在此，发达工业社会极权主义的合理性使这个问题成了一个纯粹的理论问题。社会需要如此有效地植入了个体需要，以致任何区分似乎都是不可能的或任意的。例如，人们能够真正分辨大众传媒是技术工具，还是操控工具，还是信息发布和娱乐工具吗？能够真正分辨汽车带来了麻烦还是带来了便利吗？能够真正分辨实用的建筑带来了恐怖还是带来了舒适吗？能够真正分辨工厂是为国防效力还是为企业利益效力吗？能够真正分辨出生率的提高所关涉的是私人快乐还是商业和政治效用吗？我们又一次碰到了发达工业文明最令人感觉困惑的一个方面，即它的非理性具有理性的特征。它的生产力和效率，它增加和传播舒适的能力，它将浪费转化为需要和将破坏转化为建设的能力，它使自然（包括人自身的本性）服从于人的力量的程度，使异化概念遭到了质疑。普遍的痛苦成了可以由心理医

[53]

生治愈的个人烦恼。这并不是说，在这个阶段，不自由和支配减少了（这样的解释有可能严重歪曲事实），而是政治控制向技术控制的转变改变了将个体与社会联系起来的机制。生产设备现有的分工和控制因为自身的效率和能力看上去就像是理性的化身，所以政治上、理智上和情感上拒绝"顺从"似乎有些神经质和虚弱无力。在这种文明最发达的地区，社会控制已经深入地向内投射到了个体的心理，而如此一来，强制行为和自发行为之间的区别也就变得模糊了。

　　不过，"向内投射"一词已经无法反映个体自我再生产和延续他的社会所实施的外在控制的方式了。"向内投射"暗含着一系列的相对自发的过程，通过这些过程，自我将"外部的"变成了"内在的"；因此，"向内投射"意味着一个与外部状态不同甚至对抗的内在维度的存在，即远离公共意见和行为的个体意识和个体潜意识的存在。"内在自由"这个概念在这里有其现实性：它指的是一种私人空间，而在该空间，人可以在与他者相处的过程中通过自身保持"自身"，以对抗他者。现如今，在技术现实中，这个私人空间遭到了入侵，被削弱了：批量生产和分配夺走了**整个**个体，而工业心理学也早已不再局限于工厂。各式各样的向内投射过程在机械式的反应中似乎变僵化了。因此，最终带来的不是"调整"而是**模仿**：个体直接认同他的社会，并通过他那部分的社会直接认同整个社会。这种直接的、"自发的"认同（按照颇具影响的社会理论的说法，这种认同可以把"共同体"与"社会"区分开来）重新出现在了工业文明的高级阶段；不过，不同于最初对"共同体"的认同，新的"直接性"是复杂而科学的组织与操纵过程的产物。在这个过程中，心灵的"内在"维度被削弱了：对现状的抗议和反对可以植根于这个维度，而否定性思维的力量也只有在这个维度才会感到无拘无束——理性是批判性的否定力量。这一维度

[54]

的丧失表现在意识形态中顽固的、不顺从的元素的减少上，以及那些曾经并入文学、哲学乃至日常交际语言的关键词汇中的界定不清的价值、形象和理念的减少上。我们可以随便给出很多例子，比如，灵魂和精神，**理性的心灵**，追寻绝对，**恶之花**，童女，**远方和故乡**，誓死忠于自己或另一个自己，爱情悲剧与悲剧式的英雄。前技术时代的特有的这种词汇揭示了技术现实中被废弃的存在维度——随着自然世界正在渐渐地变成受科学掌控、管理和操纵的技术世界，它们正在被清除。但是，正是这些被废弃的维度曾经与压抑性的生活组织形成了对抗——之所以对抗是因为与这个领域有关的理念和想象忠于那些威胁要通过"过度的"快乐和痛苦来引爆既定现实的实存方式。它们超越了**既定**的话语和行为世界，但它们并不是为了来世，而是为了虽然通常被禁止（不过，随时都能实现）但个人却亲身经历过的可能性。由于这些东西都存在于个体意识中，在思想和语言中起作用，所以人类的实存（和本性）并没有被完全封闭在一个操作性的工具主义的（工作和休闲的）世界中——确切地说，既定的世界打开了另一个完全不同的维度。不过，技术社会却倾向于吸收这一不同的维度。发达工业文明呈现出了特定的思想和行为模式，而按照该模式，那些通过自身的内容在质上超越了既定事态的观念、愿望和目标不是遭到了排斥，就是沦为了既定的事态。技术理性使超越性的维度变得不真实、不现实了，或者说，将其内容转化成了操作性的。它们被纳入了**内在于**既定现实的**现存事物**与**可能事物**的合理性之中。在这个意义上，技术社会是一个**单向度的**世界，一个质的区别和否定被排除在外的世界。在这个社会，理性已经不再被认为是破坏虚假意识，维系被否定和挫败的进步的可能性的"否定力量"。理性已经相当理性地与人和物现有的、不断扩张的组织相互协调和一致，而曾经在民主地区广为存在、不受约束的批判本身也与该组织达成

[55]

了妥协。在学术界，这一趋势在一系列的将理论思维转变为行为主义思维的思想清算中表现了出来，比如，分析哲学对哲学的清算，工业心理学对心理学的清算，市场调查对社会学的清算；这一趋势在学术、公司和国防的联合中，在宣告意识形态终结的意识形态中集中体现了出来。

政治决策者及其信息传播者系统地促成了单向度的思想和行为：他们的话语世界充斥着自我假设，而经过反复地、独断地重复，后者变成了易于催眠的定义或命令。比如，"自由"是在自由世界的国家里运行的制度；其他超越自由的模式要么是无政府主义，要么是共产主义，要么是政治宣传。"社会主义"对私人企业的侵占并不是由某些私人企业（或按照政府合同）来完成的，比如，全民医疗保险，或者通过建立国家公园来保护自然，或者改善公共服务，而这些都可能损害私人利益。这种强调既成事实的极权主义专政在东方有其对应物。在那里，自由是共产主义政权建立的生活方式，而其他一切超越自由的模式要么是资本主义，要么是修正主义，要么是左翼宗派主义。无论对哪个阵营来说，非操作性的观念都是非行为性的、不科学的、颠覆性的。理性已变得屈从于生活事实，屈从于产生越来越多的相同类型的生活事实的动态能力。政治—技术设备及其极权主义的合理性和生产力妨碍了变革，它们削弱了这种认识，即事实是被**制造出来的**，以主观性为中介（这种认识以前一直都是科学方法的重要组成部分）。占支配地位的思维习惯不允许做出这样的假设，即事实包含着对自己的否定，也就是说，它们是其所是（它们如何是）是因为它们排除了那些其实现使它们不再成为事实的可能性。从人类实存的角度讲，这些可能性有可能带来更好的结果，也有可能带来更糟的结果——不管怎样，要想评估替代方案需要有超越事实以及由事实决定的操作的自由。这样的自由并不完全是"人的灵魂"的事，并不完全是良心和意识的事——它依赖于驱使和允许从既定事实中分离出来的社会条件，依赖于使真正自由的思维方式可以通过"检验"事实和既定事实所阻碍的可能性而得以形成的政治和私人空间。但这种思维方式现如今显得有些形而上、非理性、虚幻。[56]之所以如此是因为技术社会正在关闭以前未被征服的空间，而后者是社会禁止的人类实现的形象的避难所。这个空间的关闭抵消了操作性、分析性思维的治疗力量：对形而上学的斗争，对幻觉和意识形态的揭露，对行为概念的坚持不仅清除了形而上的超越性，**也**清除了历史的超越性，不仅清除了幻觉，**也**清除了真实的可能性——但这却促进了对现存事物的屈从。

毫无疑问，这些趋势并非起因于任何一种思想、哲学和理论模式。毋宁说，理论与实践在发达工业社会现有的结构中有其共同的基础，发达工业社会的技术理性同时也是政治理性，换言之，它通过支配自然强化了人对人的支配。在这样的共同基础上，理论和实践上的操作主义凝结成了单向度的行为模式。进步成果不仅蔑视意识形态的控诉，也蔑视意识形态的辩护；在进步成果的现实面前，"虚假意识"与强调历史替代方案的真实意识一起蒸发了。

这些历史替代方案都隐含在技术进步到了极点这个理念中。我指的是技术进步到了这样一个水平或阶段，那时，它将与既定现实相矛盾，也就是说，自动化将把必要劳动时间减到最少。那时，技术进步将超越有组织的稀缺王国，将不再局限于决定技术理性的支配性与剥削性的设备。相反，技术的"终点"将以能力的自由发挥——从字面意义上讲，即人与自然公平的能力的自由发挥，另一种说法是，使生存得到缓和——为旨归来进行"重新设置"。这样一种全新的生存模式决不能被认为仅仅是经济和政治变迁附带产生的结果，也不能被认为是新制度或多或少自然而然产生的影响，尽管后者是必要的先决条件。目标从字面意义上讲是**技术的先天**

的。这意味着质变将取决于**技术**基础的变化，因为它是这个社会的基础，并且维系着使人类的"第二自然"得以稳定的经济与政治制度。工业化的技术对迫切需要之外想要实现的目标有成见，也就是说，它们对理性与自由的可能性有成见。无疑，劳动必须先于劳动的减少，而工业化必须先于人的需要和满足的发展。但是，由于一切自由都依赖于对必然性的征服，

[57]　所以自由的实现依赖于征服的**技术**。最高的劳动生产率有可能被用于固化劳动，而最有效率的工业化也可能有助于对需要的限制和操纵。工业社会继承、发展并主宰我们的生活的技术从最根本上讲是一种支配性的技术。因此，技术进步到了极点意味着这种技术被有规定地否定了。我认为，如果把工业社会压抑性的元素仅仅归咎于技术的特定**使用**，以及科学理性的特定应用，那就太过简单粗暴了。在某种意义上，方法预先决定了应用：在理念与其实现之间存在一种前定的和谐与亲缘关系。关于技术和支配之间的内在联系的解释有必要进行深入的研究。但我希望自己能够避免由这种内在联系的细微迹象所引发的误解。技术批判既不追求浪漫回归，也不追求"价值"在精神上恢复。技术社会的压抑性并**不是**因为过分强调唯物主义和技术主义。相反，问题的根源似乎在于**抑制了**唯物主义和技术理性，也就是说，问题的根源在于限制了对价值的**物化**。这些限制隶属于特殊的文明时期，隶属于特殊的强调生存斗争的组织形式。它们的废除，即技术的解放，将影响发达工业社会整个的物质和精神文化。不管是对它自身的持续运作来说，还是对它的发展来说，这种文化需要维持它强加于技术的限制。此外，这些限制也决定了技术进步在这种文化中的前进方向。完全不同形式的技术理性这个理念是新的历史筹划的一部分。

[58]

二

[60]　　《伟大社会中的个人》原文 "The Individual in the Great Society"（1966）。该研究最早出现在 1965 年 11 月 17 日雪城大学的一次演讲中。它分两部分被发表在了圣迭戈地下期刊上，可参见 *Alternatives* Vol. I, Nos. 1（March–April 1966, pp. 21–9）与 *Alternatives* Vol. I, Nos. 2（Summer 1966, pp. 29–35）；另 可 参 见 *A Great Society*?, ed. Bertram M. Gross（New York: Basic Books, 1966, pp. 58–80）。马尔库塞的研究把约翰逊总统在 20 世纪 60 年代中期的 "伟大社会" 计划与美国实际占支配地位的经济、政治、社会与文化趋势密切联系了起来，与当时的全球政治局势紧密联系了起来。该文本不仅对约翰逊的计划做了堪称典范的意识形态批判，也对美国这个资本主义国家的经济体制和外交政策做了尖锐的批判。不过，马尔库塞仍然感兴趣的是 "伟大社会" 这个概念中的乌托邦潜能与解放潜能，以及为什么需要颠覆现有的思想、实践和制度，为什么需要激进的社会变革才能真正实现这个概念。因此，尽管该文讨论的是特定环境下的政治现象，但对于马尔库塞不断阐发的社会批判理论来说，它很有代表性。

[61]　　伟大社会中的个人

　　在探讨 "伟大社会" 中 "个人" 所谓的职责之前，有必要对这些术语作简要的定义，更准确地说，有必要进行重新定义。因为，我准备通过把官方和半官方的关于伟大社会的想法和发言置于它们在未来得以实现的情境下，置于当前决定它们（可能或不可能）实现的条件（政治、经济、知识）的情境下来开始我的讨论。除非这些因素对该想法产生了影响，否则它纯粹就是发言、公告或宣传——最多也就是表达意图的声明。在规定文字内容的由力量、潜力和趋势构成的既定世界内，学者有责任重视这些因素，也就是说，有责任超越文字，更准确地讲，不超越文字的此岸。

我将从约翰逊总统所提出的伟大社会这个概念开始。我认为，它的基本要素可归结如下：（1）它是一个建立在"人人富裕、自由"基础上的"大肆发展"的社会，它要求"消除贫穷与种族不平等"；（2）在这个社会，发展是"我们的需要的仆人"；（3）在这个社会，休闲是一个"受欢迎的积淀与沉思的机会"，它既能满足"身体的需要与商业的需求，同时也能满足对美的渴求，对共同体的渴望"。

该景象开始于这样一个声明，即我们这个社会能够成为一个"我们可以养育家人，摆脱国家间战争与猜忌的阴影"的地方。紧随其后，枚举了很多可以开始建设伟大社会的领域，即：（1）重建我们的城市，以及城市之间的交通运输，以适应不断增长的人口的要求；（2）重建被污染、被破坏的乡村，以便恢复"天人合一"，保护"美丽的美利坚"；（3）改善和提高教育及教育设施。不过，在这一切都完成之后，我们并没有达到奋斗的终点，因为"最重要的是，伟大社会不是一个避风湾，一个休憩之地，一个最终的目标，一件最终的作品。它是一个不断更新的挑战，召唤我们朝着我们的命运迈进，而只有在那里，我们生命的意义才与我们非凡的劳动产品相匹配"。

[62]

伟大社会与资本主义企业的对抗

请允许我暂停一下，我想在这里提出我的第一个异议。一开始，我有意把最思辨、最"乌托邦的"方面提了出来，因为在这里计划的基本方向（及其最内在的局限性）最清楚。首先是一个不太重要的表达方式问题，即我们生命的意义应该与"我们的劳动成果""相匹配"——是不是应该换成另外一种说法？在自由社会，生命的意义应该由自由的个人来决定，相应地，他们也应该决定他们的劳动成果。单独来看，该表述可能并不排除这样的解释，但从整个行文来看，它却具有特定的意义。为什么伟大（和自由）社会**不是**一个休憩之地，一个避风港呢？为什么它是一个不断更新的挑战？生产力不断推进并不是一种和平的、人道的社会的发展趋势，因为在和平、人道的社会中，个人会成为自己，并且发展自身的人性，而他们遇到的挑战可能恰恰就是在保护和保存"避风港""休憩之地"——于此，生命将不再耗费在生存斗争上——的过程中遭遇的挑战。该社会完全可以拒绝"大肆发展"这个概念（以及实践）；它完全可以限制它自身这一可能会增加人对其工具和产品的依赖性的技术能力。

即使在今天，在开始踏上自由社会的道路之前，相比增加生产和消除社会必要消耗、计划报废、军备、宣传、操纵等领域的生产能力，通过改变方向来向贫困宣战可能更加有效。一个能够在发展不受约束与挑战持续不断的动态中同时实现富足与自由的社会，它是以长期存在匮乏——越来越多的人为创造出来的匮乏，即对富足的、不断增加的、时时翻新的商品的需要——为基础的制度的理想。因为在该制度下，为了满足对日益增长的劳动产品的需要，个人必定把生命耗费在生存斗争上，同时劳动产品必定增加，因为出售它们必定获得利润，而利润率取决于劳动生产率的增长。以意识形态不太浓厚的语言来讲，这可以被称为扩大资本积累的一般 [63] 规律。从这方面来看，伟大社会似乎在现存的不那么伟大的社会成功地清除了自身的缺陷和缺点之后延续了后者，似乎对后者做了改进和提高。它有能力这样去做，这只是一个假设。然而，学者决不能不经考察就接受该假设：我们将暂停对伟大社会的思考，回到支持伟大社会建设的伟大计划中来，更确切地说，回到支持在现有社会筹备伟大社会的计划中来。

　　首要的是向贫穷宣战。关于这方面的批判性文献早已数量惊人，对此，我只能在参考文献中简略地提到。这场战争被认为是"富裕社会"发起的**在"富裕社会"内**反对贫穷的战争；因此，它最终只不过是一场社会利用自身内部矛盾来反对自身的战争。真正战胜贫穷不仅意味着要实现充分就业，即达到制度长期正常运作的条件，还意味着失业了也可以领到足以过上好生活的失业救济金——也是制度长期正常运作的条件。这两项事业都没有超出发达工业社会的（技术）能力（悖谬的是，后者可能是前者的历史结果！），但是"发达工业社会"必须被分成实际存在的两种主要形式，即资本主义和社会主义。在这里，我们只关注前者。在资本主义社会，真正战胜贫穷受到了现行社会制度的阻碍和"遏制"。作为恒定不变的条件，充分就业意味着实际工资持续保持在较高的水平上（并且随着生产效率的提高而不断提高），不能被物价上涨所抵消。这等于说利润率要降到私营企业家容忍的极限以下。可想而知，像这样的充分就业也许只能通过扩大战争（或国防）经济以及对垃圾品、身份象征、计划报废与寄生式服务的扩大生产来实现。除了有可能给国际社会带来明确而现实的爆发战争的危险之外，这个制度还可以生产和再生产人类，不过这样的人类无论如何都不可能建立一个自由、人道的社会。因为建设伟大社会取决于很少在计划中出现的"人的因素",即个人的存在,他们有自己的态度、目标和需要,完全不同于现如今那些受过训练、培训和奖赏的人:在维护社会的过程中被动员起来的攻击性倾向于永久性地妨碍向更高形式的自由与理性发展。无疑,非破坏性的充分就业仍有现实可能性:它只需要如总统计划中所述的那样实际的重建,也即是说,重建城市、乡村和教育。但是,该计划需要消除阻碍其实现的特殊利益。现如今,这些特殊利益包括资本与劳动、城市与乡村政治、共和党与民主党,而它们都是政府高度依赖的强有力的利益集团。

[64]

　　众所周知的道理必须经常性地重复:不只是计划的规模,而且计划的经济基础与这些利益集团也不相容。要把城市变成人的世界不仅仅需要清除贫民窟,还需要真正地毁灭城市,并且严格按照建筑平面图来重建城市。如果是为了所有人而不是为了那些买得起的人,那么重建显然就是非营利的,而它的公共筹资意味着废除国内某些最强大的游说集团。例如,它意味着要建立一个广泛、高效的公共交通网络,以取代作为商务与休闲主要交通工具的私人汽车——终结现如今有组织的汽车制造业。"美化"乡村意味着(强制性地)清除所有的广告牌、霓虹灯,减少数不胜数的服务区、路边摊、噪声制造者,等等,因为这些东西已经使渴望"天人合一"成为不可能。一般来说,可能也是最重要的,重建需要消除所有的计划报废,因为它是制度的重要支柱,正是它使必要的营业额和激烈的竞争成为可能。从这一切来看,计划的实现似乎与资本主义的企业精神相矛盾,可以说,该矛盾最集中地体现在了该计划对美的强调上。在这里,文字扮演的是虚假光环的角色,语言变成了商业化的诗歌语言,而就在约翰逊夫人摒弃意识形态化的语言对外宣称美是一种经济资产——据《洛杉矶时报》(1965年9月8日)报道:"城市的吸引力是一种主要的经济资产,而保留它的吸引力也就保留了就业的机会。美丽的城市会带来高回报。"——的时候，这种语言最终到来了。

发达工业主义对人的影响

现在，我要回到"人的因素"上来，而稍后，在讨论的过程中，我会讲一讲教育，即重建的第三个领域。这些被认为应该建设伟大社会的个人到底是些什么人？

他们生活在这样一个社会，在这里，他们在物质和精神上、在工作和休闲中、在政治与娱乐中（不论好坏）都要服从那个决定其日常生活、需要与渴望的生产、分配和消费部门。此种生活，不管是私人的、社会的还是理性的，都被囚禁在了极其特定的历史世界。作为"富裕社会"大多数人口中的一员，个人生活在一个防御与侵略永不停歇的世界。这在对越共的战争中，在反黑人的斗争中，在效力于军事机构及其附属单位的巨大的工业和服务业网络中反映了出来，同时也在经由科学技术释放出来、变得富有成效的暴力中，在宣传的主旨大意中，在带给被动的听众的笑话中反映了出来。针对这个由来已久的论点，即在所有社会里，暴力和侵略历来都是一个正常因素，我坚持认为现在与过去之间有质的不同，而不仅仅是破坏性潜能的大小及其实现的范围的不同，尽管它们能够使战车比赛与汽车比赛、大炮与导弹、水能与核能区分开来。同样，也不仅仅是速度和幅度的不同，尽管它们能够使大众传播与他们前辈的传播方式区分开来。通过把权力不断地从个人转让给技术或官僚部门，从活劳动转让给死劳动，从个人控制转让给遥控，从一台机器（或一组机器）转让给整个机械化系统，新的质被引入了进来。我想重申一遍，我之所以这样做（并）不

[65]

是为了评价该发展是进步的还是退步的，是人性化的还是非人性化的。我想说的是，转让权力的过程实际上同时也是转让有负罪感的责任的过程，如此一来，个人被释放了出来，他在工作与休闲中、在他的需要与满足中、在他的思想与情感中成了不自律的人。

然而，与此同时，这种释放却并不是从异化劳动中解放了出来，个人必须在为生存、地位和优势而奋斗的过程中继续消耗体力和精力，他们必须忍受、服务和热爱把这种必然性强加于他们的部门。工作世界中的新的他律没有得到工作世界中新的自律的补偿：随着异化在维持压抑的生产力时日趋明显地非理性、日趋效果不佳，异化被强化了。因此，在现有社会不负众望地提升了生活标准的地方，异化到了这样的程度，即甚至是对异化的意识在很大程度上也遭到了压抑：个人将他们自己与他们的为他者存在（being-for-others）等同了起来。

在这种情况下，社会需要敌人，因为反对敌人，目前的状况就会得到保护，而攻击性能量，即无法被引入正常的、日常的生存斗争的能量也可以被释放出来。那些被要求发展伟大社会的个人就生活在一个在全世界发动战争或准备发动战争的社会。任何讨论，如果它没有将伟大社会的计划放在国际框架下，那么它必定仍是意识形态的宣传。敌人并不是评价伟大社会之可能性可以忽视或可以顺便提及的一个因素，一个偶发事件，因为在国内外，在商业和教育中，在科学和消遣中，它的存在都是一个决定性的因素。

[66]

我们在这里只关注伟大社会计划的敌人，更具体地讲，我们只关注敌人影响个人——即那些被认为应该把"富裕社会"变成伟大社会的人——的方式，更确切地说，只关注敌人以及个人在与敌人作斗争时的表现。因此，问题不是军火工业及其"收益增值率"已经在何种程度上变成了"富裕社会"不可或缺的一部分，也不是目前军事机构的统治和政策是否是为了"国家利益"（当国家利益不是根据这些决策者的利益来定义的时候）。毋宁说，我想提出的问题是：敌人的存在是否会过早地对建设伟大社会的才能和能力作出（消极的）判断。在对该问题进行简短的讨论之前，我必须对"敌人"进行界定，即重新界定。在这么做之前，我想先提出一个不确定的假设。

　　敌人本质上还是共产主义吗？我认为不是。第一，在今天，共产主义有多种形式，各种形式之间也有冲突、有矛盾。此外，这个国家并不反对所有这些形式，而这不仅是出于策略上的考虑。第二，资本主义国家与共产主义国家——更准确地讲，是与那些共产主义似乎最稳固的国家——的贸易往来正在持续不断地增加。此外，苏联建立了最坚固、最稳定的共产主义，但长期以来，美国和苏联都没有完全把彼此视为敌人（资本化！），事实上，在敌人被认为妨碍了合作与共谋而现行秩序应该动员起来反击的时候，人们却听到了有关合作与共谋的言论。第三，实际上，在校园中，在黑人中，很难把共产主义视为这个国家的威胁。根据地理上的及其他方面的事实来看，我认为，实施动员并且实际地发动战争，针对的都是半殖民地与前殖民地的人民、落后的民族以及穷人，而其中有些是共产主义者，有些并不是共产主义者。这并不是旧日的殖民主义与帝国主义（尽管曾经从某些方面做过比较夸张的比较：一个由宗主国负责的直接政府与一个靠宗主国的恩赐运行的本土政府之间没有本质的区别）。全球斗争的（客观）原因并不是对直接资本输出、资源、剩余剥削的需要，而是主人与奴隶、顶层与底层这个现有的等级结构具有被颠覆的危险，而正是该结构创 [67] 造了并支撑着富有的资本主义**与**共产主义国家。相比革命，奴隶的反抗是一种更加原始、更加基本的颠覆性的威胁，也正因为如此，对有能力阻止或击败革命的社会来说，危险也就更大。因为奴隶无处不在、难以数计，而他们在反抗中失去的只是锁链。诚然，现有社会的等级结构之前就曾遇到过被颠覆的危险，该危险来自内部，是社会自身的一个阶级。不过这次的威胁来自外部，也正因为如此，它威胁到了整个制度；该威胁表现为一个总体，而那些代表该总体的人在现有社会甚至都没有潜在的利益。他们可能根本上就没有积极重建的蓝图，或者他们可能只有无法实施的蓝图，他们只是不想再当奴隶了，他们只是受到了以不同于旧势力的方式来改变难以容忍的环境这个迫切需要的驱使。这种原始的造反，这种反抗实际上蕴含着一个社会方案，也就是说，他们意识到了他们的社会不能按照富有国家的方式来建设，因为它使奴役与支配永久地保留了下来。他们的解放斗争客观上是反资本主义的，尽管他们拒绝社会主义，希望得到资本主义的好处，同时他们的斗争客观上也是反共产主义的，尽管他们是共产主义者，因为它的目标是超越现有的共产主义制度，或者说，它的目标就是现有制度的彼岸。

为了强调上述的因素和趋势并不是决策者刻意追求的，我用到了"客观理性"这个术语。更具体地讲，我认为，它们在决策者的"背后"运作，甚至有可能为了肯定自身而违背决策者的意志，而它们就是可以从当前的社会、政治环境推测出来的历史趋势。永无止境的动员与防御表面上还有另一个更明显的原因，而这在"多米诺理论"中、在共产主义者的世界革命运动欲望这个概念中被表达了出来。政策信息制定者提出的这个概念与事实不符，不过多米诺理论有一定的真理性。造反的穷人无论在哪个地方取得了酣畅淋漓的胜利都会激发其他地方——甚至国内——的穷人的意识和造反。此外，对资本主义来说，这样的胜利将意味着世界市场有更进一步收缩的危险——这是一个极其遥远的危险，只有在落后国家真正实现独立时才会突然出现的危险，但却是一个足够严重的危险，比如，如果是拉丁美洲独立了。对于苏联来说，经济危险并不占上风，但现有政权面临的威胁看起来却很真实。可以有把握地说，苏联领导人对革命和造反的态度说好听些是矛盾的，说难听些是充满了敌意的。

感觉最直接受造反威胁的是最发达的工业社会，因为在这里，从人 [68]
类进步的角度可以最明显地看到，社会必要的压抑与异化、奴役与他律是不必要的、无价值的。这就是隐藏在为了与威胁作斗争而被动员起来的残忍与暴力背后的原因，隐藏在单调的规律——藉此，人们熟悉了也习惯了非人的态度和行为，才把大规模屠杀当成了爱国行为——背后的原因。新闻自由在这方面的成功以后有可能会作为文明最可耻的行径之一被铭记。几乎没有哪一天，头条不会像庆祝胜利一样宣布"杀了 136 个越共""海军陆战队至少杀了 156 个越共""240 多个赤色分子被杀"。我经历过两次世界大战，但我从未见过如此厚颜无耻的宣传屠杀的广告。即使在纳粹的新闻中，我也从未见到任何一个头条宣称："美国对没人抗议催泪瓦斯很满意"（《洛杉矶时报》，1965 年 9 月 9 日）。这种每天都使数百万人着迷的报道，对嗜杀成性者很有吸引力，能满足他们的需要。纽约的一位法官可以说是该形势的一个缩影。有两个青少年"曾因杀害了贫民区的一个流浪者而被传讯，然后又因杀害了他们的一个同伙而被再次拘捕"，在他们假释出狱时，据《纽约时报》报道，这位法官却说："他们应该去越南，在那里，我们需要士兵来干掉越共。"

我曾经说过，从一个非常特定的意义上讲，富裕国家的国际形势是其国内动态的一种表现，是保持国内外现有权力结构的（社会、政治）需要与这种需要在历史上已经过时之间冲突的表现，正如落后国家的造反中所表现的那样，充满了戏剧性。在该冲突中，社会对个人攻击性能量的动员到了这般程度，以致他们看起来几乎不可能成为**和平**、自由社会的建设者。这项以完全不同的社会为旨归的任务似乎意味着与现有的社会决裂、破裂，因此需要涌现"新的"、有着完全不同的需要与渴望的个人。我现在打算更进一步地提出这样一个问题，即发达工业社会在意识形态上把个人这个传统概念永久地保留下来并且赞扬它的同时到底有没有在现实中否定它（及其可能性）。换言之，个人是否仍然拥有进步的、富有成效的社会功能，或者说，个性是否已经被新的先进的生产力形式及其组织超越？个性、个人自律、个体企业是否已经过时，是否已经不再是（技术）进步的媒介，而是成了它的障碍？我想再次强调的是，我打算毫无偏见地讨论该问题，以利于传播"价值"：无论是从技术的进步还是从人类的进步讲，个人的消逝可以说是"积极的"。首先，我将对个人概念简要地重新做一番审视，因为它已经成了现代的代表。不过，我只想对此做一个概括的介绍。

[69]

个人主义概念的演变

从它新的历史功能来看，个人概念起源于新教改革。宗教的与世俗的、内部的与外部的表现形式同步发展。从这一双重功能来看，个人成了构成新社会的基本单位：在精神上，个人是有信仰、有思想、有良知的负责任的主体；而在资本主义精神中，个人是拥有自由企业的负责任的主体。这两种表现一直以来都密切关联，但可能要区分为两种趋势，而随着新社会的发展，这两种趋势之间的冲突也愈演愈烈：一方面，自由的道德和理性主体得到了发展，另一方面，拥有自由企业的主体也得到了发展。我们也可以说，为他自己、为道德与理性自律而奋斗的个人与为生存而奋斗的个人被分裂了开来。在笛卡尔的**我思**（ego cogito）中，它们仍然是调和的，个人是理解与征服自然以服务于新社会的科学的主体，他也是有方法地质疑、理性地批判一切既定偏见的主体。但是，调和成了虚妄，这两个领域的统一破裂了。作为资本主义社会为生存而斗争、经济竞争和政治的主体，个人在霍布斯、洛克、亚当·斯密、边沁的哲学中逐渐成形，而作为道德与理性自律的主体，个人却在启蒙时期的哲学中，在莱布尼茨与康德的哲学中得到了集中体现。

　　哲学传统之间的冲突所反映的是社会现实中不断蔓延的冲突。自由被认为是个人在理论与实践中、在思想与行动中的本质特征，是人内在和外在的本质特征。从这个意义上来讲，个人是私营企业的必然结果：道德责任与自律人格在经济和政治自由中有其现实基础。个人是**所有者**，这不仅要从占有他为了在社会中实现（证明、确认）自由所必需的物质资源、商品与服务这个意义上来讲，还要从他藉由他自身的劳动或对他人劳动的控制已经赢得了这些东西（早已在洛克的哲学中看到）并且已经使它们成了自身的组成部分、成了他生产性与创造性人格的物质表现这个意义上来讲。这个概念，即作为所有者的个人，从任何一种一般意义上来说，根本不适用于贪婪的社会，因为在这里，大多数人口仍然处于自律性被剥夺的状态。但是，曾经有一个阶级，也是很长一段时间的统治阶级，即农业和工业企业家阶级，可以说，他们是自己的企业的主人，个人对自身决策、选择和危机负责，并以自由竞争市场的裁决为根据，如果是好的决策，他们就会获得奖赏，如果是坏的决策，他们就会受到惩罚。凭借私营企业的自由，这个阶级（概略地讲，即"资产阶级"）在个人主义的基础上使生产力在自由资本主义——直到19世纪还在工业国家中占支配地位——的环境下得到了发展。经济上的主人，他们在自己家中同样也是独立的个

[70]

人，他们决定着孩子的教育、家庭的生活水平、行为模式——他们完全以一种权威主义的方式强制实施现实原则。"主人在自己的房子里"，在自己的业务中，在自己家里，可以不需要政府，不需要"公共关系"，不需要标准的大众媒体，因此，他们可以被认为是个人主义文化的鲜活的代表。

今天，可以使这种个体企业的形式保持繁荣的条件已经消失，这一点已经无须赘言。当代美国社会已经超越了这个生产力的发展阶段，不再以个人为生产单位参与自由竞争；随着自由资本主义向有组织的资本主义的转变，经济领域（不仅限于该领域）的"个性"已经过时，已经被劳动生产力迅猛、势不可挡的发展和利用该生产力的手段与工具的发展所压制。考虑到这一历史发展，随之而来的问题是，在我们这种类型的发达工业社会中，我们可以在何处和以何种方式来设想充满创造性的个性的发展与表达。不过，在进入到这个讨论之前，我想从**文学和艺术**的维度来追溯个性的兴衰变迁，因为只有在这个维度中，个人才可以说具有最本真的"创造性"。

确实，艺术维度似乎是个人唯一真实的家园，是人在其思想存在和物质存在中成为个人的唯一场所，它不仅可以使人成为内在的人，也可以使人成为外在的人。不同于经济上的个人，艺术家以创造性劳动的形式——现代文化将其赞扬为更高级的自由、更高级的价值的表现形式——

[71]　实现了他的个性。不同于理想主义哲学赋予个人（"人"）的内在道德和精神自律，艺术家的自由更具实质性，这在他的全部作品和他的生命中表达了出来。文艺复兴的伟大人格可以把艺术的、政治的、经济的个人主义结合起来，雅各布·布克哈特（Jakob Burckhardt）的"作为艺术品的国家"就表达了这种统一。该说法可能传达的是一种高度理想化的图景，但它也揭示了这一把个人主义初期与晚期区分开来的鸿沟。在成熟的资产阶级社

会，市场价值取代了个人的创造力的价值，而当后者用来增加前者时，肯定自身的不是个人，而是市场。从完全"古典"的意义上讲，作为真实的自我，个人在与现有规范和价值的根本冲突中现如今唯一的可能就是以其社会**对立面**的形式表现出来，他成了一个外人、局外人，或者说成了一位"内在的移民"（inner emigration）。在该社会，个人无法实现自身，无法成为他自己，而这正是代表性文学作品——至少从《狂飙突进》到易卜生——所传递的信息。在与社会的不可避免的斗争中，个人（通常从该词着重强调的意义上来讲）不是消亡了，就是顺从了，也就是说，他宣布放弃了不妥协的自由与幸福这一"发展"最首要的承诺和目标。创造性的个人一开始都是不遵守传统规范的人；在现有社会，他在不背叛自己的情况下不可能成为一个"现实主义者"；他的自律就是其想象力的自律，它有自身的理性与真理（相比正统的理性与真理，它们可能更有效、更理性）。不过，当他准备按照自己的方式与才能来生活和工作时，他意识到，他必须放弃自身并在理性中而不是想象力中发现他的自律。换言之，个人发现他应该学会在一定程度上限制自身，学会调和他的幸福与不幸：自律意味着顺从。正如《威廉·迈斯特》（*Wilhelm Meister*）、《情感教育》（*Education Sentimentale*）、《绿衣亨利》（*Grüne Heinrich*）、《追忆似水年华》（*Récherche du Temps Perdu*）等小说所表明的那样，这与大发展有关。

对异见者的教育

不过，个人在资产阶级社会还以另外一种形式表现了出来，即被诅咒的诗人（poète maudit），该形式可能最充分地实现了个性。他确实过着我行我素的生活：站在边缘，反对他的社会。作为流浪者、吸毒者、病人或天才，个人是本真的。该本真性一定程度上在"放荡不羁的艺术家"中，甚至在"垮掉的一代"中仍旧被保留了下来；这两个群体模糊地体现了那些受保护的、被允许的个人自由与幸福的表现形式，但是，以政府和社会而不是以他自己的主张来定义自由与幸福的平民是不喜欢这些形式的。

[72]

为了把有关个人的意识形态与个人的实现分离开来，并指出创造性的个人缘何在很大程度上仅限于"艺术维度"，也就是直到目前依然远离日常生活事务的领域，即非物质的、更为精神性的现实，说这么多题外话对我来说很有必要。一定程度上，这在约翰逊总统对美、想象力（不过，它与"创新"结合了起来，戴上了技术商业的套索）和创造力的强调中也得到了体现。当代社会的一些观察家明确地提出了"创造性的"个人在发达工业社会的地位和作用的问题。事实上，随着该社会的发展，随着自动化、大生产与标准化在日常生活事务中的蔓延，"个性"正越来越多地为残存的"富有创造性"——不管"富有创造性"到底意味着什么——的活动或感受领域所独有。在关于伟大社会的权威表述的语境中，"创造性"似乎指的是生产既有用又漂亮，既满足物质需要又满足精神需要，指的是提高人类存在的自由、乐趣和丰富性的产品、服务、作品与空间。我必须首先强调，对发达工业社会中创造性个人的追求直接牵涉到社会劳动组织。因为如果创造性不仅仅是一种只限于精英的特权，那么它就必须是一种对伟大社会的全体成员都可能的存在方式，不仅不歧视反倒依靠不同的个人才能。此外，创造性的具体表现必须在物质生产过程中(比如，房屋、公园、家具、**艺术品**）呈现出来，抑或物质生产过程必须为创造与接受这样的商品提供物质基础和环境。在物质生产日渐机械化、自动化、标准化的社会中，个人的创造性如何才能在社会范围内发展起来？我们可以有如下可选方案，它们分别是：(1)从根本上改变物质生产本身的性质，把它从"异化的"劳动改造为非异化的劳动；（2）使物质生产与创造性的个性（除用以影响生产设备的技术才能和想象力之外）彻底分离，个人在物质生产过程之外保留创造性。

我首先要从第一种方案谈起。工业社会的进一步发展就是机械化、大生产的发展。从人的角度讲，个人能量在生产必需品过程中的减少同样也是一种进步；消灭该生产过程中的个人劳动力将是工业与科学最大的胜利。任何通过重新引入更接近手工业和手工艺的劳动方式，或通过减少机械化设备同时却又完好无损地保留当前对生产与分配过程的社会控制而在社会范围内颠倒该趋势的企图，无论从效率上讲，还是从人的发展上讲，都是一种退步。①

[73]

因此，自律、富有创造性的个人的出现不能被看作是现存的异化劳动向非异化劳动的渐进转变过程。换句话说，作为在生产或照料现有生产设备中表现自身创造力的工人、技术员、工程师或科学家，个人是不会重获新生的。因为，生产设备不管现在还是将来都是技术性的设备，而从它的结构来看，它妨碍了生产过程中的自律性。更确切地说，生产者和消费者与设备本身的关系的根本转变是自律的先决条件。以设备目前的形式来看，它控制着它的服务对象，即个人，它培养并满足了攻击性的、但却顺从的需要，从而实现了对控制的再生产。仅仅转让控制权并不意味着质变，新的管理人员（和广大人民）必须首先觉得迫切需要变革技术进步的方向以缓和生存斗争。只有到那时，"自由王国"才可能在工作过程中，在履行社会必要劳动的过程中出现。到那时，技术设备才可以用来创

---

① 落后国家的情况完全不同，在那里，假如它们已经实现了真正的民族独立，那么不难想象，现存的前工业社会工作方式的改善和人性化可能会抵制外来或本土资本的剥削性的工业化控制。

造一种新的社会、自然环境，人类在那时才可以拥有他们自己的城市、他们自己的房子、他们自己安宁和喜悦的空间，他们才可以获得自由，才可以学着如何与他人自由地生活在一起。只有创建这样一种完全不同的环境（这在技术的能力范围内，同时又超越了控制技术的既得利益的能力），"美""创造性"和"共同体"等词才能指定有意义的目标；创建本身才可能确实是非异化的劳动。

[74]　　　另一种有利于"个人"在发达工业社会出现的方案在这个看法中表现了出来，即作为自律、富有创造性的人，个人的**发展外在于**并**超越了**物质工作过程，外在于并超越了"谋生"或生产社会必要的食品和服务所需的时间与空间。在这种普遍看法之下，有两种完全不同甚至对立的观点：马克思对自由王国与必然王国作了区分，但现代却出现了创意休闲的理念。

　　马克思的"自由王国"的先决条件是以最理性的满足整个社会的个人需要的标准为指导的社会劳动组织。因此，它的先决条件是生产者本身实现了对生产过程的集体控制。但是对于马克思来说，生产过程依然是"必然王国"，即通过与自然、匮乏和软弱持续不断地作斗争而强加到人身上的他律。花费在该斗争上的时间将大大减少，但它还是会占据个人生存的大量时间。剩余的时间是完完全全的自由时间，受个人自律的控制：他将自由地满足需要，发展能力，享受快乐。然而现如今，在我看来，当代工业社会通过侵入个人存在的各领域（因此预先安排好了自由时间），通过技术进步和大众民主，几乎终结了这一自由王国。在技术工作过程之外，留给个人创造力的就只有爱好、自己动手做东西和游戏了。当然，在艺术、文学、音乐、哲学、科学中存在着真正的创造性的表达，但即使是在最好的社会，也很难想象这种真正的创造性会变成一般的能力。剩下的就只有体育、娱乐和时尚了。如此看来，发达工业社会的这些条件似乎废弃了马克思的自由时间理念。自由也是一个数量、数字、空间问题，它需要独处、保持距离、脱离关系，也就是说，它需要未被占用、安静的空间，未被商业和暴行毁坏的自然。如果这些条件并不普遍存在，那么自由王国就会变成最昂贵的特权。因此，先决条件不仅包括减少工作日，还包括降低出生率。

与马克思的观点截然不同，"创意休闲"的观念要务实一点，符合现状。马克思的"自由时间"不是"休闲时间"，因为个人的全面实现不是一个休闲问题。自由时间从属于自由社会，休闲时间从属于压抑社会。在后一类社会中，在工作日必定极大减少的时候，休闲时间必定被组织起来，甚至必定受到严格管理。因为劳工、雇员或管理人员会带着符合自身社会身份的品质、态度、价值、行为进入休闲时间；他已经把为他者存在变成了他自身的存在；他积极或消极的休闲仅仅是其社会表现的延伸或再现；他不会成为一个"个人"。从马克思的观点来看，只有当人完全能够 [75] 依据他的需要、按照显而易见的合理性来组织必然王国时，他在必然王国才是自由的；因此，自由把两个王国连接了起来，工作日的主体同样也是自由时间的主体。在当代工业社会，人不是工作日的主体，因此，如果他想变成自由时间的主体，就必须成为工作日的主体。不过，直到压抑的工作日结构被废除之后，他才能通过与管理工作日完全相同的力量变成休闲的主体。创造性是可以习得的，文化也是可以习得的，但如果教与学没有超越既定的条件，那么结果就会变成对不自由社会的强化、美化和修饰。创意文化不是唤起对人类自由的想象，而是极力地把该想象吸收到现实状况之中，从而使现状变得更容易被人接受。

但是，技术文明在它自身演变的过程中难道不会促进和需要新的脑力、新的智力的发展吗？它们的发展难道不会反过来趋向于超越当时的条件，创造解放的需要和渴望吗？在物质生产过程中，对科技才能的需要与日俱增，而这是必须得到满足的；同样毫无疑问的是，这种才能是创造性的。然而，现代科学的数学特征决定了其创造力的范围和方向，而不可量化的**人文特质**被挡在了精密科学的门外。关于自然的数学命题被认为是自然的**真理**，而科学中的数学概念和表达被认为是唯一"科学的"东西。这个观点实际上是断言特定的历史阶段的科学理论与实践具有普遍有效性，而其他知识模式似乎不太科学，因此不完全正确。或者，更坦率地说，在消除了科学方法中人与自然的不可量化的质以后，科学觉得有必要通过与"人文学科"达成妥协来实现救赎。

科学与人文学科（一个诡谲的名称，好像科学没有人性似的）的二分不能通过相互承认、相互尊重来克服；它的解决牵涉人文的目标要进入科学概念的形成过程，反之亦然，人文的目标要在这些科学概念的指引下发展。在实现该内在统一之前，科学与人文学科几乎不可能在形成自由社会的过程中发挥重要作用。人文学科将为其本质上仍然太过抽象、学究气、"与文化有关"——完全脱离了日常的工作过程——而饱受指责。另一方面，科学将继续塑造工作过程，并借此继续塑造日常的工作和休闲世界，但凭藉它自身的过程，它是不会带来新的人类自由的。科学家很可能为超科学的目标、人道的目标而感动，但它们仍然外在于他的科学，不过，它们还是会从外部限制甚至规定他的创造性。因此，那些从事桥梁、公路网、工作与休闲设施设计和建设以及城镇规划的科学家或技术员可以（并且实际上也经常）计划和建设一些美丽、和平、人道的东西。不过，他的创造将依据社会的运作来发挥作用，而他超越性的目标和价值也将取决于这个社会。从这层意义上来讲，他的创造性仍然是他律的。

[76]

　　那些被认为应该在伟大社会生活的个人必须是建设伟大社会的个人——在他们可以在伟大社会自由地生活之前，他们必须**为了**它而自由。任何其他的力量都无法把他们的社会强加在他们身上，这并不是因为"自由的专制主义"本身与解放相矛盾，而是因为对于这种专制主义来说，任何自由的力量、政府、政党根本就不存在。因此，一定还是在物质生产过程中，在社会必要劳动及其分配的过程中，新社会才能得以形成。因为该过程不断地清除个人的自律，所以只有变革生产过程的**控制权**，自由才会出现，努力的方向才能得到调整。此外，把伟大社会建成自由社会不只是牵涉变革控制权，还牵涉个人本身新需要、新渴望的形成，而它们与现有社会过程所维持、所满足以及重复再生产的那些需要和渴望完全不同，甚至对立。

　　不过，这难道不是民主社会的本质吗？即使需要和渴望的发展有可能要求新的社会制度，民主社会不还是鼓励形成新的需要和渴望吗？这是教育——即伟大社会计划所指定的第三个重建领域——的根本任务。它要求"从规模与质量上"扩充和发展教育。首先让我们考虑一下量的增长的问题。不久以前，许多人反对普通教育，他们认为，如果民众（下层阶级）学会了读和写，那么对法律和秩序而言是有危险的。当然，它说的是现有的法律和秩序，说的是免受更多教育侵袭的现有的文化。现如今，形势已经完全不同，教育被当成了现有法律和秩序、现有文化的必需品。任何文化和知识的表述，它们的颠覆性不管多强烈，都没有被排除在课程以外。马克思与希特勒被放在了一起同时讲授；毒品成了存在主义心理学实验设备的一部分；甚至萨德侯爵（the Marquis de Sade）的哲学有时在课堂中也会受到礼遇。幸运的是，我不需要在这里讨论该成就是否表明自由和批判思想取得了进步，更确切地说，是否表明现有社会及其价值的免疫力和凝 [77]

聚力取得了进步。

　　不管怎样，这种文化上的富足总比进一步地限制和压抑知识要好，但它本身不能被认为是以美好社会为取向的进步。事实上，对否定性与肯定性、颠覆性与保守性的调和减少了它们之间质的差异，敉平了对立和矛盾。现行模式的改变，即自由、批判、激进思想与新的理性、本能需要的解放，将使打破既欣然接受马克思、弗洛伊德、贝克特（Samuel Beckett）又拥抱希特勒、海德格尔、麦卡锡（Mary McCarthy）的仁慈的中立成为必需，将使与容忍和客观性——在任何情况下，都只能在意识形态领域和不危及整体的领域发挥作用——形成鲜明对照的党性成为必需，使党性教育成为必需。然而，容忍和客观性却恰好是民主程序在现行制度中的口令。进步主义教育可以为新的个人需要的涌现营造学术气候，因此它会和现如今筹集教育经费的私人和公共力量发生冲突。教育的质变就是社会的质变，而组织和实施这样一场变革的可能性非常小；它的先决条件仍然是教育。矛盾真实存在：现存社会必须提供面向美好社会的教育机会，当然，这样的教育有可能威胁到现存社会。因此，我们不能指望该教育迎合民众的需求，也不要指望得到上层社会的认可与支持。

　　对于教育的目标，康德曾讲道，不应该根据现状，而是要根据未来人类更好的条件，也就是说，要根据**人文**的理念教育孩子。该目标还意味着要颠覆人类的现状。我不知道那些面向伟大社会的教育的代言人有没有注意到这个可能的结果。用于发展一个自由社会的技术、物质、科学资源已经足够，因此其实现的可能性取决于人，取决于**需要**这样一种社会——不仅客观地（自在地）需要它，而且主观地、自为地、有意识地需要它——的社会力量。现如今，该需要仅活跃在"富有"社会的少数人中间，活跃在世界"贫穷"地区参与战斗的人中间。在技术发达的国家，教育确实可以帮助激活这个"客观"普遍的需要，不过它将是一种奇怪的、最不受欢迎的、无利可图的教育。比如，它将包括使孩子和成人免除大众 [78] 媒体的影响，不受阻碍地获取未被这些媒体禁止或扭曲的信息；有方法地质疑政治家和领导者，约束他们的表现；组织有效的、绝不因为抗议者与抵制者的殉难而结束的抗议和抵制。该教育的目标还在于从根本上重估价值，它需要揭露服务于野蛮的所有的英雄主义，服务于暴行与愚昧的体育和娱乐，对生存斗争必要性的信仰，对商业必要性的信仰。诚然，这些教育目标都是否定性的，但否定是肯定的运作与表现，肯定首先必须创造可以使它复活的物理和精神空间，因此，它需要拆除如今占据该空间的毁灭性的、压制性的设备。这种破坏是新的自律与创造性的最初表现，是自由的个人在新社会的外在表现。

伟大社会计划的内在矛盾

在我分析的过程中，我试图把自己限制在我觉得自己有资格讨论的话题上。这意味着，我的讨论不包括具体的管理问题，比如，联邦与地方政府、公共与私人机构之间的关系。这些问题把现存制度当成了实施伟大社会计划的先决条件，然而我觉得该计划将超越现存制度的框架与职权。

另外一个是"组织"问题，也就是说，发达工业社会运行中普遍存在的、特有的、不可或缺的组织是否妨碍了"个人"的创造性和主动性。组织与自由对立，这是一种意识形态，尽管自由确实不能被组织，但是自由的物质、技术（甚至智力）条件却需要组织。组织的发展不应该受到指责，应该受到指责的是不能接受的、剥削性组织的发展。不过，要反对它，是需要对立的组织的。比如，如果民权运动拥有一个比反对者的力量更强大、更富有战斗力的组织，那么它将更加有效。类似的回应可以终结现如今在联邦与地方政府之间权力制衡、司法权、法案等方面无休止的争论。如果联邦政府的构成因素预示着进步政策，那么它的权力与职权就应该绝对占据上风，反之亦然；倘若不是如此，那么这就只能是一个地方或国家的强权政治的问题。

[79]

也许有人已经清楚地看到了伟大社会的国际性、全球性内容。但我却注意到，该计划惯常接受的是国家框架：伟大社会将成为美国社会。但有一件事情很清楚，那就是伟大社会即使实现了，它也**不**是一个美国社会，尽管这个国家可以令人信服地担任最初的主导力量。因为不仅仅是某些与美国生活方式联系在一起的价值（比如，灵魂、归属感的商品化，商业神圣不可侵犯，人际关系学）跟自由社会不相容，富裕社会与世界贫穷地区之间有战争危险的共处，各种形式的新殖民主义，也都与伟大社会的理念相抵触。同样，虽然某些与东方文明联系在一起的价值可能与新社会不相容，但其他的东方价值（特别值得注意的是，它有厌恶"商业"的传统，它强调沉思）却可以为新社会注入活力。

总而言之，伟大社会被认为是富裕社会的计划，但它实质上也是一个意义不明确的计划，正因为不明确，所以表明富裕社会可以拥有完全不同的发展前景。

（一）它可以被当成是一个延长和改善现状的计划：进一步提高社会底层人口的生活标准，消除歧视和失业，美化城市和乡村，改善交通，提供更好的全民教育，以及培养休闲生活。除非提出了相反的政策，否则必须假定只有在为经济生活而激烈竞争的制度、文化和精神框架内才能取得这样的发展。该计划如果转变成了现实，将确实意味着目前的条件会有巨大的提高。然而，即使在既定的框架下，伟大社会的实现仍然需要长期、大幅度地减少军事机构及其在整个社会的生理与心理表现，也就是说，它需要重大的政治、经济变革，首要的就是外交政策的变革。缺少该变革，伟大社会就像是一个准备变成战争国家的福利国家。

（二）该计划可以说想要运用它的技术能力从根本上改造现存社会，也即是说，把它变成一个并非以充分就业而是以少量具有必要异化劳动形式的就业（乃至失业）为发展基础的社会。这意味着需要颠覆当前对经济过程的组织，需要颠覆当前的教育过程，简言之，这意味着需要彻底重估价值，形成新的个人、社会需要。这还意味着需要彻底改变富裕社会与贫穷社会的关系，需要超越于资本主义与共产主义之上的国际社会的崛起。

[80]

从这两个方面来看，传统的个人概念，不管是按照马克思主义的形式，还是按照古典自由主义的形式，似乎都已站不住脚了，由于生产力的历史发展，它已经被废止了。个性，作为自律的行动者的"人"，将发现工作过程中的栖身之所越来越少。在第一种选择（延长和改善现状）中，个性有可能会（也许是必须）被"人为地"保持下来和培养起来，比如，某种有组织的、受管制的个性可能会在外挂的装饰品、小配件、时尚、兴趣爱好中表现出来，同时在工作过程之外，可能会在培养休闲生活、装修和装潢的过程中表现出来。本真的个性仍将是富有创造性的艺术家、作家或音乐家的鲜明特征。使这一创造性潜能在整个人口中普及开来的想法会妨碍艺术创作这种表达形式的功能和真理——这不是因为必须保留有创造性的少数人的特权，而是因为这意味着要把它从一般常识与一般价值中分离出来，否定它们，让完全不同的现实侵入既定的现实。就第二种选择（彻底改造社会）而言，个性涉及一个全新的生存维度，即超越现今所有政策与计划之外的游戏、试验和想象的领域。

我希望从更少乌托邦成分的角度作个总结。可以说，我对伟大社会

的最大质疑源于这样一个事实，即美国的外交政策几乎使国内的伟大社会
计划丧失了效力。共存、与贫穷国家的关系、新殖民主义以及军事机构等
问题并不是偶然的外部因素，毋宁说，它们决定着伟大或普通社会的前
景，决定着它能否发展、改善，甚至能否继续存在下去。官方声明有必要
把美国的计划延伸到其他国家，而这与野蛮、肮脏的越南战争相矛盾，与
直接或间接地干预有可能威胁到既得利益的社会变革相矛盾，与军事基地
遍布全世界相矛盾。因为这些状况表明，居支配地位的力量与对和平、自
由与正义的宏大设计势不两立。正是因为存在着这些力量，而不是因为缺
乏能力与意向，使计划具有了意识形态性。伟大社会是一个可以和平生存
和发展的社会，它本质上不需要防御和侵略——否则它不可能实现。

Intellectual + the Establishment   Stanford 1965 My

The Containment of Social Change in Industrial Society*

Herbert Marcuse

Tonight I would like to talk with you about certain tendencies in advanced industrial society. I would like to stress that it is a question of tendencies only, but tendencies which may forbode the future. I would like to start by suggesting that we are confronted with a new type, a new form, of society, to which the traditional categories – political, sociological, even psychological – no longer seem to apply. Examples: if you look at what we have today and the form of society, capitalism doesn't seem to be the same as it was not too long ago; socialism certainly doesn't seem to be that we were taught it would be, and expected it to be. In this situation there arise such bastard concepts as state capitalism, or state socialism, which don't make much sense either. Or think of what has become of democracy if West and East claim to be democratic. Think of such well established concepts as imperialism; imperialism today, where it exists, certainly is no longer the economic imperialism which may be called classic imperialism. And this applies to psychological categories too. They too don't seem to be valid any more. It seems, and I hope I can give you some illustrations of what I mean tonight, that such notions as the unconscious and sublimation have changed their meaning – if not lost their meaning altogether.

Now what is new in this form of society it seems to me, is a new relationship between rulers and ruled, between administrators on the one hand, and the administered population on the other. What we have is not adequately described as a mass society. The concept "mass society" itself is, I think, an ideological concept. It suggests that the masses really determine, at least to a considerable extent, the intellectual and material culture. What we have in fact is a highly centralized society, systematically managed from above, in all spheres of culture. The masses, which certainly exist, are the product and object of this management and of this administration; as the product and object of administration, they in turn become active and vociferous, and determine the policies which their managers and administrators want them to determine. This management is gradually reaching the scope of a total administration, a total administration which (and that again is a novel feature in history) works through the control of the huge technical and technological apparatus of production, distribution, and communication; an apparatus which is so huge and so rational that individuals, and even groups of individuals, are powerless against it.

Nor can we really call this society a technological society. A technological society would be a society which operates in accordance with the most efficient and most rational use of available resources. I submit that the term technological society again is an ideological term and does not adequately describe the society we have. I submit that advanced industrial society is not defined by technological rationality, but rather by the opposite. Namely by the blocking, the arrest, and by the perversion of technological rationality – or, in one word, by the use of technology as an instrument of repression, an instrument of domination.

* This transcript of Dr. Marcuse's Tuesday Evening Lecture at Stanford on May 4, 1965, has not been read by the author. He requests that this edition be limited to distribution to students only and not be reproduced in any printed form without his approval. Fred Goff, Box 2123, Stanford.

　　《工业社会对社会变迁的遏制》是马尔库塞1965年5月4日在斯坦福大学所作的演讲报告，在这里，我们首次将其刊发了出来。该文本是他最后强调遏制与支配力量是发达工业社会的主要特征的报告之一。不久之后，马尔库塞将在肯定新兴的新左派、反主流文化和全球反战运动的潜能的基础上强调社会变革的可能性，从本卷接下来的《1966年〈爱欲与文明〉的政治序言》《超越单向度的人》和《文化革命》这三个文本中，我们可以对此有清楚的了解。在马尔库塞档案馆中，文本标题页左上角留有这样的字迹："知识分子与当权派。"右上角也留有手写的字迹："1965年5月　斯坦福。"该手稿是马尔库塞报告的打印稿，但在页面的底部却写道："马尔库塞博士尚未阅读这份1965年5月4日星期二晚上在斯坦福所作报告的记录。他要求该版本只能分发给学生，在不经他同意的情况下不能以任何印刷的形式转载。斯坦福大学2123号信箱，弗雷德·戈夫。"不管怎样，它可以说最清晰、最简明地展示了马尔库塞20世纪60年代中期的观点，所以我们决定在这里将其发表出来。

　　20世纪40年代效力于社会研究所期间，马尔库塞为了与斯坦福的教授取得联系曾访问过斯坦福大学以及胡佛研究所。"二战"期间，在他效力于战略情报局的时候，马尔库塞曾前往斯坦福做过调查，并且一直以来都与该大学保持着联系。在1965年5月17日致洛文塔尔的信中，马尔库塞对洛文塔尔因为"在那里要参加一个不太重要的教职工会议"不能参加他在斯坦福的演讲感到失望。然后，他解释道，他原本可以在伯克利与洛文塔尔会面，"但是我第二天早晨必须返回圣巴巴拉，参加民主制度中心的另外一场报告"。马尔库塞档案馆到处都是他的演讲报告，大部分报告都有详尽的笔记，以便用于演讲，而有些报告，比如我们在这里发表的这份报告，就写成了文章，并最终发表了出来。

工业社会对社会变迁的遏制

今天晚上，我想讲一讲发达工业社会的某些趋向。我想强调的仅仅是一个趋向问题，不过这些趋向却可能预示着未来。我首先想说的是，我们面对的是一种新的社会类型、新的社会形式，传统的政治学、社会学乃至心理学范畴似乎对它已经不再适用了。比如说，如果你考虑一下我们现如今所拥有的社会形式，相比不久以前，资本主义似乎已经不尽相同，而社会主义看起来肯定不是我们所学到的它将要成为和希望成为的形式。在这种情况下，出现了国家资本主义或国家社会主义等低劣的、没有多少意义的概念。或者试想一下，如果西方和东方都自称是民主的，那么到底什么是民主。我们还可以考虑一下那些相沿成习的概念，比如，帝国主义；现如今，帝国主义在它存在的地方早已不再是经济帝国主义，或者说古典帝国主义。而这同样适用于心理学范畴。同样，它们似乎也失去了效力。我希望我可以对我今晚的观点做些说明，我认为，无意识和升华等概念的意义尽管还没有完全丧失，但是已经发生了变化。

现如今，在该社会形式下，对我而言，富有新意的是统治者与被统治者之间、管理者与被管理者之间新的关系。我们的社会不能被说成是一个大众社会。我认为，"大众社会"本身是一个意识形态概念。它表明，大众实际上决定着，或至少在相当大的程度上决定着精神、物质文化。然而，事实上，我们的社会是一个高度集中的社会，在文化的各个层面，都承受着自上而下的系统化管理。大众确实存在，但他们只是管理与控制的

[84]　产物和对象；作为管理的产物和对象，他们反倒变得活跃了起来、喧嚣了起来，不仅如此，他们还可以决定他们的管理者想要他们决定的政策。这种管理渐渐地变成了总体的管控，而它（也是一个新的历史特征）主要通过控制由生产、销售与流通组成的庞大的技术和工艺部门来发挥作用；由于这个部门极其庞大、极为合理，因此，不管是个人，还是团体，都无力与其对抗。

　　事实上，我们也不可以把这个社会称为技术社会。因为，技术社会是一个按照最大效率、最合理地运用可资利用的资源来运行的社会。我认为，技术社会也是一个意识形态术语，无法充分地描述我们的社会。我认为，发达工业社会并不取决于技术理性，恰恰相反，它取决于对技术理性的封堵、抑制和扭曲，简单地说，取决于对技术的使用，而它把技术当成了压抑的工具，当成了支配的工具。

　　我想首先简要地定义一下我所说的压抑，因为我并没有从技术性的精神分析的层面来使用该术语。压抑的程度决不能仅仅根据现在和过去来测量，还要根据个人和社会现有的**可能性**来测量。现如今，压抑的主要特点是，在异化劳动可以很大程度上被彻底废除的形势下，异化劳动和服务却被延续了下来。压抑更深层次的特点是，个人自由、独立思考与表达明显地、普遍地退化了。换言之，我们并没有越来越趋向于自我决断，也没有越来越趋向于个人有能力决定他自身的存在，他自身的生命，相反，我们走向了反面：在面对这个社会所建立的技术、政治部门时，个人似乎正

变得越来越无能为力。压抑最后、也许最显著的一个特征是，处在当前的文化发展与财富水平上，生存斗争是有可能得到缓和的，但它却还在继续，而且愈演愈烈。

现在，我认为，这种运用技术的方式，这种压抑地运用技术的方式，违反、否定了技术的内在目的。在这里，我想解释一下我的意思。真正圆满地实现技术理性、技术进步，即圆满地实现技术的内在目的，意味着要有计划地运用可资利用的物质方面和精神方面的能力，以便在全球范围内满足人类的迫切需要。真正的技术理性以不受限制地减少社会必要劳动、劳苦与压抑为主要特征。换言之，**真正**圆满地实现技术进步意味着不仅要 [85] 在国家和国际层面缓和生存斗争，而且要在个人层面缓和生存斗争。相反，我们的技术、政治部门却被系统地用到了强化把谋生当成一份全职的工作的必要性上。正是通过大规模地生产垃圾品、计划报废、破坏资源，通过把发达工业文明的巨大的生产力转化成有利可图的破坏，这种必要性被延续和保持了下来。

问题是**为什么**会出现这样的情况。我认为原因是，真正不受限制、合理地运用技术资源和技术进步的方式趋向于消除劳动与匮乏，走向一个只有少量时间是工作时间、全部时间都是自由时间的社会。然而，该状况却意味着建立在永远需要劳动与生存斗争基础上的社会、政治制度走到了尽头。更重要的是，这种很现实的状况还意味着以道德——建立在对终生工作、顺从、韦伯所谓的"入世的禁欲主义"（inner-worldly asceticism）的需要的基础上——为基础的现有文明走到了尽头。

现在，这一社会最大的威胁确实有能力消除生产和分配过程中的人类劳动、体力劳动，而为了迎战它，为了迎战对现有制度、现有道德的最大威胁，当代发达工业社会被动员了起来。但是，传统的支配形式已经不足以对付该威胁。新的支配形式，即技术性的支配与压抑形式，有效地运作了起来；也就是说，对需要和满足的管控有效地运作了起来，它实现了生存斗争的再生产，并在此过程中，实现了社会形态的再生产，也正是该形态使生存斗争延续下来成为必需。这是一个新要素，一种新的支配形式，而社会在历史上第一次使该支配形式得到了贯彻。个人的需要（甚至他的本能需要和满足）以这样一种方式受到了操纵：他的需要在压抑的社会中被满足的同时也强化了社会的凝聚力。

在取得该成就之后，社会对个人的整合到了任何逃脱都毫无可能的程度。此外，社会为个人实现他自身奴役状态的再生产提供了条件；人类本身抵制他们自身的解放。这是一种自愿的奴役状态，它看起来就像是一种完全合理的奴役状态，因为当个人接受社会预先安排好的、预先形成的

[86]   需要与满足时，他实际上比以往任何时候过得都好。社会生产力的不断提高为更美好的生活，甚至为直到现在都处在底层的人口的更美好的生活提供了商品和服务。因此，人们屈从于一个满意度更高的社会，即使这个所谓的富裕社会的繁荣的背后是一个战争、痛苦与毁灭的世界，也就不足为怪了，因为这看起来完全合理。

现如今从这个富裕社会——你可能已经认识到，我是在反讽的意义上来使用"富裕社会"这个术语的，因为严格来讲，如果一个社会是在贫穷、痛苦和战争中保持其富裕的，那么它还不能不称之为富裕——来看，永久性的矛盾在过剩的生产力与其受限制的、不正当的使用之间，在和平的历史可能性与战争的现实之间普遍存在。但是，该矛盾却被技术面纱遮盖了起来。在此社会中，不合理表现为合理，因为人们确实拥有更多使生活舒适的东西，更多乐趣。支配表现为自由，因为人们确实可以选择预先准备好的商品和候选人。

技术面纱背后的人对人的支配像之前那样仍在继续，并在自由个人的观念和情境中发挥着影响。

受支配者历史上第一次在如此大范围内自愿地、理性地与支配他们的那些人实现了合作，而现在为了说明历史上的支配关系的这一决定性的转变，我想援引黑格尔《精神现象学》的一个著名的段落——即主奴辩证法——来对此做些阐释。据黑格尔讲，一切支配都开始于人作为自由的个人为了获得承认所作的生死斗争。最基本的经验，即最初的经验是，主人和奴隶是有区别的。换言之，主人是自由的，因为主人在让他人为其工作方面取得了成功；而奴隶是为他者存在，即为主人存在。通过他的权力从奴隶那里获得他需要和渴望的对象，主人肯定并认出了自身的自由。他用以满足其需要的对象由奴隶的工作并且仅仅由奴隶的工作来提供。主人用以实现自由的这些物，对奴隶来说，却是锁链。因此，主人凌驾于物之上的权力也就是主人凌驾于人之上的权力。但是，只有在奴隶确实为他工作并为他提供满足其需要的对象的情况下，主人**才是**自由的，他**才能**满足自身的需要。换言之，主人发现他依赖于奴隶。因此，支配关系实际上是主人与奴隶的相互依存关系。此外，在同一进程中，奴隶渐渐地意识到了他凌驾于主人之上的权力。主人渴望的物之所以存在完全是因为奴隶把它们加工成了主人可以使用的形式。换言之，正如黑格尔所讲，奴隶的劳动是劳动对象的实质。

[87]

人对人的一切支配**只有**凭借对物的支配才能得到维系，因为人通过自身的劳动被束缚在了物上。易言之，如果人的存在已经不再在外在的、可让渡的物中被对象化了，不再自我消耗了，那么作为自由个人的人的相互承认就会向所有人敞开。

就现状而言，支配的实际的历史发展初看起来似乎与该分析吻合。

劳动已经不再是奴隶的工作，而是在整个社会普及开来，与此相应，支配也确实民主化了，同样在整个社会也普及开来——但结果却是不自由。不自由，并不仅仅是因为奴隶，因为劳动者，而是因为人仍然被物的世界所束缚，他并没有实现对物的世界的控制，而是相反，物的世界实现了对他的存在的控制。人仍然服从，并且事实上正在越来越多地服从他自身创建的无处不在的生产、政治部门。科学技术已经完全掌握了对象世界，而该世界可能会因此而失去并且事实上确实已经失去了外在的、敌对的力量，它也会因此而转变为人类自我实现的中介。主奴关系是可以被废除的，并且借助于征服匮乏，是可以放弃入世的禁欲主义的。但是，作为现有文明始终不变的矛盾的基础，支配将一直持续下去，并不断被再生产，直到该矛盾在富裕社会完全展开为止。

在该分析中，富裕社会的"悖论"事实上就是富裕社会的生存法则：人征服自然的力量越大，人控制其自身社会、私人存在的力量就越小，人在心理学和社会学方面征服自然的知识越多，人也就越容易变成总体管控的对象。劳动生产率越是提高，相伴而生的毁灭性也就越强，垃圾品也就越多。社会在历史上第一次有了足以过上没有恐惧的生活、平静的生活的物质、思想财富，然而战争与恐惧的威胁却比以往任何时候都要大。

这一发展的原因众所周知，因此，在这里，我只做些简要的概述。事实上，科学技术是在一个妨碍有计划地利用进步以满足人的需要的社会环境中构建与发展起来的。该满足，尽管得到了提高，但也只是有利可图的生产力附带造成的结果。但是现在，社会的发展却到了它自身生产力破坏它自身基础的阶段。自动化破坏了匮乏、辛苦和压抑的基础，并且终结了以全职工作来维持生命的必要性。这是对支配的决定性的威胁，现有文明的存在已经岌岌可危。因为现有文明从总体来看取决于对异化劳动的不

[88]

间断的需要，取决于作为劳动工具的生命，而不是快乐的生命，不过，从这种压抑中解放出来的现实可能性却危及了压抑的制度。

当代社会该如何解决该矛盾？通过科学对个人需要的预先处理，通过使自发需要与社会需要同等划一，而不是通过恐怖，有系统地、有方法地创造和再生产对异化劳动的需要。它通过切断所有逃脱、抗议、拒绝和分裂的道路，通过吸收或战胜所有有效的反对，通过使自身避免社会质变，也即是说，通过使自身避免出现全新的人类存在形式，通过窒息对社会变革的需要，解决了这个矛盾。最终结果是，社会征服了人的整个的存在，包括他的本能领域，也包括他的无意识领域。这就是我一开始提到这些仍然隶属于现代社会自由主义时期的心理学范畴可能已经不再适用的原因之一。当无意识通过宣传技术、工业心理学或人际关系学已经变得极容易受制于社会管理时，我们真的还可以继续谈论（弗洛伊德意义上的）无意识吗？

现在我想对这个新的被征服的人的存在领域——以前不受社会管控的影响，但现在却被总体社会征服了——做些阐释。我想通过把弗洛伊德的本能理论运用于富裕社会的个人的心理结构的发展来对它做些阐释。在我阐释之前，我想提醒大家的是，正如在《爱欲与文明》中那样，我的讨论以弗洛伊德最终版本的本能理论为基础，从该理论来看，主要有两种冲动：爱欲，即生命本能，以前称为性欲，与死亡、破坏本能——前者受快乐原则的支配，后者受涅槃原则（the Nirvana principle）的支配，也就是说，这些本能的目的是破坏生命，回到出生以前不紧张的状态。我必须补充一句，按照这个观念，生命体中本能的能量恒定不变，不过它在两种主要冲动之间的分配却不断变化。换言之，如果你的爱本能（erotic instincts）的能量——即力比多——减少了，那么这意味着破坏与死亡本　[89]

能的能量就会与此同时增加。对于随后简短的讨论来说，这一点很重要。

　　首先，爱欲到底怎么了——我希望你能意识到我所说的一切完全是假设性的。更确切地说，在这个成功地公开了人的本能领域甚至还管控人的本能需要与满足的新社会，爱欲到底怎么了，生命本能到底怎么了，我认为，爱欲获得了压抑性的解放。从性欲变成爱欲，这种术语的变化绝不仅仅是名称的改变。作为生命本能，爱欲与性欲形成了鲜明对照，爱欲是一种影响、贯注整个生命体的本能冲动，与之相比，性欲仅仅是一种小范围的局部冲动。随后你会看到这一区别的重要性。

　　那么，压抑性的解放是什么意思？显然，与早先的维多利亚时代甚至后维多利亚时代相比，我们已经彻底实现了性自由。社会怎么会容忍这种性自由的呢？它还牵涉哪些方面？我认为，俄狄浦斯情景仍然是爱本能发展的基本情况；乱伦禁忌，与父亲作斗争，以及现实原则，这一切仍然保持了下来。但是，在斗争的过程中，父亲现在让渡了他充当现实原则的代表的职责，让渡了他将必要的克制与限制强加于儿童身上的职责。他把该职责让渡给了家庭之外的较年轻的父亲般的人物，比如，领袖、冠军、团队领导等，而他们能够比父亲更好、更有效地代表现实原则。事实上，现如今，进步的父亲已不能履行弗洛伊德所谓的权威父亲被要求履行的职责；毫无疑问，他已经不再是现实原则的危险代表。毋宁说，现代的父亲显得有点滑稽，你不会奢望他可以真正地履行他该履行的职责。整个的力量平衡似乎以某种方式发生了改变。现如今是年轻一代把现实原则强加给父亲，而不是相反。

　　那么现实原则在今天到底是从哪里强加给儿童的呢？毫无疑问，主要是通过大众媒体。父亲地位的下降同样也是一次经济变迁，因为父亲现如今已经不再承担把家族企业和家族技能传给子嗣的经济职责；这一切都已成为过去。随着父亲地位的下降，我们不妨这样说，为了图省事，代表现实原则的职能转让给了大众媒体以及那些代表大众媒体的人。权威父亲所代表的超我被削弱了，曾经通过超我而强加到儿童身上的道德律令现如今也正在渐渐地被大众媒体的律令所取代。以前，在寻求自我同一性的过程中，要卷入难以数计的冲突，现在无须任何冲突，他们会毫不含糊地告诉儿童、青少年他是谁以及他应该是谁。他们甚至还会告诉他使用哪一种肥皂，使用哪一种除臭剂，留哪一种发型，等等；因此，该职责以前需要家庭来履行，它被认为是儿童和青少年**自身**为争取承认而斗争的结果，但如今在很大程度上却成了所谓的媒体要履行的职责。

[90]

　　如今，随着力量平衡在青春期冲突中的改变，随着超我的弱化，我们的性禁忌也就自然而然地弱化了，比如，处女禁忌，婚前和婚外关系的禁忌都弱化了，衣着也放宽了限制，以前全然禁止的身体展示现在也放宽了限制，等等。易言之，性道德真正实现了自由。但是（现在最大的问题是），这种自由却出现在一个压抑性的社会中，该社会成功地把性变成了一种可出售的商品，因此消除和抑制了性欲与爱欲据弗洛伊德讲能使其成为真正解放的、具有社会危害性的力量的大部分特征。在富裕社会，性被当成了可出售的商品，被当成了宣传噱头，甚至被当成了一种身份的象征；而践行这种性自由的是仍然处于异化状态的个人。因此，性自由仍然由异化来规定。此外，也许更为重要的是，由社会来促进性满足变成了一种调节工具，而这在一定程度上可以通过精神病医生变成了一种支持自我实现——但它不会也无法克服异化，不过至少可以使个人更容易接受异化——的制度清楚地看到。

　　鉴于这些特征，我把性道德的自由化称为压抑性的俗化趋势；这是一个自相矛盾的概念，因为一切俗化本质上是减少压抑，但前提必须是，俗化是个人自由与满足的结果。本真的、非压抑性的俗化趋势意味着爱欲能量的解放，而不仅仅是性欲能量的解放，最重要的是，该趋势将表现在攻击性的、破坏性的、他律的需要与满足的减少上。与之相比，在真正解放了的能量占据优势的地方，我们会注意到压抑性社会的去社会化趋势和分裂趋势。本真的俗化意味着，相对于破坏性、竞争性的本能，对隐私、安静、柔情、团结、和平的本能需要确实取得了优势。因为爱本能是真正的生命本能，它能够战胜破坏性与攻击性，战胜残忍与暴力，而且还会努力创造一个和平、人道的环境。

[91]　　　我认为无须太多的证据我们就会注意到，现如今相反的趋势占据了上风，也即是说，与俗化趋势——即性道德的自由化——相伴而生的是，破坏性、攻击性能量以前所未有的规模被释放了出来。这意味着，俗化趋势仅限于局部的冲动，即性欲，得到满足的仅仅是有机体的局部，因此爱欲的超越性，对整个有机体的贯注，构建令其平静、愉快的环境的冲动灭没了。俗化了的满足始终只是一个逃离保持不变的社会压抑的临时出口。社会在多大程度上侵入先前私人、受保护的存在领域，社会就在多大程度上塑造甚至决定人的本能需要与满足，现实原则也就在多大程度上染指快乐原则和爱本能。一句话，性道德显而易见的自由化趋势，即压抑性的俗化趋势，它的主要特征是，通过收缩至性欲，爱欲的能量并没有扩充，而是收缩了，即生命本能并没有加强，而是收缩、减少了。

　　　如果是这样的话，我们可以预料，生命本能能量的减少另一方面必然是死亡与破坏本能能量的增加，而实际上，破坏本能也确实得到了加强和扩充。

　　　让我们来简要地看一看爱欲的死敌——即，死亡本能和破坏本能——在这个社会到底怎么了。我认为攻击性的增强就是明证。潜在的受害者很容易依照社会顶层对全球毁灭的理性计算来行事。在整个社会，除了常规形式的攻击外，还包括为了满足其他被压抑的力量而攻击性地使用机器，比如，把各种形式的机器竞赛当成了体育运动，违反了自然，也违反了科学。此外，出现了带有新特征的犯罪行为，即出现了恶劣的、无端的犯罪行为，它并没有个人与私人动机，仅仅是为了肯定被压抑的个人保留下来的唯一自由，即杀戮或伤害的自由，但这却不能改变他在社会中的地位。在这里，随着死亡与破坏本能被释放出来，我们陷入了危险、荒谬的境地；破坏本能的自由化趋势，只可能缓和本能，却不能满足破坏本能。情况恰恰相反，而这其中的原因是，技术社会放松对死亡本能的管制削弱了而不是增强了个人本能的满足感，因此引起了挫败感，而这转而又使破坏本能更大规模地反复出现成为必要。

　　为什么会出现这样的情况呢？你可能会想，为什么破坏本能在技术 [92]
社会明显地被释放了出来，但却不能带来通常心理学意义上的本能的满足呢？因为，在技术攻击与破坏的过程中，令人满意的行动已不再是人的行动，而是变成了机械、电子或原子能的行动。那就是说，客观的物的力量把人与其目标分离了开来，并以物的形式满足了他的需要。最终结果是，技术部门或机器弱化了个人的责任。因此，削弱个人责任的是工具而不是人。其次，也弱化了个人本能的满足。尽管技术部门一定程度上接管了本能的能量，但它仍受抑制，仍未耗尽，也未得到满足。与此同时，对死亡的恐惧，即生命本能抵抗死亡本能的外在表现，也得到了缓和。

　　对死亡的恐惧在技术社会减弱了。在极端的情况下，当别人在同一时间也要死的时候，死亡要轻松得多。如果你看不到目标，如果目标在数英里或数百英里之外，并且如果杀戮是由工具来完成的，那么杀戮就会容易得多。因此，由于死亡本能是在战争、防御和机器竞赛中得到升华的，所以它仍然是破坏性的，它也不可能得到满足。

现如今，我们可以料想，如果死亡本能的能量确实受到了抑制，那么生命本能的能量是会增加的，力比多是会增加的。但不幸的是，与爱欲相比，破坏性的能量并没有减少。我们可以超越破坏性的能量，但它的扩张却没有被阻止，相反，得到了促进。

在我下结论之前，我想强调的是，在我看来，心理结构的这种改变，生命本能的这种压抑性的俗化趋势，以及破坏本能的这种令人沮丧的释放，正如我所认为的那样，不仅暗中破坏了压抑性的制度，也破坏了升华的基础，因此也破坏了文明本身的基础。在支撑破坏性能量的充满活力的本能中，力量平衡的改变有可能再次成为历史的转折点。我们今天生活在其中的这个暴力世界已经不再是与人类历史同一的暴力世界。奥斯维辛与布痕瓦尔德的世界，广岛与越南的世界，酷刑与过度杀戮（国际关系中的常规方法）的世界已经不再是历史上的暴力世界。在这里，量变确实引起了质变；现如今，不仅现实，甚至人性观念好像也失效了。

综上所述，相对于这一暴力世界持续存在、不断扩张的前景，我们能否负责任地提供一种较为乐观的前景？消极地讲，我们不得不承认，我们看不到任何有可能实现以和平为取向的变革的群众运动、有组织的运动。现如今，现实与它自身的意识形态、它自身的承诺发生了全面公开的冲突。因此，奥威尔式语言——按照该语言的说法，战争就是和平，和平就是战争——变成了现如今官方的政治语言，也就不足为怪了。在该语言的统治下，我们深受虚假意识的影响，正因为如此，所以判定什么是事实，什么不是事实正变得越来越困难，与此同时，虚假意识对那些显而易见的事实的压制也正变得愈演愈烈。但是，这种意识的虚假性很明显，同时这层虚假的外衣也很薄，它很容易脱落，也很容易被撕破。

[93]

那就是说，人们可以重新学着独立地看、独立地思考，学着打破标准化的、强加于人的信息和教条的力量。要帮助人们完此任务，西方文明就建立在诸如此类的主张（独立、思想自由、自主决定生存方式）之上，因此，使人们重新意识到他们可以学着这么做，或至少可以努力这么做，这确实是一项思想任务。所以，我再次认为，针对我在这里试图概述的趋势，第一个有效的反对力量以引人注目的方式在这个国家的校园里出现，这并非偶然。

它是一项思想任务，但却与实践极为密切，因此它很容易就会与实践结合起来，并且几乎随时都可以与实践结合起来，同时它也可以在实践中超越自身。我只要求大家回想一下民权运动：建立理论与实践之间的联系，建立理念——更确切地讲，抗议对理念的背叛——与尝试着解决问题之间的联系，根本不需要任何组织。我承认，理论与实践之间的这些联系都很微不足道，但却必须把握住这些微不足道的联系，并且毫不停歇地继续独立思考，我认为，和平美好的生活的唯一希望现如今就在于此。

[94]

四

　　《1966 年政治序言》，这个文本作为新版《爱欲与文明》的序言（Boston: Beacon Press, 1966, pp. xi–xxv）被发表了出来。它表明马尔库塞的思想已经开始变得日益激进、乐观，也表明他同情学生运动和反主流文化，因为它们的理念与态度是马尔库塞在《爱欲与文明》（1955）中所期待的。在 1966 年 1 月 16 日致灯塔出版社编辑阿诺德·托维尔（Arnold Tovell）的信中，马尔库塞写道："附件是新精装版《爱欲与文明》的序言。如果您能够对它给予特别的关注，我将感激不尽，因为它是在巨大的压力下完成的，而我想听听您具体的、特定的建议。"不过，在马尔库塞档案馆中，我们没有看到有关该问题的进一步答复，因此我们不知道马尔库塞有没有进一步修改他的《1966 年政治序言》。该序言最先表明马尔库塞在出版《单向度的人》这部更为悲观、更偏重支配的作品后转向了更为乐观地肯定反对与反抗的力量。

1966 年《爱欲与文明》的政治序言

　　《爱欲与文明》这个书名所表达的是一种乐观的、委婉的甚至是积极的思想，它想强调的是，发达工业社会的成就能使人扭转进步的方向，打破生产与破坏、自由与压抑之间毁灭性的结合，换言之，它能使人在共同反抗死亡威胁的斗争中学会"快乐的科学"（gaya sciencia），也就是说，学会按照自己的生命本能，用社会财富来塑造自己的环境。这种乐观主义基于这样一种猜测：使人们长期接受支配的根据已经丧失了效力，而匮乏与必要的苦役仅仅是为了维护统治制度而被"人为地"保留了下来。不过，我忽视了或者说贬低了这样一个事实，即更为有效的社会控制形式（不是取代而是）极大地强化了这种"行将过时"的根据。正是那些使社会得以平息生存斗争的力量压抑了个人对这样一种解放的需要。在高标准的生活不足以使人们与生命及其统治者达成和解的情况下，灵魂的"社会工程"和"人际关系学"便会提供必要的力比多贯注。在富裕社会里，当权者几乎无须证明其支配的合理性。他们能够履行诺言，也能够满足其臣民的性欲能量和攻击能量。就像无意识一样，就像他们极为成功地代表的破坏性力量一样，他们既体现了善也体现了恶，因为在他们的逻辑中，根本就没有矛盾律。

　　当社会财富越来越取决于不间断地生产和消费垃圾货、不必要的小玩意、计划报废与杀伤性武器时，个人决不会仅以传统的方式来适应这些必需品。即使最精致的"经济之鞭"看上去也难以确保生存斗争能在今天 [98] 落后的社会组织中持续下去，同样，法律和爱国精神也难以确保大众会积极支持该制度日益危险的扩张。因此，人的本能需要的科学管理成了实现制度再生产的一个重要因素，它把必须购买和使用的商品变成了力比多的对象，把人们憎恨并与之斗争的民族敌人加以曲解、夸大成了能激起并满足无意识深层的攻击性要求的东西。大众民主为这种现实原则的内化披上了政治的外衣；它不仅允许人民（在一定程度上）可以选择自己的主人，参与统治自己的政府，而且也允许主人们躲在一层由他们控制的生产性、破坏性部门的技术面纱背后，因此，它掩盖了合作者在接受它的好处和舒适时所付出的人力(和物力) 成本。虽然被有效操纵、组织的人是自由的，但无知、无能和向内投射的他律却是他们获取这种自由要付出的代价。

对自由人谈论解放毫无意义，因为所谓自由人也就是不受压迫的人。同样，如果男男女女们都享受到了前所未有的性自由时，那么对他们谈论额外的压抑也是没有意义的。但事实上，这种自由和满足正在把人间变成地狱。这种人间地狱主要集中在一些遥远的地方：越南、刚果、南美和一些"富裕社会"的少数民族聚集地，比如，密西西比州、亚拉巴马州和纽约的哈莱姆黑人区。这些地方照亮了整体。人们会很容易、很合乎情理地把这些地方仅仅当成是发达社会中的一些贫困和不幸的小角落，并且认为这个社会有能力逐渐地清除这些小角落，而不至于大难临头。因为，这种解释可以说很现实，而且很正确。但问题是，发达社会为清除这些角落，并没有花费多少金钱，但却付出了人的生命和自由。

我不愿使用"自由"这个词，因为当前的反人类罪都打着自由的旗号。该情况在历史上屡见不鲜，可以说，贫困和剥削是经济自由的产物，全世界的人民都曾一再地得到其主人施与的自由，但他们新的自由最终并没有变成对法律统治的臣服，而是变成了对他者的法律统治的臣服。为了实现使受奴役变得越来越有价值、越来越有意义的社会的再生产，最初的武力征服很快就变成了"甘愿为奴"，变成了相互勾结。相同生活方式的再生产规模越大、质量越高，就会越清晰、越有意识地意味着，那些能够废除主奴关系、压抑性的生产力的其他可能的生活方式正在走向终结。

[99]　　现如今，自由与奴役的结合已经变得很"自然"，它已经变成了进步的一种载体。繁荣正越来越成为自发生产的前提和副产品，该生产正在内外部空间寻找消费和破坏的新出路，但与此同时却又不愿"流向"国内外的贫困地区。人类自由的形象由于反对自由与攻击、生产与破坏的这一结

合而发生了改变，它成了**颠覆这种进步**的表达。要解放追求和平与安宁的本能需要，要解放"非社会性的"、自主的爱欲，首先必须从压抑性的富裕中解脱出来，也就是说，必须扭转进步的方向。

我在《爱欲与文明》中提出了一个论点，并在《单向度的人》中对此做了更为充分的阐发，该论点认为，人们要想摆脱战争福利国家的命运，唯一的办法是建立一个新的起点，使人能在没有"入世禁欲主义"的前提下重建生产部门，因为这种禁欲主义为支配与剥削提供了心理基础。人的这种形象是对尼采超人的断然否定：这种人智力发达、体魄强健，不崇尚英雄也无须具备英雄品德；这种人没有过岌岌可危的生活的冲动，也没有迎接挑战的冲动；这种人无愧于心地把生活当成是目的本身，快乐地过着无忧无虑的生活。我使用"多形态性欲"（Polymorphous sexuality）一词目的是为了指出，进步的新方向将完全取决于是否有机会激活受压抑、被束缚的**有机体**的生理需要，也就是说，是否有机会使人的躯体成为享乐的工具而不是劳动的工具。老一套的做法是发展占支配地位的需要与能力，但现在看来已经不行了，形成新的、完全不同的需要与能力似乎成了解放的先决条件和内容。

这种新的现实原则的思想根据是这样一个假设：它得以发展的物质（技术）条件在当代发达工业社会不是已经建立了起来，就是能够建立起来。不言而喻，要把技术潜能变成现实，这需要一场革命。但正是普遍有效的民主的内在化压制了历史主体，即压制了革命分子：自由人无须解放，而被压迫者还不够强大，还不能解放自己。这些状况重新对"解放"这个乌托邦概念做了界定：它是一种最现实、最具体的历史可能性，同时却受到了最合理、最有效地压抑，因此也是最抽象、最遥远的可能性。任何哲学、任何理论都无法阻止臣民民主地将其主人内在化。在稍微富裕的

社会，只要生产力发展到了大众能分享社会福利，对抗能够得到有效地、

[100] 民主地"遏制"的水平，主仆之间的冲突就能够得到有效的遏制。更确切地说，冲突的社会环境已经发生了改变。在落后国家反抗不堪忍受的殖民主义遗产及其延伸(即新殖民主义)时，该冲突就会表现出来、爆发出来。按照马克思的观点，只有那些不受资本主义庇佑的人才有可能把这个社会变成自由的社会，只有那些其生存已完全否定了资本主义所有制的人才能成为解放的历史主体。在国际舞台上，马克思的这个思想再次获得了普遍有效性。一旦剥削社会成为全球性的势力，一旦新独立国家成为剥削社会争夺利益的战场，反抗的"外在"力量就不再是不相干的了，因为它们成了体系内部的敌人。不过，这并没有使那些反抗者成为人类的信使。他们本身（就像马克思所说的无产阶级一样）并不代表自由。在这里，国际无产阶级能从外部获得其精神铠甲，即"思想的闪电"会惊醒**"单纯无邪的人民大众"**这一马克思主义思想同样适用。关于理论与实践统一的宏大思想并没有公正地对待该统一软弱无力的开端。不过，落后国家的反叛还是在发达国家得到了响应，发达国家的年轻人正在对富裕社会中的压抑和对外战争纷纷提出抗议。

　　一方面反抗虚假的父亲、教师、英雄，另一方面声援全世界受苦的人，抗议的这两个方面之间是否有某种"有机的"联系？它们之间好像有一种近乎本能的亲近感。在国内，对本国的反抗似乎主要是冲动性的，其目标很难界定，可以说，它的目标就是由"生活方式"引起的恶心，所以反抗是一个身心卫生问题。身体反对"机器"，但它并不反对可以使生活更安全、更轻松，使大自然变得更仁慈的机制，它反对的是已经取代了该机制的机器，即政治机器、社团机器和文化教育机器，它们把祝福与诅咒焊接成了一个理性的整体。现如今，这个整体规模庞大，凝聚力极强，并

且实现了高效运转，这是否意味着否定的力量主要表现为那些尚未被完全征服的原始的基本力量呢？身体反对机器，也即是说，男女老少拿最原始的武器来与这种有史以来最残忍、最具破坏性的机器作斗争，并且试图控制该机器，那么这是否意味着当代的革命仍是一种游击战？

历史上的落后现象也有可能成为扭转进步之轮方向的历史机缘。当富裕社会的配备雷达的轰炸机、化学武器和"特种部队"投向世界上最贫 [101] 困的人民及其陋室、医院和良田时，过度发达的科学技术遭到了驳斥。这些"意外事故"揭露了实质，它们撕破了掩盖着真实权力的技术面纱。过度的烧杀威力及与之相伴的心理行为都是剥削性、压抑性制度中生产力发展的副产品；而生产力越是发展，对于享有特权的臣民来说似乎也越舒适。现如今，富裕社会已经表明，它是一个处于战争状态的社会；这个社会的居民可能还没有注意到这一点，但是这个社会的受害者肯定已经注意到了。

后发国家、技术落后的国家的历史优势可能在于它越过了富裕社会这个阶段。积贫积弱的落后民族也许会被迫放弃攻击性地、浪费性地使用科学技术，相反，他们会把**与人相称**（à la mesure de l'homme）的生产部门置于自身的控制之下，以便满足和发展个人与集体攸关生死的需要。

对过度发达的国家来说，该机缘就是消除这样一些条件，在该条件下，作为自发的力量，人的劳动使人对生产部门的屈从以及与之相伴的过时的生存斗争方式保留了下来。消除这些生存斗争方式一如既往地是政治行动的任务。但从当前的局势来看却存在着一个决定性的区别。以前的革命使生产力得到了更大规模的、更为合理的发展，但现如今从过度发达的社会来看，革命却有可能意味着逆转这股潮流，它有可能消除过度的发展，消除其压抑的合理性。放弃富足的生产力决不意味着献身于纯粹、简朴与"自然",相反,它可以说是人类发展到一个以技术社会成就为基础的更高阶段的重要标记(和武器)。随着浪费性、破坏性商品的停产(这个阶段意味着各种形式的资本主义的终结),原本由这种生产给人带来的身心创伤就会消除。易言之,推动人们塑造环境、改造自然的将是解放了的而不是受压抑的生命本能,而攻击性也将服从生命本能的要求。

落后国家的历史机缘则在于它缺少促成压抑性、剥削性技术的条件,缺少促使有攻击性的生产力实现工业化的条件。富裕的战争国家向落后国家投放毁灭性武器,这一事实可以清楚地表明威胁的严重程度。在落后民族的反抗下,富庶社会以狂暴而残忍的方式所迎战的,不仅包括传统意义[102]上的社会反抗,还包括本能的反抗,即生物性的仇恨。在这个技术世纪的鼎盛时期,游击战的蔓延是一个具有象征意义的事件:人体内的能量反抗着不堪忍受的压抑,并与压抑性的机械作殊死搏斗。反叛者也许对如何组织一个社会,即如何构建社会主义社会毫不知情;他们也许会受到对此有所了解的领袖们的恐吓,但他们可怕的生存却需要彻底地解放,而且他们的解放与过度发达的社会截然对立。

西方文明总是称颂英雄,即那些为城邦、国家、民族捐躯的人,但却从不过问现存的城邦、国家和民族是否值得人们做出这样的牺牲。整体拥有无可置疑的特权这个禁忌被一如既往地坚持了下来,得到了实施,而人们越是野蛮地坚持和实施这种禁忌,就越会认为整体由自由的个人构成。但现如今这个问题正在从外部提出来,并且被那些拒绝遵循富裕阶层游戏规则的人所采纳,而这个问题就是,废除这个整体难道不是建立一个真正合乎人性的城邦、国家和民族的前提吗?

当权者占据着绝对优势。过高地评价落后国家的解放运动是荒诞的,但是解放运动的前景值得期待。我们完全有理由相信,科学、技术和金钱还可以重新按照它们自己的形象做破坏性的工作，然后做重建性的工作。进步的代价异常昂贵，但我们一定能够克服任何困难。不仅受骗的牺牲者，甚至他们的国家元首也都这么认为。可是，我们却从一些照片看到，在越南，成排的半裸的尸体横陈在胜利者的旁边。这些照片与奥斯维辛和布痕瓦尔德那些露着肋骨、被阉割的尸体的照片简直一模一样。任何东西、任何人，包括对进一步侵略有影响的负罪感在内，都未能阻止这样的行为。但是侵略也会把矛头转向侵略者。无法愈合的伤口只能通过折磨伤口的武器才能得到治愈，这一离奇的神话从整个历史来看是无效的，因为砸断锁链的暴力可能会带来新的锁链。如果是在这种连续性中反对这种连续性，那么斗争是不会中断的。这不是爱欲反对死欲的斗争，因为现存社会也有其爱欲：它保护着、维系着、扩大着生命，而对于那些顺从、压抑的人来说，这样的生命并不算糟。事实上，在危险状态下，一般人都认为，保卫生命的攻击性不像侵犯生命的攻击性那么危害生命本能。

　　"保卫生命"一词在富裕社会具有爆炸性意义。它不仅包括抗议新殖民主义的战争屠杀，冒着坐牢的风险烧毁征兵证，争取公民权，还包括拒绝使用富裕社会的死气沉沉的语言，拒绝穿戴整洁的服饰，拒绝享用富裕社会的小玩意，拒绝接受富裕社会的教育。新的放荡不羁者、垮掉的一代、嬉皮士、讨厌鬼……所有这些"颓废者"（也许一向如此）现在都成了忍辱含垢的人性可怜的避难所。 [103]

　　那么，我们能否谈论爱欲与政治这两个维度之间的联结呢？

　　在卓有成效的富裕社会组织中，反抗该组织时，不仅激进的抗议，甚至是试图提出、说明、表达这种抗议，都会显得幼稚可笑。因此，伯克利的"言论自由运动"最后却落到仅对一个由四个字母组成的单词符号争论不休的境地，尽管可笑，但却"合乎逻辑"。同样既可笑又正当的是，有人想在抗议越南大屠杀的示威者（其中有儿童）佩戴的"要做爱，不要作战"（MAKE LOVE, NOT WAR）的徽章上发现更深刻的意义。反对者，即那些与这些拒绝顺从、反倒悖逆的年轻人作斗争的人，是旧秩序的代表。他们如果不做些破坏性、浪费性和污染性的工作以牺牲一下旧秩序，旧秩序是很难存活下去的。现如今，工会代表也成了旧秩序的代表，特别是在资本主义繁荣昌盛的景象下就业在一定程度上取决于对现存社会制度的不懈捍卫时。

　　可能是由于担心把握不住将来，所以民众，即富裕社会的大多数民众，都站在了现存的秩序这一边，没有站在可能存在或应该存在的秩序这一边。现存秩序确实非常强大、非常有效，完全可以证明这种依附关系的正当性，完全可以使该关系保持下去。但也正是现存秩序的力量和效率有可能成为它自身瓦解的因素。因为要延续这种即将过时的（即使已大大缩短了的）全日制劳动，必将造成更大的资源浪费，创造不必要的职业和服务，扩大军事或破坏性部门。不断升级的战争、长期的备战以及全面的管制，完全可以把民众牢牢地掌握在手中，但它却改变了这个社会所依赖的道德。技术进步本身对于维持现存社会很有必要，但它也培养了很多与作为现行秩序基础的劳动组织截然对立的需要和能力。随着自动化的提高，社会产品的价值已渐渐地不再取决于必要劳动时间。最终结果是，社会对生产劳动的实际需要降低了，取而代之的必然是非生产性活动。人们实际

[104]　从事的工作正在越来越多地变得多余、不重要、毫无意义。尽管在全面管制下，这些活动可以得到维持甚至增加，但它们的增加似乎有一个最高的极限，而当生产劳动所创造的剩余价值不足以支付非生产性工作的费用时，就会达到这个极限。劳动似乎将不可避免地进一步减少，正因为有这样的可能性，所以社会制度必须提供无须工作的职业，必须发展超越市场

经济甚至有可能与市场经济不相容的需要。

富裕社会以自身的方式通过把"对美的渴求，对共同体的渴望"组织起来，想方设法地恢复"天人合一"，丰富心灵和歌颂"为创造而创造"，为上述可能性做好了准备。这种宣言的虚假性表明，在现存制度的范围内，这些愿望都变成了由政府和大企业资助的、受管制的文化活动，正因为如此，行政机构的权力延伸到了大众的心灵。因此，在这些愿望中，我们没有看到任何明确的充满爱欲的愿望，也没有看到爱欲自发地改造压抑的环境和压抑的生存。要满足这些目标而又不与市场经济的要求发生不可调和的冲突，就必须在商业和利润的框架下来满足。但这样来满足目标等于否定这些目标，因为在唯利是图的富裕社会的非人状况下，生命本能的爱欲能量根本无法获得解放。一方面，必须发展非经济需要（而这可以验证废除劳动而把生命当成目的本身这一思想是否有效），另一方面又必须保持维系生计的需要，无疑，这二者之间的冲突完全可以控制，尤其是当内部敌人与外部敌人都能充当保卫现状的推动力时。但如果伴随并加强这种冲突的是发达工业社会预料中的变化，即在自动化过程中资本主义企业被渐渐地削弱了，那么这种冲突有可能就会爆发出来。

在此期间，我们有很多事情要做。军事潜力的不断升级，即军事潜力利用越来越频繁地中断和平与积极备战来敦促自身周期性的实现，是社会制度最能表现其残暴力量的地方，也是最能暴露其软弱无能的地方。军事潜力的这种趋势似乎只有在极其强大的压力下方可扭转，而这种扭转将使社会结构的危险之处暴露出来：很难想象，没有一场严重的危机和彻底的经济政治变革，它会转变为一种"正常的"资本主义制度。现如今，反战与反军事干涉的斗争触及了根本问题，因为它反抗的是其政治经济统治权取决于军事机构持续不断地扩大再生产的那些人，是它的"乘法领导者" [105]

（multipliers），是使这种再生产成为必要的政策。这些利益集团不难识别，要攻击它们根本不需要导弹、轰炸机、凝固汽油弹。所需要的是些难以生产的东西，即未经审查的、不受操纵的知识与意识的传播，最需要的是，一致拒绝运用那些现在用来反对民众、保护统治者的自由与繁荣的物质工具和**知识**工具。

由于工会成了现状的保护者，所以在物质生产过程中劳动所得的份额下降了，**知识性的**技术和能力因此成了社会政治因素。现如今，科学家、数学家、技术员、工业心理学家和民意调查人员都一致拒绝配合，这样做完全可以达到一种效果，一种就连罢工甚至大罢工虽曾达到过但现在再也无法达到的效果，即开始扭转形势，为政治行动奠定基础。该想法看上去根本不可能实现这一点并没有减轻知识分子与其在当代工业社会的地位和作用相应的政治责任。思想上拒绝可以在愤愤不平的年轻人的本能拒绝这一催化剂中得到支持。处在危险之中的正是这些年轻人的生命，或者如果不是他们的生命，那就是他们作为健全人所应有的心理健康与能力。他们的抗议是一种生物需要，所以一直会持续下去。"就其本性而言"，年轻人向来站在反抗的最前列，他们之所以生存和斗争都是为了反死欲、反文明——它企图缩短"曲折的死亡之路"（detour to death），与此同时它却掌握着延长死亡之路的工具——的爱欲。但在这个严格管理的社会里，这种生物需要并没有立即带来行动，不过组织必定召唤反组织。现如今，为生命而战，为爱欲而战，也就是为**政治**而战。

[106]

五

UCLA
COMMITTEE ON PUBLIC LECTURES
and
THE HANS MEYERHOFF MEMORIAL COMMITTEE

present

DR. HERBERT MARCUSE

Internationally-known Philosopher and Author
on
Modern Social Theory

Professor of Philosophy, University of
California, San Diego

in

THE FIRST ANNUAL
HANS MEYERHOFF MEMORIAL
LECTURE

"BEYOND ONE-DIMENSIONAL MAN"

8:00 P.M.
THURSDAY, OCTOBER 31, 1968
THE GRAND BALLROOM, ACKERMAN UNION, UCLA

Dr. Marcuse's books deal with the development of Marxism, Freudianism, and modern contemporary thought and have been reviewed by numerous magazines including *Time* and *The Saturday Review*. One of his most recent books, "One-Dimensional Man," contains an analysis of the important influence which developments in modern science have exerted on society. Among his other works are "Reason and Revolution," 1941; "Eros and Civilization," 1955; and "Soviet

《超越单向度的人》（1968）见于法兰克福马尔库塞档案馆（#266.04）。该文本是1968年10月31日加州大学洛杉矶分校"第一届年度汉斯·梅叶霍夫纪念讲座"的发言稿。在1966年1月9日马尔库塞致阿多诺的信中，他写道："你肯定已经听说，我的朋友梅叶霍夫和基希海默已在两天之内相继过世：梅叶霍夫在一场车祸中丧生；当他正坐在一辆停着不动的车上时，一名学生开车冲向了他，从他身上碾轧了过去（他死在手术台上）。"

梅叶霍夫过世后，为纪念他所说的这位"最好的朋友"，马尔库塞在大家的推举下当选了第一届纪念讲座的主讲人。像马尔库塞一样，梅叶霍夫也是一位德国流亡知识分子，由于纳粹明令禁止犹太学生参加德国大学入学考试，他于1934年移民到了美国。他先后求学于加州大学伯克利分校、加州大学洛杉矶分校，1942年，在加州大学洛杉矶分校获得哲学博士学位。1943年，和马尔库塞一样，他也加入了战略情报局，后来又与马尔库塞一起调入了国务院，并在那里担任欧洲研究部门的主管。1948年加入加州大学洛杉矶分校哲学系后，他成了一位多产的学者和深受欢迎的老师，曾出版《文学中的时间》（*Time in Literature*, 1955）等多部著作，还编辑出版过一部文选《我们这个时代的历史哲学》（*The Philosophy of History in Our Time*, 1962）。像马尔库塞一样，他也是美国介入越南最早的批评者，而在他去世的时候，他正在撰写一部有关存在主义的著作。

从灯塔出版社（Beacon Press）出版商致马尔库塞的信来看，他1969年的文本《论解放》原先的标题是《超越单向度的人》。1968年10月7日的书信还用到了这个标题，但在1968年10月21日的书信中，提到的却是《论解放》。不幸的是，马尔库塞档案馆中没有一封信是解释该转变的，因此梅叶霍夫讲座的标题最先表明马尔库塞正在超越他20世纪60年代早期著作的视角。

马尔库塞以手写的形式对手稿做了大量的文本修订，而这给刊印造成了很大的困难。可以说，该手稿是最能表达马尔库塞20世纪60年代末革命乐观主义——将迫于 20 世纪 70 年代的形势而慢慢消退——的文本之一。这个令人兴奋的标题意味着马尔库塞对当代历史状况的思考和看法有了重要的转变。该文本确实最扼要地反映了马尔库塞对理论、政治与艺术等革命变革形式的综合。尽管围绕该文本做了大量工作，但它却从未被发表，这可能是因为马尔库塞转向了《论解放》这个课题。然而，这篇文章最简明扼要地反映了他对哲学、社会理论、艺术和政治的综合，它还特别强调了艺术与文化等解放性力量的重要性。在这里，它首次以原文的形式被刊印了出来。

在汉斯·梅叶霍夫加州大学洛杉矶分校追悼会上的讲话 [109]

1965 年 11 月 24 日

汉斯通过引用《圣经》结束了他在这所大学的最后一次公开演讲，从其他意义上讲，也道出了他最后留给你、留给我们大家的遗愿：

> 我将生死祸福陈明在你面前，所以你要拣选生命。

汉斯拣选了生命和赐福，而我想问的是，这对他、对我们、对他的朋友到底意味着什么。

翻开他的出版物，它们是那么令人愉悦、那么有智慧、那么敏锐，但不知何故，我们却觉得，这不是它，这不是汉斯的全部，这不是汉斯。他不是一个作家，而是一个活生生的人，他就在那里，与人交谈，与人为善。

对于他想说和想做的，书面交流简直太有限、太呆板了；书面语言早已在说谎者和欺诈者的嘴里被滥用。所以汉斯不得不讲话，而当他讲话时，他的作品有了生气，充满了新的意义；它们突然有了意义，有了与他的笑容、他的愤怒、他的悲伤不可分割的意义，而这种意义与学术的、一般的意义完全不同。

正因为如此，我们说，他的哲学超越了哲学，成了文学和艺术，更准确地说，他的哲学重新夺回了哲学与文学、艺术、音乐之间的内在联系。文学、艺术、音乐，并不带来教诲与欢欣，它们是一个王国，在那[110]里，有关人的境况的犯禁忌和被压抑的理念与想象依然活着，并且很真实。它们就是理念和想象，正是它们帮助他理解了我们所生活的世界，也正是它们帮助他理解和刻画了这个世界岌岌可危的幸福及其全部的恐怖。

他认识到，唯一能够减轻这种恐怖的办法，那就是必须通过让人类看到、听到和知道来影响饱尝恐怖和实施恐怖的人类自身。

所以他教书，因为他热爱教书；他爱你们，爱他的学生，因为你们知道汉斯就站在他的话的背后。这些话可以教给你们一些你们迫切需要的东西，也只有那些认为道德价值是真实的、是经验事实的人才能把这些东西教给你们，当然如果没有这些东西，人们也可以活，但那不是人的生活。

那么这就需要实现他的哲学，让汉斯政治化，让他控诉，让他公开反对无论在哪里、以何种虚假的名义所犯下的反人类罪。汉斯已经做了选择，他支持生命，支持赐福，而这意味着，他反对死亡和灾祸。这种选择迫使他打破了沉默，与那些选择死亡和灾祸的人——不仅仅是为他们，也为其他人，为我们——斗争了起来。

但是拣选了生命的汉斯却必须死。他的死不仅荒谬，而且令人厌恶，令人感到荒唐。因此，人们对这种死的感觉绝不存在于"生有时，死亦有时"这句至理名言中，而是存在于狄兰·托马斯的大声疾呼中：

> 不要温和地走进那个良夜……
> 怒斥，怒斥光明的消逝。

像加缪一样，汉斯同样被"现代世界的荒谬"所杀害。但比加缪强得多，汉斯知道，它是一种人为的荒谬，并且你们，我们每一个人，都可以使它不那么荒谬。在这样的理解下，为了这样的目标，汉斯生活和教书，他毫无幻想，可能也毫无希望，但却带着愤世嫉俗和慈爱的笑容。要忘记这种笑容，忘记这种声音以及他不得不说的话很难。我希望我们中的一些人永远都不要忘记……

赫伯特·马尔库塞

超越单向度的人

  并不仅仅是出于个人的原因，更是出于很实质、很客观的原因，我把这个讲座献给梅叶霍夫。不仅仅是因为我是他的私人好友，他是我最亲近的朋友。更是因为我相信，梅叶霍夫的作品证明了一种趋势，而这对于理解目前状况下年轻一代、整个知识界所发生的一切极为重要。我希望能够展示给你们的是，我的陈述可以把梅叶霍夫作品的典型特征呈现出来。

  我刚刚提到的这个趋势，我想初步把它描述成一种奇怪的哲学变革，它涉及从哲学经由文学和艺术到政治学的发展。这种发展的趋势是走向哲学的实现，它完全不同于马克思所预见的哲学的实现，也完全不同于通常的理解，更确切地说，不同于通常的误解，即人们现在应该着手改变世界而不是解释世界，它无论是从字面还是从内涵上都完全不同于马克思的诠释。

  梅叶霍夫对文学与艺术的关注值得世人称道。在他生命的最后几年里，他一直都在忙着解读存在主义，主要是解读加缪和萨特。加缪是一位荒诞哲学家，他心目中的英雄是在绝望中快乐的西西弗斯；加缪对**反抗者**（homme revolte）完全持怀疑态度，他认为："真正严肃的哲学问题只有一个，那就是自杀。"对他而言，决定性的哲学问题是，生命是否值得活下去。接着，加缪把自杀问题与反抗问题联系了起来。他认为，反抗者就是试图解决谋杀——它是极端的暴力，与荒谬的世界相对应——问题的人。这是否意味着哲学终结了呢？不要急着下结论，我们先拿这些命题、哲学的决定性问题的这一定义与现代哲学的开端比较一下，与笛卡尔比较一下，对笛卡尔来说，**我思**（ego cogitans）是类主体，是根本不可能荒谬、无助、自杀或杀人的理性本身，理性主体，它会为了人的利益而改变世界：一种彻头彻尾的乐观主义哲学。或者，我们也可以拿存在主义与黑格尔比较一下，对黑格尔来说，世界是伟大的理性的实现。然而，现如今这整个的话语体系坍塌了，在理论和实践中，在学生对当今时代的反叛中，在黑人权力运动中，在越南，在芝加哥，对它的反抗已经全面展开。这并不是一些困扰着生机勃勃的社会的正常问题，它们质疑、控诉和拒绝的是整体。这个社会最本质的东西，无论是它的苦难，还是它的舒适，都已开始受到质疑。这种反抗体验到了这个社会的荒谬性，它的理性的荒谬性，它的生产力的毁灭性，以及技术进步与人类进步之间不堪忍受的反差。所以说，我们可以借用黑格尔那对著名的命题：现实的即是荒谬的，荒谬的即是合理的。梅叶霍夫肯定知道生命的荒谬性，他生命的绝大多数时间都在与其作斗争，而就在他似乎快要取得成功的时候，他的生命被中断了。荒谬又一次取得了胜利。

[112]

在这种普遍存在的荒谬面前，哲学的发展趋势，或至少是承诺改善人的境况的哲学的发展趋势是什么？我认为有三种趋势。第一，简单地取消承诺，也即是说，把哲学改造成一种专业技术。第二，顺从的经验主义和行为主义；把哲学局限于由残缺的话语和受操纵的行动构成的僵化体系。第三，彻底改造哲学，正如我们将看到的那样，必将带来哲学的自我超越。

我想极为简要地讨论一下最后一种趋势，而我还是想以存在主义的发展的例子为切入点。在第一个阶段，存在主义是一种强烈的与世无争的口气，甚至与荒谬的现实达成了和解——加缪认为，西西弗斯在地狱里被判决要永不停歇地把巨石推到山顶，仅仅是为了看它被推到山顶时再次滚下来。加缪想让我们把这样的西西弗斯看成是"快乐的、自由的"，之所以如此，是因为他已经意识到，对他的惩罚就是荒谬，就是永恒的徒劳，不过他把这种荒谬变成了自己的任务和意志，变成了他自由的行动。于是，这就成了他自己的任务，而不再是诸神强加于他的任务，是他自己要完成这项任务的，而在这种自由中，他是快乐的。

这一对人的自由的定义十分悖谬，对此，我想再补充另外一个例子：据萨特讲，人的自由是不可剥夺的，哪怕是在最奴化的环境下，人也是自由的。纳粹集中营中被驱入毒气室的犹太人可能也是自由的。因为他们可以拒绝进入——在这种情况下，他们原本可以自由地定义自身，而不是接受他者对他们的定义。毫无疑问，萨特知道最终结果，因为结果众所周知。

[113]

今天对现行秩序荒谬的合理性的反抗早已超越了这种存在主义；它拒绝接受这一恐怖的对人的自由的定义，因为该定义有助于维持实际的不自由。该哲学已经明显过时。在若干相互关联的事态发展——在呼吁对荒谬做出回应上比存在主义者更富有战斗性、更激进——的影响下，这一点已经变得很明显。有两个主要的趋势要求更激进的回应，其中第一个趋势，即在法西斯主义和民族社会主义军事战败后，支配性与剥削性的社会制度得到了恢复，不过得到了改进，实现了技术合理化，并且提高了生产效率。在两个阵营中，不管是在西方的公司资本主义改革中，还是在东方压抑的官僚主义、权威主义的社会主义建设形式中，它们都得到了恢复。第二个趋势，即替代方案（也就是可能性）在两个阵营中都出现了、同时目前也都遭到了遏制，也可以说，真正自由的、人道的社会主义建设已经开始。在古巴，人们正不顾一切地朝这个方向努力。激化了抗议的第三个事件是越南这个象征性的实例，即地球上最贫穷、最弱小的民族对有史以来最强大的超级大国做了有效、持久并且成功的抵抗，而该抵抗不仅表明超级大国不堪一击，还表明团结可以成为有效的武器。第四，在超级大国内部，非产业工人阶级的社会团体也出现了反抗，而这一发展对于激进式变革的发展前景来说至关重要。

　　我们这个时代的代表性哲学家对该发展做了回应。萨特切断了与其早期作品的关系，他还做了一个象征性的举动，即拒绝了诺贝尔奖，他加强了直接的政治行动，成了罗素战犯法庭的成员，而目前他正在帮助组织激进左翼团体代表大会。但与此同时，他也没有放弃文学评论，他还把福楼拜和丁托莱托当成了他的写作题材；他仍然关注审美维度。在这里，激进化以二元的形式表现了出来：以政治行动主义的形式和以强烈占有文学与艺术的形式；一方面沉浸于政治现实，另一方面沉浸于想象王国。第一种形式表明，我们极有必要证明哲学应该超越于惯常抽象的学术抗议之上，投身于人的生存。高校以及整个文化机构屈从于现状及其流水式的再生产的需要已经到了批判被迫走出课堂、走出从外部研究现实的程度。第二种形式——即对审美王国的研究，对想象王国的研究也许与第一种形式有着内在的关联——是政治行动主义的组成部分吗？政治努力本身有可能凭借新的目标和策略打开一个全新的政治维度吗？ [114]

　　我认为，激进社会变革的努力现如今面对的是一个由可能性、理念、价值——在传统文化中已经失去了活力、被过分地升华（supersubliminated）、被虚构化了，现如今却充斥着现实主义和政治内容——构成的完整世界。正因为如此，想象力才会表现为理性的能力，表现为激进变革的催化剂。现在的情况是，从现实条件来看，解放的现实可能性，创建一个自由、理性社会的现实可能性是如此势不可挡、如此激进、如此"不可能"，而阻碍和质疑该可能性的力量又是如此强大，以致要把这些可能性转化为现实就得努力超越现状整个非理性的合理性。他们必须寻找他们自己新的表达方式，他们自己的策略，自己的语言，自己的风格，以便在他们开始之前不陷入今天腐烂的政治世界，不被打败。我相信，今天的反抗者已经意识到了这种必要性，意识到了需要与过去决裂，与现在决裂。

单向度社会渐渐开放，即与支配和剥削的连续统一体决裂的前景，在全球公司资本主义体系不断恶化的经济压力中，比如，通货膨胀、国际货币危机、帝国主义各势力之间愈演愈烈的竞争、吸收经济过剩过程中浪费和破坏的加剧，在宗主国富有战斗性的反对派中，以及在第三世界的解放运动中，有其物质基础，有其形成的基础。而在此基础上，可用于论战与重建的新价值、新资源、新能力就会变成政治力量。

有一个象征性的事件，那就是法国的五月风暴，虽然它本身很短暂并且很快就遭到了权力机构的遏制，但却照亮了历史的转折点。与此相关的事件早已被写烂，被搁置了起来，不但如此，它们一直以来都没有得到过社会学家与心理学家的公正对待，然而如果没有这个起点，任何对解放的实际前景的分析与评价都是不充分的。请允许我简要地总结一下这些事件的含义。它已经表明，激进的变革运动可以发生在劳动阶级之外，作为催化剂，这一外部力量反过来可以激活劳动阶级中被压抑的反抗力量。另外，这也许是这些事件最重要的方面，即策略、目标和价值涌现了出来，它们超越了反对派和整个政治一个世纪以来的概念与政治框架。这些新的

[115]

策略和目标表明，一种新的意识，一种预测性、计划性的意识已经出现，它为自由开启了全新的、精心制作的前景，并且为此做好了准备。

事实上，目前最需要的是重估价值，最需要的是一种新的合理性，它不仅要反对各种形式的资本主义的合理性，也要反对斯大林主义与后斯大林主义的社会主义的合理性。这种新意识代表着（也塑造着）新的感受与感性，也代表着对既定的、被压抑的现实——使为了人的迫切需要、人的"奴役状态"的解放而奔走呼号得到了维系——的新体验。**反抗者**的感官现如今已无法看见、听到和品尝提供给他们的东西，不过他们的内在本能却抵制压迫、残忍、丑陋、虚伪和剥削。另外，基于同样的理由，他们也反抗西方传统的高雅文化——反抗它是因为它的肯定性、调和性、"虚幻性"。该反抗以**文化的俗化**（desublimation of culture）为旨归，即废除和**扬弃**文化理想化的、压抑的力量。它抗议的是把自由与平等视为"内在"价值——即在上帝面前、在法律面前的良心的自由和抽象的平等，因此或多或少可以与实际的不自由、不平等和谐共处——的文化，抗议的是爱情的浪漫化、内在化，抗议的是虚幻地美化和减轻现实的恐怖。

然而，按照弗洛伊德的说法，"文化的俗化"本身是一个自相矛盾的概念，一个不可能的概念，因为一切文化都是升华，如果没有升华，文化是不可想象的，而俗化仅仅意味着返回、回归不文明和前文明的历史阶段。不过，我认为今天所需要的俗化并不是消灭文明，而是仅仅消灭文明初始阶段的剥削性。这绝不意味着消灭和退化，毋宁说，这是要把曾经在具有剥削性的文明传统中被简化、肢解和扭曲的人的能力、需要与满足重新融入到文明中。这样的肢解已经引起了反应，即普遍的挫败，而挫败在我们这个时代极其猖獗、过剩的攻击性与破坏性中爆发了出来。换言之，这种俗化反抗的仅仅是文化的压抑性，因为，正是它培养了虚假意识、虚

[116]　伪的道德、受管制的娱乐和欢愉形式、自以为是地服从我们社会中的人际关系管理。

　　反抗会努力把人的意识延伸到支配性要求所强加的限制之外，这意味着人的被压抑的想象力与感性被激活了，它们成了激进建构现实的能力。想象力将重新运用它的创造力从虚构的角度——作为诗之真理，作为艺术形式——和从政治目标的角度来设计人类自由的真正可能性。此外，被解放的感性，即人的感受，将为重建提供本能、生物学基础。该过程就发生在我们眼前，就发生在抗议的音乐、文学、语言中，就发生在反抗的行为、着装、经历、举动中。否定性、破坏性遍布各个角落。对崇高的艺术形式的反抗最终会带来对艺术形式本身的拒绝。艺术融入了生活，而这意味着对艺术的否定。在托马斯·曼的作品中，有这样一句令人惊骇的话，它讲道："人们必须废除《第九交响曲》"；它也许是现代文学中最极端、最激进的句子。我们必须废除《第九交响曲》，因为它是这种文化中最为人所熟知的崇高成就：现实的不幸和谐地变成了《欢乐颂》。

　　我们是否可以说我们早已废除了《第九交响曲》？是否可以说摇滚早已"击败了"贝多芬？我们这个时代的"生活剧场"是否真的废除了传统剧场？此外，黑人民权运动这一政治表现形式是否真的被废除了，是被易比士（Yippies）废除的吗？它们的共同点是都反对严肃和正义中令人窒息的、难以忍受的伪善精神，这种精神普遍存在于我们社会的各个角落。是的，如果我们的政客是一本正经的，那么要反对他们似乎就只能是蔑视这种一本正经，不接受他们的话语和行为标准。

　　显然，抗议希望发生一场巨大的变革，甚至是匪夷所思的变革，也就是说，抗议希望产生一个社会，它本质上不同于现有的资本主义社会，也不同于现有的社会主义社会，它不仅能够解放人的理性，也能够解放人的感性，不仅能够解放人的生产力，也能够解放人的感受性，不仅能够加强人的生命本能，也能够加强与死欲相对而立的爱欲。它将不受制于自发的、有竞争性的、有利可图的行为表现规则与要求，也即是说，不受制于支配性的规则。这种观点认为历史是运动的，即人只有在要求停止激烈的竞争时才存在，只有对他所拥有的以及他可以用它来干什么做了估量之后，才会决定颠覆生产方式和方向，并因此颠覆他们整个的生活，而不是继续进行激烈的竞争，为那些可以而且必须买的人生产更多的商品。这意味着消除贫穷，然后把一切资源全部用于清除精神和物质垃圾——早已不再是象征性地而是实实在在地吞没了现有社会，吞没了我们的精神和物理空间——从而建构一个和平、美丽的世界。 [117]

反抗者很清楚，该目标超越了所有既定的合理性与理性。超越理性的正是想象力，而超越理性的统治的正是想象力的统治。去年五月在巴黎大学的墙壁上出现了一个标语，上面写道："一切权力归于想象力。"曾有人说（而我也同意该说法），马克思《资本论》的第四卷被写在了巴黎大学的墙壁上；而我想补充的是，康德的"第四批判"，即创造性的想象力批判也被写在了同样的墙壁上。

理性的理念，即是说，在既定的话语和行为体系中普遍存在的合理性，已无法继续充任指导原则，已没有资格来规定人类努力、人类道德、人类科学、社会组织、政治行动的目标与可能性。传统概念是在一个支配与匮乏的世界中发展起来的，并得到了规定，而在这个世界，正如在激进的启蒙哲学中所表现的那样，传统概念超越了这些历史局限，不过它们在很大程度上仍旧很抽象，或者说，它们与历史实践还是分离的。但紧接着问题也就自然而然地出现了：除了纯粹的幻想、虚构、乌托邦式的思辨之外，到底还有没有超越既定合理性的东西？

在此，我们必须重温旧哲学对想象力与幻想的区分。按照康德的说法，创造性的［想象力］是心灵最重要的认知能力；它是感性与知性、感知与概念、身体与心灵的交汇处。作为认知能力，想象力指导着科学对物质的潜能与特性的预测和试验；想象力具有游戏性，是自由的，不过也受制于它的物质性，它根植于历史的连续性。作为认知能力，想象力塑造了艺术、文学和音乐作品；在那里，它创造了它自身的现实，创造了**真实**的现实，在一定意义上比既定的现实更真实。在那里，文字、图像、音调、手势断然否定了此说法：既定的现实就是全部的现实和整个的现实。它们以被抑制的人际关系、人与自然、自由的可能性为名否定了该说法。

[118] 现在，"一切权力归于想象力"这个标语的政治内容是什么也许已经很清楚了。该标语体现了激进意识被抑制的潜能，也体现了它们在何种程度上把传统的变革理论、策略、目标变成了陈词滥调。从充满匮乏与支配的理性王国向自由王国的飞跃需要实现对该合理性的具体超越，需要新的观看、聆听、感觉、触摸事物的方式，新的与那些能够并且必须为自由社会而战的男男女女的需要相一致的体验模式。因此，历史情境不仅使想象力变成了一种元政治力量，还把游戏性的、创造性的、感觉上的审美需要与严酷的政治危机结合了起来。这种奇怪的联盟早已在两个名字中发现其最引人注目的形式，一个是巴黎大学墙壁上最常见到的、社会主义的创始人马克思，一个是超现实主义的创始人安德烈·布勒东（André Breton）。在巴黎的夜晚，街头上的战斗打响了，一架钢琴立在路障之间，年轻的钢琴家奏起了爵士乐。

这些解放的力量面对的是一个把自身的想象全面动员了起来的社会；它制定了控制形式，而这些形式可以在人的心灵这个根源上，在人的需要、思想、感觉的表达和沟通中抵制解放。因此，抗议运动不得不发展它自身的语言，而该语言必须不同于既定的语言，但同时又要保持可理解性，这有助于使运动分成较小的自足的团体和圈子。语言反抗就是与既定社会所实施的语言压迫作斗争：它已经意识到，在任何历史时期，语言都会在一定程度上体现现实的给定形式（并且主要是体现给定形式），因此会阻碍人的想象力和理性，而他也会因此适应给定的话语和行为体系。人们已经意识到，语言是现有武器库中最强大的武器之一。

今天，这种史无前例地把残暴与甜蜜结合起来的语言，即实际上垄断了交流方式的奥威尔式的语言，它不仅窒息了意识，而且还掩盖、诽谤存在的其他可能性，它把现状的需要植入了人的心灵和肉体，同时使他们对变革的需要产生了免疫。

但是，该免疫有其局限性。它们是我们社会发展、特别是"第二次工业革命"发展的固有产物。不同于第一次工业革命，第二次工业革命的直接诱因是科学，它的主要特征在于它把科学几乎直接地运用到了生产和分配中。不仅自然科学被运用到了数学计算中，社会科学也被运用到了宣传和政治中，心理学被运用到了可怕的人际关系社会学、文学和音乐中，不过，这是一种受欢迎的刺激，轻微的刺激——因为以商业为背景，你不能受太多的刺激。你处在科学的人文思想与压抑性的社会、创造力与生产力表现为奇怪的共生关系的现实中，在这里，精神文化服务于物质文化，创造力服务于生产力，想象力服务于商业。但是，全面而彻底的共生关系——保持共生关系的科学与人文思想变成了社会控制的引擎——有其自身的发展动态，也即是说，科学在征服自然与开采资源上的成就越大，塑造人的行为和塑造生命过程的心理与生物实验可能失控的危险就越大，筹划减轻人类生存苦痛的方法和手段的想象的空间就越荒芜，成就与其使用之间的反差就越明显。当今社会爆炸的潜在危险也就越大。结果是，最先

[119]

在意识中表现出来的爆炸的潜在形式就是非理性化，在当今社会，非理性化一直都在从政治上不断地激活处在整合边缘的少数，甚至有可能也在不断地削弱劳工组织的凝聚力，尽管削弱的方式与方向仍须拭目以待。

今天，该形势使我们不得不直面知识分子的责任问题。知识分子的选择深受我们今天所看到的科学与社会、想象与支配共生的两副面孔的影响。该选择可以通过以下问题被明确地表达出来。人的理性、想象力、感性应该服务于更加高效、昌盛的奴役状况，还是应该用来切断该联系，把人的能力及其想象力与感性从有利可图的奴役中释放出来？我相信，激进的学生已经做出了选择，他们也因此付出了沉重的代价。今天，人类自由的真正可能性简直太真实了，而社会竟然如此毫不掩饰地阻碍该可能性的实现，因此哲学家、教育家再也不能回避自身的立场了，这意味着要与那些再也不能也不愿让现状的需要来决定和规定他们的未来与他们的存在的人联合起来、团结一致。现如今正是这种使世界充满了混乱、威胁和谎言的力量起着决定性和规定性的作用。不过我们看到，今天，不管是东方还是西方，不管是第三世界还是第一、第二世界，全球各地的学生都在努力表达这一不情愿、这一拒绝。如果哲学家、教育家仍然重视他担负的启蒙职责，那么不管他想不想，他都会发现他自己与那些想要赋予他整个教育生涯所讲授的文字和思想以意义和现实的人站在一起，他不仅会发现他自身的学术意义，还会发现他奋斗的意义和生活的意义。

[120]　　对梅叶霍夫来说，这不是选择，是一种必然，而他也证明了这一点。对他所选择的以可怕、荒谬的方式被迫中断的道路的内在逻辑，我已经尽力做了概述。在他去世后，你们以他的名字命名了这个校园言论自由的场所。那么我们就一起努力把言论自由延伸到这个场所之外吧！

六

　　《文化革命》（未注明日期，大约完稿于1970年前后）是马尔库塞最成熟、最有趣的尚未发表的手稿之一，目前就存放在法兰克福马尔库塞档案馆（＃406）。我们现在看到的这个文本原是一份没有标题和日期的85页尚未发表的手稿。手稿显然是完成于《论解放》之后，因为它在注释中提到了1969出版的文本，并且它似乎就是《论解放》的进一步补充。手稿谈到了文章《超越单向度的人》中的许多主题，并且根据当时的政治事件对它们做了进一步的深化。手稿像是经过了打磨并准备发表；不过，在手稿上，我们看到，还有很多旁注和校订，从字迹来看，它们出自马尔库塞的第三任妻子艾丽卡·谢尔奥弗·马尔库塞（和马尔库塞于1976年结婚）之手。我们接受了艾丽卡部分校订，把错别字更正了过来，把明显遗漏的单词补充了进来（把它们放在了括号里），但是忽略了手稿上那些改变了马尔库塞文本原意而又并非出自马尔库塞之手的校订。

　　目前还不清楚马尔库塞为什么没有发表这个文本。在他的信中，我至今尚未找到任何与它有关的介绍，也不知道谁拥有准确的关于该文本的形成及其为什么没有发表的文献资料。该文本的许多主题在《反革命和造反》（1972）中也得到了讨论，但正如我在本卷的引言中所讲的那样，在这份从未发表过的手稿（我们首次以原文的形式在这里发表了出来）中，马尔库塞就文化革命概念和他对当时政治运动更加积极的评论做了更充分的阐释。因此，这个文本仍然是马尔库塞认为"文化革命"对激进社会变革具有重要意义的一个重要标志，它也许是马尔库塞因为20世纪60年代学生运动逐渐消退以及保守势力再次拥有霸权而变得更加悲观之前最后一次重要的革命乐观主义的表达。

文化革命

我们社会中发生在我们眼前的变化令那些不以陈旧的思想反思它们的人深感不安。甚至最精细的理论和预测也无法与这些变化呈现的模式相一致。这里只需提几个最明显的偏差就够了：

（1）传统"左派"（工人阶级）中的激进反对力量被"新左派""取代了"，新左派由中产阶级团体(如基础产业和服务行业中拿薪水的雇员)、大部分青年人（主要是参与学生运动的那些人）以及受压迫的少数民族组成；

（2）大众（绝不是沉默的大多数）表现出了持续不变的保守倾向；

（3）民主进程渐渐地丧失了效力，并且受到了越来越多的制约；

（4）政府的直接权力正在变得越来越大，特别是它的行政机构；

（5）尽管全球经济困难不断加剧，但发达资本主义却持续保持着高水平的表现。

在这里，我不想讨论这些趋势，确切地说，我想重点关注的是现如今激进主义或许最为显著的特征，即它的要求的**总体**特征：不仅要颠覆现有的经济与政治结构，还要（甚至主要是）颠覆现有的整个**文化**——激进分子称之为"资产阶级文化"。文化革命不仅包括改变着装方式、挑选与准备食物的方式、性行为的方式、语言模式，还包括否定和反抗最著名的艺术、文学、音乐作品。可以毫无不夸张地说这样的文化革命不仅为政治革命（包括经济变革）准备了土壤，而且在目前阶段**吞并了**政治革命。

[124]　　我认为反抗（我使用该词是为了表明反抗还不是革命，但有可能导致革命）的总体特征与 20 世纪的资本主义呈现出来的客观条件相符。在这些条件下，基本的经济制度和关系通过将社会管理与控制延伸到社会的各个领域——包括那些先前通过自身内在的发展动力相对自由地发展的各个文化领域——实现了自身的再生产。文化与现存秩序的系统整合在反抗的总体要求中遇到了它的对应物（有规定的否定），即"文化革命"。

　　现在，在追求总体性的过程中，文化革命正在探索（或更确切地说是夺回）被忽视或被压制的革命基础，即它在**个体**那里的根源——更具体地讲，应该是它在人的**感性**那里的根源。真正辩证地来看，只有新的个体出现了，才会有全新的生活出现。新社会源于个体本身，它不是虚假的协商或契约的产物，也不是相互竞争利益与选票的市场，而是自由人的需要与能力自然的、合理的延伸。这种自由开始于人的感官解放。

　　将社会革命建基于人的感性之上的尝试恢复了一种老的（但却断裂的）传统，该传统可追溯至中世纪的自由派、法国启蒙运动、傅立叶、青年马克思。不过，它已经被打败了。

　　在某种意义上，所有历史上的革命都是失败的革命：它们只不过是改变了一下支配形式，改变了一下统治阶级。在另外的意义上，它们同时又是局部革命：它们压制了努力超越社会阶层化的自由主义运动。诚然，它们的失败可以通过生产力、物质与精神条件的不成熟来做出详细的阐释。但是，之所以不成熟，其中一个原因就是个体的本能结构、进而他们的感性中的解放根源被压制并发生了衰退。因此，弗洛伊德的理论在超现实主义运动和新左派运动这两个我们这个时代仅有的激进的解放运动中日益凸显了出来。

鉴于这些事实（或假设），我想讨论的问题是，这一激进地将个体身上的解放根源释放出来的尝试是否会打开一条与 20 世纪前所未有的资源相适应的社会变革之路——它是否会提供一个防止传统革命模式不断重复以及自由王国无限延期的历史机遇。

自由王国在历史上仅仅是一个渴望实现的目标——正是它的不在场　　[125]促使人们为实现它而努力。因此，为实现自由王国而努力有可能会打破历史（作为不自由的现实）的连续性。但是，这一历史连续性却绝不允许被打破：一切革命都从旧社会的基础开始，并改变现有的基础。旧社会与新社会的中介：从旧到新虽然有变化，但同一基质却把变化过程的这两个阶段"连接了起来"。这一基质包括一定水平的生产力，即对社会来说有用的物质与思想资源"系统"（因为它是一个有组织的整体）。因为发生变化的是既定的主体（作为实体），所以旧社会延伸到了新社会，而这一延伸通过科学、技术和工艺，它们强制实施的工作关系，以及既定的自然与继承而来的环境等各种形式成了现实。这一基质不间断地塑造着人的意识，从理性和非理性的维度塑造着他们的心理结构。这一决裂，向新社会的飞跃包含着继承：它必然会再度肯定自身，并使新社会成为旧社会的延伸（虽然可能得到了改进）——新社会注定会延续继承而来的"不自由"，**除非**社会变革过程从基质本身找到了全面转变的基础，同时，该基础本身必须是既定现实的对立面，是它有规定的否定。在马克思主义看来，这一迫切需要能够通过无产阶级的双重力量以及社会主义理论向实践的转化得到满足。作为现存社会中的实际力量，而不是现存社会**的**实际力量，无产阶级能够带来质的变化：与过去和今天的社会（连续的压迫）决裂，并把历史可能性转化为现实（仍然在历史的连续性之中）。辩证理论将旧社会与新社会之间的这种关系称为"有规定的否定"。

　　但是，辩证理论自始至终都听命于历史：辩证概念都是历史建构出来的。这意味着质变的基础本身在发展过程中也会发生变化。必须强调的是，从革命阶级与指导其实践的理论这两方面来看，马克思的基础是**人**。革命阶级是**特殊的**历史形势下**特殊的**历史力量，他们怎么能够"体现"和代表普遍性，即自由的本质特征呢？他们的需要和利益，以及他们的理论怎么能够宣称对作为人的人来说、对人类来说客观而又普遍有效呢？历史变革的辩证法在这里表现为普遍与特殊的辩证法。前者只能"存在于"**后者之中**——而后者不是神秘的或形而上的实体，而是每个人的需要与渴望。这种团体精神通过共同的意识被揭示了出来，通过各社会阶级成员的

[126]　个体意识产生了效力。然而，只有当一个阶级一定程度上代表整个社会的利益时，这个阶级的共同意识才是普遍的。因此，很显然，这种普遍性到目前为止仅在有限的范围内是真实存在的。在此，我们没有必要重申马克思那个广为人知的论点，即马克思认为只有无产阶级的特殊利益能够代表作为人的人——即人类——的需要与渴望。在马克思的观念中，阶级意识并不（直接）等同于个体意识，而是个体意识在理论上的提升与转化，类似的（甚至更为广泛的）差异在需要与渴望那里也表现了出来，它们并不直接等同于阶级的需要与渴望，也就是说，并不直接等同于革命的必要性。在早期著作中，马克思认为无产阶级的特殊利益与人类的普遍利益是一致的：无产阶级最重要、最具体的需要是去实现人的实存，成为一个人。无产阶级非人的、低于人的生活即是他们残酷的、不可理解的生存条件，他们在现存社会没有任何"选择的余地"，也正是在这种生存条件基

础上，革命意识与实践有可能形成。

通过后来修改这一观念，马克思的理论随后对资本主义社会的发展做了预测。剥削与贫穷早已不再是不可分割的两部分，革命的前提也早已不再是后者了。随着资本主义发展到了一定的程度，它发展出了新的整合底层人口的形式。在当代发达资本主义地区，劳动阶级的需要与渴望渐渐地变成了肯定性的，并再生产了他们本该否定的社会，在他们的心理结构——本该是个人形成对立面、有规定的否定的基础——当中再生产了这个社会。

这并不意味着劳动阶级已不再是激进变革的主体。只要这些阶级继续生产，并且没有控制他们自己的产品，即现存社会不可或缺的必需品和奢侈品，他们就是唯一能够重新定位和重新组织生产过程的力量。不过，这里有些问题仍旧暧昧不明。到底应该按照哪个方向来重新定位？应该通过提升效率或合理分配财富来改善现存社会，还是应该走向一个有着质的不同的社会？应该走向一个集体自决、团结的社会，还是应该走向另一种支配形式？

在马克思的观念中，这种暧昧不明并不太明显（尽管这一点通过"社会主义或蒙昧主义"反复不断地交替出现体现了出来）。但是，现如今，工人阶级被整合进了资本主义的需要体系，而这破坏了阶级利益与人类普遍利益之间的一致：被整合的劳动阶级不可能（也不会）宣称在其特殊的实践中存在着普遍性。 [127]

变革的辩证法中普遍与特殊的关系是一种历史条件：当社会结构本身发生变革时，即资本主义生产在资本主义的框架下发生转变时（马克思：资本主义在资本主义生产方式的框架下消失了），人这一变革的基础不可能保持不变。

从当代资本主义来看，这样的转变正在发生。它的特征是，工人阶级（是剩余价值的来源，因此也是"生产工人"）不断扩充，相当大一部分的"中产阶级"也被纳入了进来：白领工人、拿薪水的雇员、技术人员、科学家、各式各样的专家（甚至包括"服务"、宣传等行业的专家）。[①] 这意味着作为客观状况的剥削所波及的人口正在变得越来越多（虽然强度不一）。同时，在这同一个过程当中，除了受最残酷剥削的受害者之外，包括被压迫的少数种族和民族、第三世界新殖民地的劳动群众在内的其他人对剥削的**意识**几乎都在减弱。这种存在与意识、客观与主观条件之间的差异绝不仅仅是一个心理问题。因此，我们要重新审视人这一历史变革的基础，重新审视"阶级"概念；这意味着辩证理论存在着一个**空白**。一个决定性的因素似乎并没有在概念上被纳入到辩证理论当中，那就是个体这一特定的人——虽然是某个阶级的一员，但却仍然是"自然的"、促成变革的主体，不管他有多么社会化，都不可能被完全"溶解"，仅仅变成某个阶级毫无差异的一部分：他的具体性拒绝抽象的一般化。

在区分阶级意识与个体意识、真实需要与直接需要时，马克思的理论考虑到了这一个体因素。然而，这些区分不够深入，并没有深入到人类的个体维度，即人的**身体**，人"自然的""客观的"（gegenständliches）存在维度，在那里，不管怎么说，人类本身就是个体。毫无疑问，该维度也是历史的，在文明的发展过程中不断地改变，但是，它仍然是变革的动[128]力，是其他维度"深层次"变革的基础，是物质与精神文明"深层次"变革的基础，甚至是它的基质——即马克思的经济基础——"深层次"变革的基础。它不能被搁置起来，而是应该被当成理论与实践主要的关切。这

---

① 扩充剩余价值的来源可能与剩余价值率的降低密切相关。参见 Gillman, *The Falling Rate of Profit*。

种忽视其实还不算严重，更严重的是，自然在历史中的作用被最小化了。辩证唯物主义从来都没有真正**扬弃**（aufgehoben）费尔巴哈的"自然主义"：它并没有融入社会发展理论，而是被忽略了。

对马克思 1844—1845 年著作的广泛重视并没有改变该形势。我认为关于这些著作的两种主要的诠释都没有抓住问题的根本。第一种诠释认为，它们都是些形而上的成果，或者是马克思的唯物主义尚处于不成熟时期的成果，而当马克思详细阐述政治经济学批判的时候，它们就被抛弃了。第二种诠释否定青年马克思与成熟马克思之间存在着断裂，认为前者的概念不仅重新出现在了成熟时期的理论中，而且得到了具体化和充分地阐述。

后一种诠释更接近真相，它有可能会认为早期的概念在政治经济学理论中得到了"实现"：费尔巴哈的自然主义——将唯物主义哲学建立在了作为"感性存在"的人的概念的基础上——通过社会主义是对资本主义有规定的否定这一观念体现了自身的价值（真理）。如果这一点正确，那么理论发展就应该是抛弃个体的具体性、"本性"、感性这一早期著作中普遍存在的维度，而这些概念和事实只能通过相对含糊（有时也相对浪漫的）的"社会主义的人道主义"才能与后期理论内在地联系在一起。

我想给出第三种解释：我们必须这样来解读 1844—1845 年的作品，即如果它们在《资本论》**之后**发现了自己在理论上（实践上）的地位和作用，它们就是所提出的从资本主义到社会主义的过渡的基本组成部分。正因为如此，它们就会对人这一革命基础给出新的认识，它们就会用完全不同于（虽然绝不是废止和取代）定义作为变革主体的无产阶级的措辞来定义作为变革主体的人类。难道仅仅是因为费尔巴哈的强烈影响使马克思充满激情、全身心地将他的作为"感性存在"的人的观念集中在了"感官解放"、审美能力以及作为"类存在物"（Gattungswesen）的人的生产力上？难道仅仅是因为这一后来被克服了的影响将作为**类存在物**的人的实存与感官的解放联系了起来，并因此把普遍的现实化当成了作为感性存在的人的生产力的结果？还是说，马克思这时早已在这一感性、"审美"维度中发现了革命潜力？此时，他是否认为剥削、异化、压抑在个体的这一维度中有其根源，他是否认为被压抑的个体在这一维度中再生产了这些状况，并因此通过它们再生产了他的社会？因此，最终结果是，随着资本主义的废除，在建设社会主义社会的过程中，不只是人的意识，甚至是人的感性、感觉和活动（生产力）也都会彻底地改变，反过来，作为一种有着质的不同的社会，社会主义就会依赖作为新的感性存在的人，就会成为他的"产物"。总之，马克思着重强调的是，人与自然的关系，人与对象世界的关系预设了一种有着质的不同的感性：新的视觉、听觉、触觉模式。由于私有制钝化、摧残和扭曲了人的感性，所以这种扭曲的感性创造了阶级社会异化的对象世界。正是在这样的语境下，马克思阐发了非异化的生产方式，"按照美的规律"来构造对象世界，以及作为私有财产对立面的个人财产等观念。

[129]

从结构上讲，这些观念之所以**在《资本论》之后**还能够在马克思的理论中找到自身的位置，不仅是因为它们给出了社会主义的人的形象，还因为它们意味着马克思对资本主义社会做了全面的分析。这个社会的发展动力，即它的经济为人类感性具体的形成提供了基础，也为感性的解放提供了基础。马克思在获得了解放的感性中，即在全面发展的人的基本需要与能力中看到了"具体的普遍性"——作为人的人的实现，作为"类存在物"的人的实存——的根源。如此一来，我一开始提出的问题，即怎么可能客观地验证更高层面的自由的法则和秩序，就会得到出乎意料的回答：

"天赋观念"只不过是人的感官本身受到压抑的要求，因此，它们的普遍性绝不是一个模糊的、极为抽象的人道主义的人性理念，而是一个极为物质性的心理状况。与此同时，**回忆**（Erinnerung）只不过充分体现了人的感官的**潜能**。如果想做进一步的思考，我们可以从字面上对柏拉图的概念进行翻译，并把这些潜能说成是事物尚未实现的**形式**，即人与自然（**此在**）的生存方式——它们有可能构成一个**正义**的宇宙，在那里，满足感就会出现在以创造一个对所有人来说善的世界为旨归的自由人的生产力中。

　　"具体的普遍性"，自由、人性，只有在废除了阶级社会的情况下才能成为现实。**团结**，这种普遍性的"形式"，到那时会出现在人的感觉中，或者更为精确地说，出现在人的"活动"与生产中。与唯心主义关于心理结构的观念相反，马克思强调说，感官是**能动的**：眼睛、耳朵、鼻子、手、舌头不只是"接受"外界的刺激；感官能够让某些事情在这些刺激下 [130] 发生，也就是说，它们成了行动、活动的刺激；因此感官的感性特质被保留了下来，进入了随后的活动中。或者说，感性的特质将在生产活动中被保留下来，比如，自由社会中的自由与创造性，它们在阶级社会形成对象世界的过程中受到了摧残，钝化了。通过它的对象世界这个中介，钝化了的感性进入并塑造了人与人之间的关系。

　　在形成对象世界的过程中：钝化了的感性学会了适应、喜欢、再生产（"品味"成了商品的生产要素）构成资本主义社会的事物，即它的物质文化和精神文化。就像交换价值那样，商品的使用价值在很大程度上同样决定着它们的"形式"，所以消费者的品位也成了商品形式的决定性因素（例如：对汽车以及其他高功率、高效率器械的**力比多贯注**成了生产的一个因素）。此外，感官学会了接受（是生活需要）与再生产噪声、污染、丑陋、暴力——这些方面在改变自然与技术环境的过程中得到了具体化。它们同样在精神文化中蔓延：这是对古典与浪漫的审美形式（如艺术、音乐和文学）的破坏所带来的压抑的一面，但这种破坏却很容易被誉为先锋派。不和谐、暴力、残忍以及俗化趋势**本质上**不具有解放性；从新艺术与反传统艺术来看，它们同样是维持而不是削弱现存社会①——除非它们能够把与社会解放相关的相反的特质呈现出来。

　　这种残缺的感官的对象世界构成了"先天"对抗甚至敌对的人际关系的外部环境，因此，非对抗性的团结关系要想出现并得以维系，必须消除最基本的敌对状态，克服使人彼此分离的障碍，这里的人不是个体，而是同一世界毫无差异的一个部分。这意味着个体并不是通过**他们自身**特有的需要与能力，而是通过他们在先行给定的社会分工和享乐中的位置与职能彼此区分了开来。

　　在资本主义社会，个体化原理并不通过个体特定的才能来实现普遍性（作为人的人），确切地说，它就是支配商品交换的"价值规律"：个体根据他对于建立在商品生产与交换基础上的社会的有用性和"价值"被"制造了出来"。这个社会不仅必定会在意识形态（反对邪恶的"社会主义"的集体主义）的基础上弘扬个性，还会把个体说成是私有财产与自由竞争的主体——这些制度早已把该主体变成了客体。这样的社会排除任何形式的团结（普遍性的具体形式），即使有团结，也仅局限于特殊的有组织、受管制而非自发的团体与阶级——除非碰到了突发性事故与事件（即使那时，它似乎也正变得越来越不稳固）。在资本主义制度下，合作成了一种反过来决定个体的需要与能力的技术必要。除此之外的合作都**不利于**资本主义制度。个体只能在合作的否定中成为个体：因为在合作中，他的

[131]

---

①　也许没有什么比摇滚乐群体与黑帮"地狱天使"结盟，或者对那些自诩为激进分子的谋杀团伙令人作呕的美化，更能说明先锋派大众文化已经彻底退化了。

自由仅限于**消极**自由。这一点在我的东西与你的东西、我与他直接同一的实存维度中，比如，在爱欲关系中表现得特别突出。它们形成了一个与异化世界相对立的私人领域，在该领域，构成一个不一样的环境，构成一个不一样的对象世界的内核正在形成。经过不受限制地升华，爱欲能量就会努力在人类与自然和技术之间创造一种"人性化的"关系——一种人性化的生态环境。马克思谈到了"人类占有"，谈到了个人所有制（不同于私有制），并在其建立中发现了社会主义的一个基本特征。解放感官是私有制向个人所有制转变的一个先决条件，从这一转变中涌现出来的对象世界是团结的、具体的、普遍的世界。

　　为了理解这个观点，我们必须回到**能动的**感官（器官）这一概念上来。摆脱了迟钝的状态之后，它们会发展出新的视觉、听觉、触觉形式；它们会感知到(想象出）它们所需要的新的对象形式——事物新的潜能（自然潜能与技术潜能）。因此，"感官解放"是主体与客体的一次变革：感官新的视角能够积极地改变对象世界，对新的对象形式的感知甚至于还能够激发并指引重建自然与技术环境的**实践**。

　　重建的方向是什么？在马克思谈及作为"类存在物"的人的（自由的、将来的）实存的语境中，通过强调人有"按照**美**的规律"①来构造自己的环境这一特殊的能力，他把人与动物区分了开来。通过强调人的感性的解放就是人的解放，强调感官是所有科学的基础，这一观念已把审美之维指认为社会主义的"空间"——"审美"有着双重意义，既与感官有关，也与艺术有关。我认为，这一观念绝不是一个不成熟的、乌托邦式的空想，而是揭示了社会主义理论如果不想扭曲社会主义的本质就不能忽视的一个

[132]

---

① *Economic-Philosophic Manuscripts of 1844*, ed. Dirk J. Struik（New York,International Publishers, 1964）, p. 114.

方面。

　　如此看来，人类的团结这一人性就能扎根在作为感性而非理性存在物的人的特定的能力之中，或者说，人的理性就能从感性那里获得它主要的推动力与指引——因为，首先，从认识论上讲，感性是知识的首要来源（另外，还有知性与理性），再者，感性是人道的生活世界、理性的团结必然涌现的基础。换句话说，人的感性及其作为心理—物理实体的身体，将不仅是**个体化原理**的中介，也是其对立面的中介，即**普遍化**的中介，也就是说，是**人性**、作为人的人涌现的中介。人性的实现意味着人与自然之间新的（感性）关系建立了起来。自然会成为拥有自身权利和**目的**的主体，成为自由的环境与土壤，而这与对自然的奴役和侵犯不相容，与把自然仅仅当成客体不相容。易言之，客体将被经验为主体，人这一主体甚至还会把对象世界变成人道的世界。只有作为"类存在物"的人实现了，自然才能实现：因为自然也成了破坏性剥削的对象——自然也需要解放。

　　马克思称之为人"占有"对象世界：建立人与自然的关系，使事物人性化。这意味着世界不再被经验为一个商品市场，人也不再是劳动力的买者或卖者，事物也不再仅仅是被占有和使用的东西。在这种全新的经验中，我们看到，使用价值将不再受剥削的污染：我们经验到，事物并未丧失自身的使用价值，有着自身的权利和形式——它们极为敏感。剥削绝不会真的被废除，它的遗留物绝不会真的被抛弃，除非建立起了一种新的人与自然的关系：自然的人性化同样能够使人更好地意识到他自身的本性，意识到他本身就是自然的一部分。这就是"第二自然"：它不是高贵的野蛮人的世界，而是有着高度的文明，即有着对自由的承诺的世界。

　　这一在诗歌的意象中被保留了下来，被超现实主义者系统地探讨，被不顺从的科学家（巴什拉，Bachelard）和建筑师肯定，甚至"侵入"瓦

格纳有魔力的极权主义音乐（《尼伯龙根的指环》,《帕西法尔》第三幕耶 [133]
稣受难日激起了解放的天性）的承诺却一直遭受谴责，被说成是幼稚的拟
人论。的确是拟人论，但这里所设想的人正是"社会主义的人"，这个不
再被卷入神秘的商品世界，被卷入全球性的剥削不受限制之网的人不仅会
改变主体，还会改变客体："承认"客体（有赖于人的理性的转变，但并
不完全依赖）不只有物质的元素和"环境"，还有自由的元素和"环境"，
不只有破坏性的冲动，还有生命本能，也就是说，它是**活的**事物，**活的**客
体。让我以最幼稚的方式来阐述它：除非人们觉得一个电动的垃圾处理装
置有一个"灵魂"，汽车可能很温柔，推土机不仅可以粉碎也可以恢复自
然，否则，压抑的社会将继续存在——不管它的制度有多么的不同。

　　我此前已经提到了弗洛伊德的本能理论，该理论从一个非常不同的
立场，并在一个非常不同的语境中给出了正面的回答。根据这一理论，爱
欲的目标是在与其对立面（以破坏为目标的死亡本能）持续不断地斗争的
过程中创造更大的生命单位，并维持它们。爱欲不同于性欲，性欲只不过
是爱欲的"局部"表现，本质上是"非社会的"，甚至是反社会的，但爱
欲包含着"社会化"，升华并扩充了的本能的目标不仅仅是为了一个人，
而是为了其他很多人，为了共同的世界。这样的扩充改变了本能与满足本
能的模式：无须削弱力比多能量，本能还会在性关系与性对象之外寻求满
足，比如，在合作、爱、友谊中，在追求知识的过程中，在创造一个快乐
的环境的过程中，在**美善**中——感性的变成了审美的。

　　这样的发展用"升华"这个术语来描述合适吗？显然，在性欲向爱
欲转化的过程中，最初的目标和对象会发生变化，因此，这是一种基本的
非压抑性的、解放性的升华。它的目标绝不是破坏文明，而是破坏文明破
坏性的基础。因此，迟早会与现有的"现实原则"发生冲突。由于受到了

现实原则的排斥（或更确切地说，受到了实施这一原则的力量的排斥），爱欲—审美冲动很容易屈从于工作与休闲中的另一次升华。这次升华创造了传统**文化**。通常情况下，它很压抑，以至于本能冲动的能量被输送到了异化的社会必要劳动那里，与此同时，爱欲—审美的成分也被分解了：爱欲被简化成了性欲，审美需要把精力放在了满足该需要的**艺术**王国。然而，"高雅文化"与工作世界的分离，与精神和体力劳动的分离并不必然引起艺术与后者的分离：**参见**中世纪甚至是古典希腊时期的工匠文化。这一事实也许与当代关于艺术在改造（和废除）资本主义的过程中的作用的讨论密切相关："生活艺术"并非必然具有革命性、进步性，也许相反。换言之，相反的观点也许是可靠的，即只有完全将艺术与生活现实隔离开来才能释放其解放功能，才有可能使它发挥效力。

[134]

只有在发达的交换社会，爱欲—审美冲动这个统一体才会真的解体：在创作与欣赏艺术时，审美被从生活现实中分离了出来，被孤立了（但已经变得无害了！），与此同时，令人愉快的美也渐渐地远离了自然。因为自然受到了资本主义工业化越来越多的破坏，所以审美在这里同样被孤立了（被局限在了国家公园、旅游景点等）。相反的趋势在工作世界盛行了开来（或更确切地说，似乎盛行了开来）。在那些地方，发达资本主义社会有方法、有组织地美化了它的环境：极漂亮的工厂、商店、政府中心、军事设施遍地都是，它们的生活空间装饰着最昂贵、最现代的雕塑和绘画，并且播放着"温和的刺激性的"背景音乐。毫无疑问，这比前工业化阶段丑陋、肮脏、难闻的环境要好得多，要更令人满意；它先行占用了从资本主义生产方式中解放出来的社会的审美可能性。但它却是一种贫乏的占有，是甚至废止或伪造社会中的善的可怕的辩证法的外在表现。所谓的商业美学，就像大众媒体宣传的漂亮的女孩、汽车、火箭那样，能够使人的感官与非人的工作世界相适应，使人的感性与制度破坏性的合理性相协调。未来的路不会回到丑陋与肮脏上来，相反，它会把现有的制度与它所阻止、扭曲的自由的可能性之间的矛盾展现出来，并使人们意识到矛盾。要想齐心协力、有意识地奋力实现这些可能性，我们不仅要解放人的理性，还要解放人的感官。这也是为了历史地、具体地实现人性，即作为人的人，因为只有在普遍的范围内，自由才能成为现实。

作为"类存在物"的人，即作为自律的存在物的普遍的"作为人的人"仍然是一个抽象的一般概念，一个无用的道德律令，除非它在按照他们真正的需要和能力重建其社会的个人获得了解放的感性中体现了出来。但在社会主义的物质基础中，这一方面却被忽视了。

只有当辩证唯物主义承认社会主义植根于人的感性，自由植根于人的感性需要，并承认政治经济革命必然与"感官解放"相协调（"感官解放"甚至有可能在前），它才能发现自身的真理性。个人与社会存在要想实现质的变革，革命必须成为人的必然需要。然而，该需要并不总是处在痛苦与贫穷状况下的人的变革需要。相反，这些状况极有可能压制对质的变革的需要，或许也有可能将这样的需要"引向"在一个总体上不自由的制度中进行生活改善的斗争。还有另一种可能，即如果这样的斗争致使另一种制度取代了现有的制度，那么在不自由的制度下形成的需要与渴望就极有可能被带入新的社会，并在此再生产旧社会中的消极因素。[135]

举一个显而易见的小例子：有人早已注意到，一个被保守的教会阶层统治了数百年的国家经历了一次成功的革命之后，**人民**当中那些受政治压迫的女仆一旦最初的热情消耗殆尽了，她们就会迅速回到过去的状态。这样的倒退并不是上层社会发起的，也不是有组织的反对派造成的结果。毋宁说，它就是主流民意，在讨厌长发与胡子，讨厌任何嬉皮士的生活形式，讨厌同性恋等等中得到了表达。在遵照反自由主义的路线塑造政府政策的过程中，这样的民意注定会成为重要的因素。或者说，把权威视为神或自然形成的这一悠久的传统注定会进入新的社会，并且促进官僚权威主义的发展。如果这样的倒退趋势越是成了人民迫切需要的表达，成了"保守"感性这一政治保守主义的根源的表达，它也就越难对付。

相比之下，感官的革命需要是这一看到、听到、嗅到、尝到、触到了现有社会的不公、剥削、丑陋、欺骗和愚蠢——不仅你自己的所作所为和遭遇如此，他人的也是如此——的感性的表达。正是在这种感性体验中，超出于这些特征之外的社会的意象、色调和形式出现了——作为一种明显的可能性出现了。它们不同于乌托邦幻想，甚至可以说，它们是科学、技术、经济、政治的凝结，它们早已作为科学、艺术、政治成就的元素、雏形、片段、实验存在于既定的现实之中。新社会源于旧社会，而旧社会只有在新感性的基础上才能被颠覆。

我们早已注意到，这**不**只涉及本能冲动及其感性表现的解放。获得了解放的感官从两种意义上讲是"超越性的"：(1) 它们能够打破普遍存[136]在的、钝化的经验领域，并直觉到自由领域的形式要素；(2) 它们能够进入理性的维度，甚至感知到超个体的现实即**现存**世界的对象、条件、关系的**历史**变迁。现存世界同样是理性在历史中的实现。只有当获得了解放的感官在自身的基础上面对现存制度，并通过使它接受以激进的社会变革为目标的集体斗争的合理性来拯救现存制度的成就时，它才可能变成一种生产力。新感性只能在建立新世界的斗争中发现它自身的合理性（否则感性就仍然是私人性的）。

按照马克思的说法，新世界出现在感官与对象的新关系中：感官"为了对象"（*um der Sache willen*）而与对象发生关系。也就是说：感官不仅仅把对象世界（包括人）经验为可操控和使用（不管是什么类型的使用）的材料，而且把它经验为人的世界，在那里，特殊的对象以它们的"形式"来具体表达人真正的需要与满足，因此，在与对象发生关系的过程中，感官使人得到实现，也就是说，使与他者相关联的同时也与自己相关联的"个体"得到实现：普遍性寓于特殊性。在这一观念中，核心术语是"人的需要"，即人"真正的""本真的""现实的"需要，它不同于资本主义社会中异化的人的需要。

这种区分很容易受到严厉的批判，要想应对的话，在我看来，只有把个体的需要理解为特定的社会需要（要求、命令）的个体化。在资本主义社会，个体生理需要之外的需要受到了异化劳动的条件的影响，受到了他们在闲暇时间的娱乐活动与在人际关系中获得的补偿的影响。黑格尔谈到了孕育个体与作为具体的普遍物通过个人的特殊需要起作用的"市民社会"所建立的"需要体系"。该体系起源于个体在（异化）劳动中的一般性的竞争，而为了能够运行，它需要一种**统治**工具。在同样的范畴下，黑格尔讨论了政治与基本的经济单位，并认为整个体系最终的结果必定是主权国家与君主政体。通过强调黑格尔思想被这个体系动员起来并具有社会效用的压抑与攻击性上来进一步说明他的观点似乎并无不妥。它所形成与满足的需要具有这些特质，而当社会需要被有效地向内投射并成为个体自身的需要与冲动的令人满意的表达时，需要同时也维持了这些特质。反过来，个体心理与身体上形成的这种个人与社会、下层与上层、底层人口与主人之间的虚假和谐加剧了资本主义生产力的破坏性与暴力性。社会在支配全球（以及外太空）更多的地域并"恢复它们的和平"方面的需要的野蛮满足同样满足了个人根深蒂固的本能需要，以及他的物质与文化需要。 [137]

显然，这种和谐仅在发达资本主义社会那些一体化了的阶级身上占据主导地位。不过，他们的凝聚力正在不断削弱，但他们仍有很强的政治影响力（正是他们选了好战的总统和副总统，而他们的代表每年都在增加毁灭的预算），所以理性说服丧失了效力。麻烦并**不**是他们不知道正在发生什么，也不是他们不够了解正在发生什么，而是即使知道和了解了，他们也不会和不可能做出反应。因为他们的社会已经从本能与感官上切断了那种使其他人的命运成为自身命运一部分的团结的根基：他们的普遍性只与他们的国家、政府、种族以及地位平等的人（还有地位更高的人）的普遍性相一致。任何超越这个封闭的生活空间的普遍性都只是抽象的、精神上的，最多是一种任何人都可以违背而又没有后果的道德或宗教命令。因为这种精神结构从现有的实践和行为中汲取它所有的力量（政治力量），所以它能够被一种有规定的反向实践与反向行动——目标是废除那些形成封闭的心理结构的条件——动摇并最终打碎。

　　但是，任何反向实践与反向行动都无法摆脱现存的世界，除非它们源于一个新的基础，除非它们的主体在心理上和身体上都"支持"新的基础。无论社会主义多么科学，它的科学性都必须建立在感官的基础上，确切地说，应该是建立在获得了解放的感官及其真正的人的需要的基础上。我们回到了真正的（本真的）需要与实际的（直接的）需要之间的区别上来。一定程度上具体地指出后者的一般属性是可能的，但是指出前者的一般属性似乎不大可能。是否存在判断与人的实际需要不同的本真需要的标准呢？

　　获得了解放的感官的世界就是人性化的对象世界，在那里，作为类存在物的人把世界变成了他自身的世界，他发展和满足本真需要的中介。主体与客体这一奇怪的统一似乎与人和自然之间存在着永久的斗争这一基本的唯物主义观念非常不一致！在这一观念中，到底是哪种特质统一主体

与客体的，即主观的需要与满足该需要的客观物质的？我们曾引用过马克 [138]
思的这一观点，即按照美的规律来构造对象世界是人类独有的特质；在讨
论人的感性能力的时候，马克思还强调了美的体验。康德的《判断力批判》
分析了美在艺术与自然中的两种表现，而黑格尔的《美学》延续了该传统。

　　但是，毫无疑问，这一哲学传统的预设是，社会历史发展将使这个
爱欲—审美的统一体发生分裂，随之而来的将是审美要素被贬到精神世
界、艺术领域。与此不同，马克思把美理解成了感性的需要与能力，并认
为它在对象世界最初形成的过程中是一个重要的因素。这种生产力一直以
来都被阶级社会的需要压抑和滥用——随着该需要的废除，审美将在建设
自由社会的过程中成为创造性的力量。通过这种力量，人的感官将变得具
有**"实践性"**。由此而论，"感性是一切科学的基础"不仅仅意味着通过感
性确定性来进行经验证实，它还意味着科学家在不抛弃讲求逻辑和严格的
科学方法的前提下通过（获得了解放的）感性在保护和改善生命上的需要
来引导研究。如果这些需要的满足能够变成科学的理论依据，而不再仅仅
是科学的副产品（但似乎却正在变得越来越稀有和无力），那么它或许也
有可能为自然与人文科学带来不同的概念基础。

　　重新把爱欲—审美要素引入激进的理论与实践中，这有可能把傅立
叶在理论中表述的乌托邦元素纳入科学社会主义——该元素在数世纪的异
端运动中一直以来都是革命力量，并在 1871 年的巴黎公社运动中爆发了
出来。我认为，乌托邦概念现如今不仅是一个历史概念，也是一个历史命
令——必须用来阻止社会主义在新的支配形式下变僵化的绝对命令。因为
只有当拥有巨大能力的科学、技术以及科学和艺术想象力指导感性的环境
的建设，只有当工作世界失去了异化的特征并成了人际关系的世界，只有
当生产力变成了创造力，支配的根源才会在个体身上消失。这绝不意味着

我们要回到前资本主义与前工业工艺时代，相反，我们要在按照"美的规律"构造客观世界的过程中完善新的但却残缺、扭曲的科学与技术。"美"在这里界定了能够塑造社会形式的人与世界的和谐这个本体论条件，而它不是与真实存在相分离的艺术品的本体论条件，也不是某些人与地方的本体论条件。但这并不是说，爱与慈善整个地主宰社会，冲突与痛苦都消失了（这种想法既不可能也令人难以忍受），而是说，在社会中，痛苦与焦虑将降到最低，冲突将不再具有暴力性和破坏性。

[139]

这有可能适用于一切被禁止的"乌托邦的"社会主义观念中所设想的解放人的感性这一"乌托邦的"筹划。先决条件仍然是生产关系与生产方式的变革。但在这里，辩证观仍然有效：基础的转变包含着主观因素，即作为生产力的人的感性。建立在继承而来的技术基础上的社会主义的"生产力的发展"远不只是技术的进步，它还会建设一个有着质的不同的自由的社会，但前提是，技术基础本身已经被某个（或多个）社会团体——对他们来说，"感性是一切科学的基础"，即**获得了解放的**感官与**获得了解放的**需要是所有科学的基础——征服并被组织了起来。现在，这种新的感性与意识只可能出现在那些其在生产过程中的地位与职能有可能反抗现存社会占上风的迟钝的意识和残缺的需要的团体。这种反抗超越了迫切的物质需要与**既定的**文化需要的维度，这意味着，只有迫切的物质与文化需要被满足了，并因此时间、空间与精力可以被自由地用于生活必需品之外的维度时，超越才有可能。精神的这一"敞开"意味着那些团体意识到了科学技术的潜能与它们的破坏性和压迫性的表现之间存在着明显的矛盾。

那种认为这种意识——即激进的政治意识——有可能在底层人口中发展起来并因此为社会变革提供条件的观点是否符合现实？就目前而言，激进分子与民众之间有分歧——前者正在尽力消除该分歧。他们能不能在即将毁坏这个国家及其卫星国家的民主与自由的新法西斯主义时代到来之前及时联合起来，这是斗争最终极的问题。如今，现实些就是悲观些：集中在现状捍卫者手中的权力已不能再大，他们已经做了使用一切可行的手段来对付越来越多的威胁的准备，而这些手段都是前所未有的。

不过，经当局媒体传播开来的对残酷的事实的意识有可能甚至必然促使人们去努力地消除事实本身。悲观主义对意志来说成了一种积极的力量，正是它驱使着人们在"不现实的"目标面前不让步，不抱幻想地继续努力，彰显这些目标，让它们成为自身生活的渴望，过自己的生活并使他人也能够过上自己的生活——而不是强加给他们的生活。我觉得在年轻的激进分子中间活跃着一种精神，它不是一种暴力和侵略的精神，而是一种以**人性**（尚不存在）的名义与暴力、侵略作斗争的精神。

[140]

"文化革命"这个词首先揭示了这样一个尴尬的局面，即激进反对现存社会的主要力量都是明显边缘化的社会团体，以年轻的中产阶级团体与学生为主。不同于政治、社会革命，文化革命目前尚缺乏群众基础。再就是，文化革命并非起因于贫穷，并不是因为极端迫切的物质需要，而是因为现存社会阻止、妨碍了人的自由——与现存社会多么有生产能力、可能会变得多么仁慈无关。获得这种自由——意味着新人类与新的生活方式出现了——的前提条件是废除贫穷并终结剥削，而在文化革命中被模糊地表达出来的超越性的目标将在消除贫穷与剥削的斗争中发挥作用。获得了解放的意识与获得了解放的感官将会引导社会与自然的转变。所以，当务之急是形成一种全新的感性文化，从而能够减少或消除因阶级社会的要求而强加在人身上的剩余的压抑。

因此，文化革命所设想的不仅是不断地改造文化传统，还要拒绝文化传统——拒绝连续性，与其决裂。这种拒绝从日常行为、社会风俗蔓延到了最高的艺术、文学和音乐成就，它旨在对抗物质文化和精神文化——它拒绝整个资产阶级文化。

拒绝"资产阶级文化"，那么什么是"资产阶级文化"，又该如何拒绝它呢？

从时间顺序上讲，资产阶级文化可以说就是资产阶级——作为一个阶级，它的观念与价值成了塑造社会道德、时尚、科学、哲学、艺术、文学、音乐的占主导地位的观念与价值——发展出来的文化。考虑到各国发展极不平衡，可以料想，我们会在 16 世纪到 20 世纪这期间看到这一特定的资产阶级文化。因此，早期的城市市区和小城镇的工匠文化、19 世纪的"高雅文化"、技术时代的大众文化都可以归入这同一个范畴。它们

[141]   是否存在一个可以使这个一般范畴生效的足够具体、足够基本的共通之处呢？对于 16 世纪到 20 世纪这个时期，我们还用到了"资本主义"一词，它包括商业资本主义、制造业资本主义、工业资本主义、技术（垄断的、有组织的）资本主义等不同的阶段。但它们**有**一个可以使这一范畴生效的、具体的、基本的共通之处，那就是它们都是以雇佣劳动为基础的生产资料私人所有的交换社会。在这段时期，统治阶级保留了它的权力的基础，即控制着资本主义的生产方式。不仅过去的资本主义如此，当前的也是如此（尽管形式完全发生了改变）。但是，当前的统治阶级还是不是作为资产阶级文化主体的那个"资产阶级"呢？如今正在受到全面抨击的文化还是不是"资产阶级文化"呢？

我们有必要重新审视一下"资产阶级"的概念。

新左派不加反思地保留了这个大约一百年前出现在马克思理论中的概念。早在三十年前，霍克海默就已指出，这一概念在很大程度上对发达资本主义国家来说已经失效了。"资产阶级"曾是这样一个**阶级**，它在封

建社会灭亡之后成了统治阶级——资本主义社会的统治阶级。它原本是介于当时仍然存在（仍然非常强大）的土地贵族与无产阶级之间的"中间阶级"。正是这个阶级占有、控制着生产资料，并渐渐地使政府倒向了它的利益。"资产阶级文化"当时就是这样一个阶级的文化，从文学、艺术、道德观念以及价值的层级结构来看，它明显不同于封建文化。作为这个阶级的一员，资本家曾经是与同行竞争、剥削**他的**工人、运用**他的**剩余价值进行再投资的自由企业家，即私人资本家。他的道德观也许最好被说成是符合他的商业利益的"入世的禁欲主义"：生产性的"节约"、抑制消费、努力工作、一夫一妻的伦理观、自我压抑。作为私人企业与自由竞争的一个必然结果，自由渐渐地延伸到了政治与文化领域：形成了以不记名普选制为特点的民主制度，带来了受法律保护的公民自由。

　　只需浏览一下这一简短的概括就可以看出这些特点已经过时了。资本主义结构已经发生了变化，私人企业与自由竞争已经消亡了，资本主义的经济体制也早已"社会化"，这些对我们来说都太熟悉了。经济与政治力量的融合并没有带来经典马克思主义理论所勾勒的"星丛"。政府不再仅仅是资本的代言人，政治责任被委派给了那些越来越独立于他们选区的职业诈骗集团，而军队对经济的影响也越来越大。[①] 诈骗集团同样参与到 [142] 了整个经济领域当中。资本家仍然是统治阶级，而它的统治权从总体上讲仍然有赖于国防、扩大积累和资本增殖。但不管从哪个方面来讲，它的职能已不再具有生产性，它只会更加野蛮地通过付出更高的代价来维持现存社会。资产阶级的任务已不再是发展生产力，而是阻碍生产力的合理发展

①　马尔库塞所提到的"越来越独立于他们选区的职业诈骗集团"和"诈骗集团同样参与到了整个经济领域当中"指的就是霍克海默的资本主义的诈骗理论，从该理论来看，犯罪是制度的正常表达，现存的经济和政治力量看上去就像是诈骗集团。——编者注

与人类的进步。在该框架下，技术进步与破坏方面的进步密不可分。随着这个统治阶级的社会作用变得越来越不具有生产性，它的价值体系也变得无效了。

但是，现存秩序中正在瓦解同时又被文化革命拒绝与否定的到底是哪一种资产阶级文化？

首先，出于某些接下来会进一步解释的理由，我们必须区分物质与精神（或"高雅"）文化。实际上，与先前的封建文化相比，前者极容易辨认：它以典型的资产阶级偏见及与之相称的"价值"为特征。我们前面已经提到了最主要的方面，比如，资产阶级关注金钱和商业并把它们当成了谋生的手段、私人的竞争性企业、父权制与权威主义的家庭和教育、法律面前（极为抽象的）人人平等、（极为有限的）民主以及（极其伪善的）职业道德。现如今，我们看到，被否定、被排斥、被控诉的高雅文化（艺术、文学以及"生活艺术"）所反映的正是这些偏见和价值。但也有明显的例外，主要是在早期历史阶段，当时，强烈的**反**资产阶级立场似乎主宰了资产阶级时期的高雅文化。或许可以不太夸张地说，那时最具代表性的（最本真的）作品对资产阶级与资产阶级的现实做了最彻底的批判。

曾经高尚的资产阶级"美德"：那些在资产阶级的戏剧中遭到上流社会恶棍引诱、遗弃和伤害的资本家高贵而又简朴、谦恭而又纯洁的女儿们早已不再是资产阶级道德的化身。它们都消失了，正如曾经的资产阶级家中装潢琐碎而又可笑、密不透风、家务耗时费力而又"个性化"的典型的室内设计已经被更注重功能和更为现代化的设备取代那样——但它们却在工人阶级家中保留了下来。

[143]

但是，高雅文化到底怎么了？它的那些构成了资本主义时代文化世界的核心的显著特征以及它的那些核心理念和**精神气质**到底怎么了？如果说有什么与文化革命不相容，并遭到了后者的否定，那就是拉辛（Racine）与歌德的精神气质（和**悲怆情绪**），即"大师们"古典、浪漫的精神气质，那就是人格（通过顺从才能实现）观念，那就是它所有太过可悲与升化的自由——内在性（Innerlichkeit）产生了音乐、歌曲和诗篇，也就是说，产生了美的形式，但正是由于这些特征，它同时也变成了对苦不堪言的现实的顺从、接受和赞颂。

关于人的这一理念，即主体性，确实是资产阶级思想文化的独特成就。在它的艺术、文学与音乐中，作为自律的主体，人成了阿基米德点，正是通过人，世界才被看到、被理解、被组织了起来。资产阶级哲学，无论是经验主义，还是理性主义，都把主体当成了认识论的基础，从笛卡尔的**我思**经由康德到黑格尔的"实体即主体"，从休谟的知觉主义到维也纳学派的"基础命题"都是如此。

关于主体的这一理念是如何与资产阶级时期的物质文化联系起来的？它的实现在本质上是意识形态性的和压抑性的？还是说，它含有超越资产阶级社会的历史发展所迫切需要的解放要素？

即便是乍一看，我们也能够在"主体性"这个概念中看到两种相反的内涵：

（1）主体性有一种顺从、实证的功能：它排斥（或至少极度轻视）对给定的经验世界的激进超越，它既排斥历史的超越，也排斥形而上的超越；

（2）主体性本质上有一种否定与超越的功能。

在第一种情况下，主体可以说在经验和理论上被囚禁在了既定的现实中。行动主体与思想主体之间，现实的社会结构与认识结构之间的区别（和冲突）被掩盖了，与此同时，社会对后者的侵入也被忽视了。客观世界以物化、僵化的形式呈现了出来；支配世界的运动规律与历史无关，它们的社会内容被剔除了。在第二种情况下，"主体性"意味着打开了理论与实践、思想与行动的另一个维度——在这里，主体通过**反对**既定的现实体现了自身的价值，与此同时，决定性的经验也进入了将既定的现实与它的否定统一在一起的对抗性的时空之中。

[144]

因此，在第一种情况下，表达自己，检验与验证自身经验，组织或改变自身世界的是一个看上去具体但实质上抽象的、纯化的、残缺的主体。它是一个有着感知、常识和理解的主体，抑或通俗明白地讲，它就是纳税人，是民意调查和问卷调查的对象，是普通的选民。但是，通过顺从和适应，它同样可以确立使自身在世界中占有一席之地并安静地生活的"人格"。

在第二种情况下，①它实际上是一种（尚）不"存在"的主体：它试图闯入现存世界（从而打破这个世界）；它通过自身的不在场、通过欠缺把自身呈现了出来。因此，不能通过普通的感知、语言和常识来经验和表达它；想象力是呈现它的载体，艺术是它的中介。因此，否定性的主体性变成了肯定的和积极的：就这样，它创造了自身的世界，创造了在构造与组织上与既定的现实不同甚至对抗的世界。这一对抗性的精神气质是作为资产阶级时期标志的文化的生命力，它显然与塑造了资产阶级**现实**的精神气质相对立，与资产阶级本身相对立！不过，这里出现了一个辩证的悖论，即资产阶级文化的代表作并**不是**资产阶级的！确实，把贝多芬的《四重奏》、福楼拜的小说、塞尚的画说成是"资产阶级的"，这根本没有任何意义，除非循环论证，把资产阶级性等同于美学形式本身。

---

①　两种不同的主体性模式很可能在一个人和一部作品中合而为一，而歌德就是一个典型的代表。

　　资产阶级是些"占有欲强的人"，是进行买卖的主体，它的个性根源于成功的、攻击性的竞争。然而，正是这种资产阶级个体在资产阶级时代的精神文化中受到了指控、嘲弄和排斥。

　　那么，文化革命的目标是什么？是不是与物质文化令人厌恶的特征（它在知识分子的资产阶级文化中同样受到了强烈的控诉）没有太多关系，而是与它超越的、"进步的"品质，即它强调形式与美的精神气质密切相关呢？文化革命有可能"继承"这些品质吗？文化革命是对它们的简单（抽象）否定，还是对它们的历史**扬弃**？

　　文化革命强调与文化传统彻底决裂，这是为即将到来的社会主义革命去做准备的文化革命的一个典型特征。不过，它显而易见的意识形态特征不应掩盖这一事实，即文化革命本身根植于发达资本主义的矛盾之中，它只有从资本主义生产方式的根本变革出发才可以得到解释。这些变革能够真正"取代"矛盾的各种表现**形式**，并因此能够取代自觉的革命（或更确切地说，革命**前的**）主体。我之所以说自觉的或革命前的，是因为最终起作用的主体仍然是**作为**阶级的工人阶级，即物质生产的人力基础，剩余价值的来源。但由于物质生产与日俱增的"智能化"（脑力取代体力），这一阶级内部出现了决定性的分化。这表现在技术人员、科学家、研究人员等无论是从量的角度还是从质的角度对资本主义再生产来说都至关重要上。这一新的工人阶级阶层有着比较好的报酬、保障和地位，它受到的教育、兴趣和观点完全不同于旧有的"工人贵族"。 [145]

　　恐怕只有这个团体能够意识到科学技术难以置信的解放潜能与其破坏性和操纵性的使用之间的矛盾，并且无法容忍这一矛盾。那么，这一体验，这一直接而又连续不断的对矛盾的体验就会变成政治意识，而后者转而又会在形成超经济的、超工会主义的以对工业企业（乃至其他的领域）

进行自我管理为最终目标的诉求的过程成中表达自身。

难道 1968 年法国爆发的五月风暴为这一理论提供的那些经验证据还不足以说明存在一种激进的（暂且不说革命的）趋势吗？基本矛盾极有可能带来越来越多的不安、不满、失望，并引发罢工。但却存在着与"新工人阶级"——有着较高社会地位（这一点并不太重要）和技术统治态度，而这种态度就内在于这个阶级在生产过程中的地位所需要和保持的占主导地位的**技术性**（功能性）**才智**——这个阶层的革命发展相反的强有力的趋势。正是这种技术统治论倾向促成了旧社会与新社会之间的社会政治连续性——不只是生产力向前发展所必需的那种连续性，还包括支配的连续性，而这种连续性的技术合理性仍旧来源于绩效原则，尽管这种合理性已经彻底合理化了。这种连续性有可能对旧社会与新社会之间产生质的差

[146]　异，即团结与自由的生活产生不利的影响。毫无疑问，这种新的质只有在废除了资本主义之后建设社会主义的过程中才能变成现实。但同样毫无疑问的是，除非这种质在旧社会中并与旧社会对抗的过程中以特定的个人或团体生活的方式具体化了，否则支配的连续性很可能对一切变革都产生影响。

与这种连续性决裂是文化革命的目的。这种决裂发生**在**资本主义的框架**下**——所以它不是革命。但它也不是一种"改良"运动，更不是一种意识形态样式，因为它触及了在个体身上生产和再生产理性与感性，资本主义社会的科学与常识的根源。这些强大的文化根源是罪魁祸首，正因为它们，资本主义基础结构的变革（从自由资本主义到国家垄断资本主义）——加剧了它自身的内部矛盾，使其到了崩溃的边缘——没有引燃大众和阶级意识，也正因为它们，将无法容忍的客观矛盾转变为无法容忍的主观矛盾的中介消失了，而如果没有这种转变，"新工人阶级"就会像原

先的工人阶级那样仍是"自在"而非"自为"的革命阶级。

缺少群众基础使文化革命在意识形态上有了精英主义的特质，同时它也揭示了文化革命在新的历史情境下的发展程度。西方文化传统在其漫长的发展过程中一直都以**匮乏**为基础，然而，现如今该基础却正被逐渐削弱，也正是这一客观原因，退化正在从物质文化蔓延至精神文化。

匮乏不仅仅意味着食物、物资缺乏以及技术落后等，还意味着克服匮乏以及不平等的、剥削性的分配的能力不成熟或受到了抑制。由于整个文化控制网络（宗教、道德、教育）的支持，匮乏与人在强大的自然力量面前表现出来的软弱无能成了强大的剥削性的支配力量的有效支撑。如果说对自然的控制能力的日益增强有助于日益有效地增强对人的控制的话，那么反过来说也应该没有问题，即缺乏对自然的认识（根源于统治阶级几个世纪的培养）有助于掩盖支配一点也不"自然"的根源。在任何情况下，只有通过复杂的中介系统——不仅包括个人的，还包括社会的，不仅包括物质的，还包括精神的——普遍存在的匮乏才能塑造出"高雅文化"。生物因素与社会因素，即特定的环境与经验以及可用的材料（语言的、感知的、概念的）在该系统中运作，并创造出了文化传统的无限多样性，而把根基安在匮乏上，这仍然是该文化世界最大的特点。

首先，也最熟悉的是，以匮乏为基础的剥削性的社会组织使高雅文 [147] 化成了那些有时间、精力（尽管不一定是如此）和教育背景来理解、实践、享受这种文化的人的特权。这种说法同样适用于或部分适用于创造这种文化的人，因为他们会利用在他们的受众中间普遍存在的表达媒介和表达水平。正是因为这一基础，所以高雅文化是**阶级**文化，而一切超越，一切"普遍化"都要从这一基础出发。高雅文化只能在艺术与哲学这两个领域超越它。① 但是，在这两个领域，超越仍然很抽象，仍然是"理想"，仍然是意识形态——除非超越性的理智努力与革命性的社会力量（即新的历史阶级，或它的先驱）联合起来。哲学曾经做过这样的联合，它曾经与 17、18 世纪的资产阶级联合了起来，也曾经和 19 世纪后 30 年的无产阶级联合了起来。马克思理论本身是"资产阶级文化"的产物，而这并非仅仅从时间意义上来讲是如此，虽然在很大程度上做了修正，但却被纳入了文化革命。尽管至少在最发达的工业国家，当然也包括在今天官僚权威主义的社会主义政权强加的仪式化的形式中，马克思主义在很大程度上呈现出了与群众不相容的意识形态性与抽象性。至于另一个超越的文化领域，即资产阶级艺术，它的形式与价值一直以来都"脱离现实"，也就是说，对底层人口与统治阶级来说没有明确的意义——由于艺术在一定程度上与人的日常生活和商业融为了一体，所以这种非现实性得到了强化。普通教育、大众化、通信技术的改进都无法减少资产阶级艺术的虚幻性、它逃避现实的特征及其"精英主义的"诉求。

然而，激进的反对力量之所以拒斥这种文化，不仅是因为它是一个阶级的特权，与群众不相容，还因为它本身具有压抑性。我可以随意拿"地下"刊物的一篇文章来看，比如，在《"文化"是否会让你想起巴赫与布拉克?》这篇文章中，作者写道：

> 随着"非压抑性社会"的出现（实际上，它早已在现有社会内部形成），我们中间无疑会发展出新的、更好的交往方式，发展出更加自发地、适当地表达我们自然的创造性冲动的方式，更加理性地、

---

① 艺术和哲学是黑格尔的"绝对精神"的三种表现形式中的两种。

自然地看待我们自身的方式，以及我们用感官进行感知的方式。也许，在人们利用某些先前的禁忌话题来打破压制的时候，在他们更加理性地看待很多人服用某些有可能确实加强感官快乐的药物的时候，在他们更好地表现性能量（根据赖希的说法，性能量是人类一切能量、活动和表达的基础）的新的音乐形式的发展中，我们早就看到了这一点。 [148]

（*San Diego Free Press*, Nov. 28–Dec. 4, 1968）

　　初看上去，巴赫或贝多芬到底是以何种方式抑制了性能量的表达，这一点并不十分清楚。在广受欢迎的尼科尔斯和梅（Nichols and May）这对并未完全被压制、躺在床上聆听巴赫的夫妻的对话中，以及在托尔斯泰（对性能量与性压抑有一定了解）对《克鲁泽奏鸣曲》的理解中，我们却看到了与激进派相反的结论。同时，我们也没有任何理由认为"更为自然地"表达性能量就会带来更好的社会——性欲自身转化为爱欲，这将成为自由社会人际关系的典型特征，但毫无疑问，这不是一个"自然的"过程。不过，确实存在着将制度化的压抑转化为艺术，并进入艺术的本质，即艺术的**形式**的途径。在其他地方（《论解放》和《艺术的未来》），我曾试图确定艺术形式用来规定秩序、调和不可调和的矛盾、通过诗意的公正来缓和平淡无奇的不公正以及美化悲伤的要素。而我认为，这种肯定的功能正是艺术的形式，即使是反传统的艺术也有这种功能，而艺术的这种肯定性只有在艺术被辩证地否定了的时候才能被克服，也就是说，它在审美的生活世界中得到实现的时候。它的前提条件是社会发生了激进的转变，从而能够逐渐缩小个体生产与社会生产、创造力与劳动、自由与必然之间的距离。

在发生如此这般的转变之前，仅仅否定传统文化，仍然是非政治的。转变的催化剂与反抗的力量就在眼前，它们是即将到来的革命的根源。但是，反权威主义的意识与感性只有当它们在一定程度上解救和发展资产阶级文化中激进的进步元素（即它们还未实现的真理）——同样，这也是为了使"普遍性"在"特殊性"中显现出来，把私人解放与社会解放、个人行动与政治行动联系起来——的时候才能从反抗过渡到革命。不这样做就意味着反抗已经向制度拉拢与压迫的力量屈服，真正积极的要素将被残酷地清理，而其他要素也将变成闹剧、娱乐、时尚、疾病。这有可能是所有直接的宗派主义行动的命运，无论是嬉皮士还是非嬉皮士都是如此；这也有可能是"生活艺术""生活剧场"的命运，以及简单拒绝资产阶级形式的命运。这有可能坍塌为"坏的直接性"，即一条避免直面旧社会与新社会、已获得的成果与可获得的成果之间复杂的中介的捷径。中介往往以扭曲和早产的方式在传统中起作用，在物质文化中，比如，"生产力"，科技设备；在政治领域中，比如，历史上各种形式的激进民主组织（集会、工人和士兵委员会以及其他自治机构）。

[149]

再就是，过去与可能的未来之间的这种中介同样在高雅的精神文化中起作用，在变革的过程中，它们把过去和现在的压抑与各种形式的自由联系了起来——通过使旧社会中包含的解放的形象与理念在新社会变成现实把旧社会与新社会联系了起来。缺少这种承诺，对传统文化的否定注定要失败，甚至还有可能出现倒退，因为那是简单的否定，而不是"有规定的否定"。

这些解放的形象与理性和感性世界有关，同样，与心灵和身体也有关。作为历史过程，解放绝不能仅仅依靠感性**本身**。自由的社会也会是理性的社会；历史的确是客观**精神**。所有的解放，无论多么感性，多么激进，都必须赞颂这些赤裸裸的事实，即人是一种理性的动物，他的自由与幸福完全取决于他对自由与幸福**是**什么以及**可能**是什么的意识，同时，纯粹感性的沉默是暂时的，它很快就会再次超越。在这里，我们再次看到，黑格尔是正确的，"欲望"隶属于精神现象学。延长和再现纯粹感性需要理性与理智的努力。浮士德的**"停一停吧，你真美丽"**被认为是生动地表现了自由社会中的理性**实践**的意象；当**"所有快乐却都想要永恒"**时，永恒只能**存在**于这种超越的意志之中。

的确，"资产阶级文化"中这些极端自由的表达本身就是旧文化传统中的破坏要素，而它们同时也是构成新理性的元素。通过这种理性，所谓过时的、压抑的资产阶级**形式**，即它和谐的、升华了的美有可能恰好变成先锋派的元素，变成必然王国中自由的形象。或许有人会问，如果这种形式确实（我是这么认为的）拥有情感宣泄的力量，那么这种宣泄把心灵和身体解放出来，目的是适应还是反抗呢？以一种荒谬、"非辩证"但却令人震撼的方式来表述的话，我们可以这么说，谁的作品更具否定力量并因此更具解放力量，古斯塔夫·马勒（Gustav Mahler）还是约翰·凯奇（John Cage），耶茨（Yeats）还是艾伦·金斯伯格（Allen Ginsberg），塞尚（Cézanne）还是波洛克（Pollock）？无疑，这些例子均来自资产阶级艺术本身古典和浪漫的形式开始走向衰亡这样一个时代。我们能不能用贝多芬、济慈、伦勃朗来替换马勒、耶茨、塞尚呢？如果只是把当代古典的、浪漫的 [150] 形式与不同的历史阶段联系起来，但却忽视基本社会制度的根本特征，那么不管怎么说，我们都是在回避问题。资本主义制度仍然是高雅文化所有这些发展阶段的共同的基础。

高雅文化的现阶段，即反传统艺术、反传统小说、摇滚乐的时代，系统地否定了先前受**"形式的暴政"**支配的阶段。难以忍受的和谐，难以忍受的美……我想起了里尔克那句谜一般的话："**因为美无非是我们恰巧能够忍受的恐怖之开端。**"它的意思是（我的理解），美是另一种突然出现在既定现实中或侵入既定现实的真理，一种可怕的真理，唤起了那些先天解放但却被既定现实压制的感知、想象、概念模式。我们不能说它们**唤起了解放**，它们"代表"自由王国。因为这个王国决不能以任何形式被"代表"，而是只能表现为不在场。艺术同样无法避免这种无法改变的必然性，即成为经验性的，因为它在对既定现实说"不"的同时肯定了现实的存在，它只能从不自由的、不幸福的、令人失望的世界提供的给定的材料中挤压出理念。

艺术以不在场的东西的名义和形象塑造了这种材料，而不在场的东西之所以有名有形象是因为它与有着经验可能性的在场的东西纠缠在一起。它就在人的需要、欲望、举止和思想中，就在人的感性和理性中——根据不同的社会，它可能是善的也可能是恶的。但是：

> 哎，什么是善？什么是恶？它们是一回事儿，表明我们疯狂地采用最荒谬的办法来达到无限的热情和枉然？
>
> （洛特雷阿蒙）

毫无疑问，自由王国是永远都不可能实现的无限，因为人是自然的一部分，自然在本质上是客观的，与自主的主体相对而立，即使是最好的社会也含有和再生产这种张力。任何科学技术都不可能克服这个残酷的事实。它们甚至放大了客观世界的重要性与范围，而新的社会，无论它多么自由，都不得不应付自由所依赖的庞大且日益自动化的生产设备（机器系统）。

在艺术中，善与恶变成了美学范畴：从形式上讲，就是好与坏。这样的转化是艺术独有的特权：坏即违反了形式，而形式是通过使自由王国出现在不自由的王国——美的显现——的理性与感性而发生了转变的现实。

不管是在莫扎特还是在施托克豪森（Stockhausen）的音调中，在毕[151]加索还是在安格尔（Ingres）的画中，在福楼拜还是詹姆斯·乔伊斯（James Joyce）的措辞中，在盖尔芒特公爵夫人（the Duchess of Guermantes）还是嬉皮士的举止中，都有着奇怪的现象。感性的表达方式虽然抵制并否定了商品世界及其所需的行为与态度的"风格"，但却没有"忘记"或忽视商品世界，它只是以性质不同的、疏远的风格——代表着（短暂）的解放和征服，也代表着承诺——与之形成了对抗。一道新的曙光落在了既定的现实上，而现实残酷的破坏力量在曙光中似乎被抓住了，似乎受到了遏制，尽管恐怖在成了形式的一部分的苦难、悲伤和哭喊中一直在场。感知和理解模式，生理和心理反应，本能把人和物从牟利性和剥削性的工具的束缚中释放了出来，一种语言，一种意象，一种行为就可以把人与物正在发生着什么及它们**可能**是什么和**可能**做什么揭示出来。

最主要的是它们解放了感性。任何艺术作品都会使感官产生反应：对美的直接体验是愉悦。但这种美却包含着恐怖，比如，玛利亚与耶稣受难的形象联系在了一起，奥菲利亚（Ophelia）在河里淹死了，甚至是最令人欢喜的《费加罗的婚礼》最后的乐章也透着悲伤。因此，美的感官直接性被"打破了"，事实上，这种直接性是理性中介的结果。与艺术中起作用的不顺从的感性相对应的是不顺从的理性。感性的解放整个地取决于理性的解放力量。在创作（和感受）艺术作品的过程中，我们无法区分哪个部分是感性的，哪个部分是理性的：感性经验的综合本身是感性的，但可接受的感性经验从性质上讲已不再是"正常的"感性经验了，已经变得极易受理性的指引。艺术中任何自发的、"自然的"、直接的东西都是高度有组织的精神活动造成的结果。作为"自动写作"的主要拥护者，安德烈·布勒东（André Breton）对"心灵严厉残酷的纪律"十分称颂，他认为："我们只想让一切都听命于它。"① 这样的心灵是突破熟悉的经验领域的力量，它为经验领域突然地崩裂并随之瞄一眼新的世界确立了地点和时机。

[152] 这仅仅是**想象的**转变？确实！因为我们根本没有任何其他能力能够使**不**在场的东西在场。新世界尽管并不实存，但却是历史的地平线，有现实的可能性。它只能被"间接地"感知和理解：它美化了既定现实中的事物的同时也给了它们一个新的承诺。这就是艺术的革命潜能：它一直都**外在于**实际的革命实践。库尔贝（Courbet）就集中体现了这一"星丛"。他在巴黎街道上战斗过；旺多姆圆柱倒下的时候，他也在场；参加斗争时，他甚至冒着生命危险。但在他的画中，我们看不到任何与这个事件有关的直接的证据，更看不到任何政治内容。

> 他曾认为，一定有办法把他对世界将变得更美好的坚定信念在他试图唤起的一切中反映出来，一定有办法让它以某种方式出现在他洒在地平线或雄鹿肚皮上的光线中，而一切都如他所愿地发生了。
>
> （Breton, *Political Position of Today's Art*, 1935）②

那么兰波（Rimbaud）呢？他加入了巴黎公社，起草了共产主义社会的宪法，但是（正如布勒东指出的那样），他在公社的直接影响下完成的那些诗的大意"与其他诗的大意根本没有任何区别"。革命贯穿他的诗的

---

① *Manifestos of Surrealism*, trans. by R. Scaver and Helen R. Lane（Ann Arbor, 1969），p. 181.

② *Manifestos of Surrealism*, trans. by R. Scaver and Helen R. Lane（Ann Arbor, 1969），p. 219.

始终，那就是，再次占领"技术秩序，把世界翻译成新的语言"。①

诚然，不管是库尔贝还是兰波，他们的作品都不是资产阶级文化的经典，同时像公社这样的革命也没有成为经典作品的背景或中心。不过，我认为，不在场的自由王国（或对世界将变得更美好的坚定信念）同样在他们的作品中也反映了出来。通过对文字进行分类和重组，使其摆脱了熟悉的用法和滥用，变成音调、舞曲和呐喊，即抗议的形象和声音，通过设置和重置图形和颜色，通过音乐打开人的耳朵，去倾听前所未闻的世界，自由王国被准确地反映了出来。以这种方式，美的理念就会在组织物质的过程中，在创造一个完全不同但却令人感到愉快的世界的过程中变得具体可感。

在这种形式中，潜在的内容呈现了出来，在既定的现实中被剥削、被遗忘、被破坏的对象（人或自然，个人或人民，一棵树或一个杯子或一张桌子；整体或它的一小部分）"得救了"——现有的法律和秩序在获得了极为物质、极为感官的救赎的世界或声音面前坍塌了。

艺术转化以不同的模式在不同程度上起着作用。例如，在音乐中，悲伤的、嬉戏的、跳舞的、欲望的对象被纯形式完全吸收了。对象在"文字的炼金术"中，即在创造新的能够传达拒绝和解放的形象的语言的近乎 [153] 无限的方法中，发生了诗的转化。再就是绘画，通过常新的感知模式，它使熟悉的对象渐渐地遭到了解构。想象界的革命似乎从未间断过，人类总是不断地体验和筹划历久弥新的主客体维度，即历史维度，因为人类的理性、想象力和感性就存在于连续的历史当中，虽然它们一次又一次地使连续的历史爆裂。正是艺术的这一不可避免的历史本质将艺术与社会、政治

---

① *Manifestos of Surrealism*, trans. by R. Scaver and Helen R. Lane (Ann Arbor, 1969), p. 220.

现实不可避免地联系了起来。

这种关系存在着矛盾：因为它的历史处境，艺术注定从属于现存社会，即使是其最超越的成就，也注定表现出阶级社会的特征（"精英主义"，挑选内容和主题，对拒斥一切艺术上的协调一致的东西选择性地视而不见）。不过，只要严格坚持艺术的形式，坚持艺术的疏远和分裂作用，坚持与"既定"事实构成的现存世界完全疏离，艺术就有可能保持它的革命潜能。

文化革命（更确切地说，它最引人注目的倡导者）想在现存秩序之外，想在市场及其价值规律之外寻求这种疏离。他们深知，在商品世界，因为一切都参与到了腐烂的整体之中，所以没有好坏之分，但他们却没有意识到，任何东西都不外在于这个整体（可能除了遥远的国度之外），他们也没有意识到垄断资本主义是一种真正全球性的制度，它侵入了心灵和感官，甚至侵入了那些在反驳中最不妥协的反对者的心灵和感官！艺术作品通过当局的渠道被散播了开来，有了特定的价格，并获得了奖赏，但这一事实并没有否定它的真理（但如果作品变成了缓和或刺激市场行为再生产的一部分，那么这一真理就会渐渐消失）。虽然施托克豪森的作品由一个大唱片公司来发行，贝克特（Beckett）的作品获得了诺贝尔文学奖，但他们总体上保持疏离的作品一点也没有改变。贝多芬确实比施托克豪森更适合做厨房或商店的"背景音乐"，这一点毋庸置疑。但是，问题的关键并不是要"悬置"贝多芬，而是要发展一种知性和感性，以便使贝多芬能够像施托克豪森那样与现存的法律和秩序格格不入，甚至有可能比爵士和摇滚更加格格不入。

"左派的知识权威"因为他们的"革命美学"受到了指责，而"某个犹太法典编著者小圈子"则因为"在考虑斟酌每个词的所有细节而不是参

与革命过程上更加专业"① 受到了严厉的批评。陈腐的反智主义痛恨这样
的理念，即前者是后者必不可少的一部分，是把世界翻译成一种新的可以
传达全新的解放诉求的语言这一工作必不可少的一部分。文化革命必须真
正抓住和表达工人阶级的合法诉求——尤其是那些超越了所有的工会政
策、超越了政治制度的诉求。

那些有着无产阶级意识形态的激进派对文化革命提出了批判，认为
它是"中产阶级的一次令人激动的经历"。他们市侩的头脑表现最好的时
候，也就是他们宣称这场革命只有"当它开始去理解文化真正的意义，比
如，洗衣机对一个有穿尿布的小孩的工人阶级家庭的意义"② 才会"变得
有意义"的时候。这个市侩的头脑要求"那些革命的艺术家……调整那个
经过数月的辩论和计划的家庭在洗衣机交付使用那天的情绪"。也许是因
为受到了"精英主义"的负罪感的困扰，这个市侩的头脑不可能承认，正
是这些受洗衣机左右的情绪将工人阶级家庭与洗衣机制造商联系在了一
起，它也不可能承认，在一个自由的社会里，洗衣机是常规设备，与家庭
和睦没有关系，它将不会再左右情绪。

无疑，文化革命必须承认并颠覆工人阶级家庭的这种氛围，但是当
这种氛围**不在场**的时候，这种需要必须在场，即对左右情绪的洗衣机进行
有规定的否定的需要必须在场。

受嘲笑的"革命美学"是对垄断资本主义潜在的革命基础有了扩大
和发生了转变的辩证回应（所谓的非物质条件已变得越来越重要，因此，
受剥削的非无产阶级也逐步变成了激进的力量）。反资本主义的斗争使经
济基础中迄今为止仍处于休眠状态、受压抑的力量与能力，或者说享有特

---

① Irvin Silber, in *Guardian*, December 13, 1969.

② Irvin Silber, in *Guardian*, December 6, 1969, p. 17.

权的、被疏离的团体（艺术家，诗人，各式各样的"颓废者"）特有的力量与能力活跃了起来，对摧残感官的反抗变成了政治反抗。

只有当资产阶级文化完全相互矛盾的元素（仅存在**于文化中**）作为破坏性力量进入人的思想**和**感官，并在这里——像健康的细胞一样成长——使他在心灵和身体上都不能再为现存社会工作时，虚假的文化才能被克服。践行这种心灵和身体上的无能，以便对这个社会产生影响，是文化革命的重要组成部分。现如今，各种不顺从的行为，比如，反复无常而又愚蠢的示威运动、公社、"地下刊物"都真实存在，它们的行为和行动的政治目标也都是透明的。全力以赴与"严肃的精神"（*esprit de sérieux*）斗争是一件必不可少的政治武器，特别是当维持当局运转的有利可图的疯狂行为看上去违背一切严肃的理性论证和说服的时候；这也正是自由派（自由主义完全就是一个理性的信条）很容易屈服的其中一个原因。不过，"致死的疾病"不仅存在于当局之中，造反派中间也存在着疯狂行为和犯罪行为，而如果疯狂的行为已经成了正常的健康状态，它是不可能被另一种疯狂的行为治愈的，这仍是一个不争的事实。"曼森家族"①的杀人狂欢是当局的一部分，他们给镇压反抗留下了把柄，也为清白的美国男儿在越南屠杀虚弱无力的对手留下了口实。

文化革命如果抄近路，否定理性激进的功能，拒绝"心灵严格的纪律"，支持直接表达和实践，那么它就会失败。根本就不存在"未升华的"反抗，任何感性直接性都是理性复杂的中介作用的结果。理论不可能直接简单地运用于实践。正如一切批判理论都试图通过它的概念的内在发展来改造现实，这种实践新的改造同样也试图保留和更新它的理论基础。除非

[155]

---

① 　新左派中某些团体赋予他们的政治荣耀与激进主义毫无关系——他们的这种激进是不被允许的，换句话说，这种激进太愚蠢了。

这种关系被保留了下来，否则理论就会变成空的，实践就会变成盲的，如果它在整体中失去了根基，它将无法继续抵抗整体。后者必须在场，得到反映，被理解——只有这样，它才能变成激进变革的潜在对象。革命实践并不是简单的否定，它本身就是矛盾，而矛盾是一个逻辑的、辩证的术语。

矛盾与否定不同，前者会把过去文化中那些适合于未来的解放力量拯救出来，而这并不是出于尊重传统，而是因为它们是历史土壤的组成部分，而如果反抗本身想成为历史事件，它必须在这种土壤中生长。因此，资产阶级文化在其历史继承者到来之前运用的审美形式重新出现在了反资产阶级的文化革命的语境中。鲍勃·迪伦（Bob Dylan）充满憎恨、愤怒、讽刺的抗议歌曲同样也很"美"；不管艾伦·金斯伯格的诗歌中有什么激进的力量，这种力量既没有以他野蛮的自然主义文学的形式，也没有以印度教圣歌的形式，而是以美化了他野蛮、神秘的世界的那些优美而又"古典的"诗行的形式表现了出来。正是由于这种对立统一，抗争与破坏才反映了自由王国，并使整个作品看上去像这一可能的自由王国。 [156]

断裂中辩证的连续性同样把资产阶级**精神**中的超越要素与反抗精神联系了起来。在资产阶级精神中，最重要的是主体性的理念。在文化革命中，即在拒绝一切角色扮演的过程中，在"反体制运动"中，在公社这一自我选择的联合中，主体的自主性、**个体性**、自我决断的主张重新出现了，并从它们占有性的、竞争性的含义中解放了出来。不过，在这些解放的趋势中，出现了一种反对这些趋势并极其强调权威、操纵、标准化的立场。

该立场在许多令大众得到释放的有组织的事件、节庆、社交集会中表现了出来。同时，该立场也是爵士、摇滚及其流行乐队的一个重要元素。它们本身不否定资产阶级文化（麦克·迈可勒曾指出，摇滚只是另一个版本的《铃儿响叮当》），摇滚音乐节上的群众似乎仍屈从于大众直接的认同——与足球赛或葛培理布道会上的群众没有太大的区别。①

主体性被认为是资产阶级文化的杰出成就，而它确实也一直都是个体自由的基础，即成为自我，拥有自我实现的领域，在普遍存在的客观的社会和自然条件下拥有对抗该条件的自治的领域的基础。

但这种主体性同样有其历史性。主客之间的冲突由那些使人与人通过商品交换、市场彼此联系起来的客观条件塑造而成。冲突的这一**形式**会随着与之密切相关的社会的变化而变化——但不会实现主客的同一。因为主客之间的冲突很大程度上就是人与自然之间的冲突。它也有可能在社会主义社会被再生产出来；要缓和冲突，促进自由，就应该废止资本主义对自然的毁灭性的开发，构建一个审美环境。

[157]　如果现如今制造污染的当局的领导人所宣传的生态学成了一种以废除那种使资本主义环境延续下去的制度为旨归的**政治**科学与技术，那么它很可能会成为激进理论与实践的一部分。如果缺乏这种政治转向，生态学就有可能只是纯粹的转移注意力。我想再次强调的是，审美成分是革命的酵素，即政治斗争的一部分。

只有打破大海的爱欲游戏（波涛翻滚，宛如凯旋的男人，但却被自身的优雅打碎，变成了女人；它们相互爱抚，并轻轻地拍打着岩石）与海岸上蓬勃发展的毁灭性工业之间，白鸟飞翔与灰色空军飞机航行之间，夜

---

① 　与这种大众化形成对照，自由只能在个人领域中反映出来：一个有魅力的嬉皮士女孩只有在她是她自己，恬静地做她的事，孑然一身，似乎与她所生活的世界相对立，单独与她选择的人（和选择她的人）在一起的时候，她才会反思这个"要做爱，不要作战"和"要做爱，但不要孩子"的新世界。

的沉默与摩托车的屁声之间……这些对立面之间令人讨厌的共生关系，我们才可以说赢得了战斗。只有到那时，人类才能暂时解决社会财富与其令人难以忍受的使用之间，第五大道与贫民窟之间，人类繁衍与种族灭绝之间的矛盾。从长远来看，政治维度不可能与审美维度相分离，理性不可能与感性相分离，街垒上的姿势不可能与爱的姿势相分离。诚然，前者有仇恨的意味，但它们仇恨的是一切非人的东西，而这种"自发的仇恨"是文化革命不可或缺的一部分。

但这仍是一个仇恨不得其所的时代。新感性还完全不受欢迎；人们讨厌它，"大众"鄙视它。或许他们觉得，它实际上打击的是整体，是他们一切腐朽的禁忌，也就是说，它危害到了他们的表现、他们的乐趣、他们周围的繁荣的必要性和价值。目前普遍盛行的是对长头发和胡子，对性解放，对女性化姿势，对蔑视当局的工作的怨恨，即对那些允许自己做人们应该放弃和压抑的事情的反抗者的怨恨。

当威廉·赖希（Wilhelm Reich）强调说法西斯主义根源于本能压抑时，他是正确的，但当他把法西斯主义失败主要归因于性解放时，他却错了。个体的大众化，以及他们彼此的和他们对领袖的这一双重认同有一个非常理性的基础，即领袖仍然能够履行诺言（此外，他还承诺他会定期交给大众一些对他持续履行诺言产生威胁的敌人的尸首）。只有大众才能打破这一双重认同：为了促使激进的变革发生，反抗一定要在社会层面开展，一定要"抓住大众"。但这将是**"新的大众"**，他们有向文化革命提出的自由的新维度敞开的新的政治意识。20世纪的革命将成为几代人的事业，因为它将不得不在个体那里建立一个生物基础。只有当通过现存社会来实现再生产的制度与关系变得与那些尚未投入（或者不再投入）顺从的模具的人类的生命本能不相容时，新的社会才有可能出现。只有当他们的

[158]

本能反抗伴有理性反抗并由后者来指导时，它才会变成一股政治力量，而完全拒绝理智（以及知识分子）就是与当局结盟，就是反人类罪行的帮凶。

商品世界日益严重的拜物教只能被那些已经撕裂了技术与意识形态面纱——遮蔽了正在发生的事情，掩盖了整个的疯狂的合理性——的人摧毁，也就是说，只能被那些可以自由地发展他们自身的需要，团结一致地建设他们自身世界的人摧毁。异化与物化的终点就是个体的开始，就是彻底重建新的主体的开始。这种主体的形成过程同时也是粉碎传统的激进理论与实践框架的过程。

文化革命的核心理念和目标在历史环境中有其根据，自由的新维度就包含在现存社会当中。这是一个伟大的承诺。但是，它现实的、客观的根据却没有办法保证它的实现，漫长的野蛮时代的到来同样是一种有其历史根据的可能——第二个法西斯主义时代的威胁。除非进一步加强与这一威胁的斗争，否则就会失败。

结局很大程度上取决于年轻一代的决心，他们应该不放弃，不适应，而是学习如何在失败后重新组织起来，如何用新感性和新理性来发展，如何维持一个漫长的教育过程——转变为行动的不可或缺的先决条件。

不过，有一种在我看来攸关生死的反对文化革命的观点，而且它很可能损坏从潜在革命的角度对文化革命所作的解释。该观点的基础也是生存论意义上的本能拒绝，因而加强了观点的合理性与真理性。这一观点的要旨是，文化革命转移了政治舞台上的精力和体力，而与现存社会的斗争很可能由政治舞台决定。它将经济社会条件转化成了文化条件；在野蛮的资本主义力量打算消灭全世界不顾一切的抵抗运动时，它却把精力放在了性、审美、知识问题上。因此，躲在"文化革命"这个沉重标题背后的只不过是一场私人的、特殊的、意识形态造反，只不过是不负责任的精英主义，是对苦难大众的侮辱。

"请坐下来，一起辩论"，这个口号无疑已经成了一个笑话。你能不能就杀人机器的相对效力和它们的价格之外的其他任何一个方面与五角大楼进行辩论呢？国务卿可以与财政部长进行辩论，而后者可以与另一位部长及其顾问进行辩论，同时他们也都可以与大公司的董事会成员进行辩论。但这却是一种狭隘排外的辩论：他们早已就加强现有的权力结构这个基本问题达成了一致。"外在于"权力结构而与之进行辩论，这是一个幼稚的想法。他们只会倾听那些在一定程度上能够转化为选票的声音，而选票可能会把有着同样的终极关怀的同样的权力结构带进政府机构。

这个观点无可辩驳。贝尔托·布莱希特（Bertolt Brecht）曾特别提到，我们生活在一个讨论一棵树似乎都是犯罪的时代。自那以后，情况越来越糟。现今，仅仅讨论一下变革似乎也是犯罪，然而，社会却变成了一个从消灭印第安人到越南种族大屠杀自始至终都充斥着暴力的机构。这种残忍的绝对权力不是不受反对它的口头和书面文字的影响吗？以反对这一权力的实施者为旨归的文字同样不也是被他们拿来为他们的权力辩护吗？但是，在另一个层面上讲，即使是不明智的反对他们的行动看起来似乎也合情合理。因为行动能够打碎封闭的压抑世界，尽管只是暂时的，但只有在这种形势下，冲突才会激化。因为仍然确定无疑的是，资本主义生产了自己的掘墓人，也就是说，向新的剥削领域的每一步都扩大了内部矛盾的范围，增加了异议与反抗的力量。这种发展趋势在革命**到来之前**必然会促进反革命运动（"预防性的反革命运动"）。

然而，在同一个社会世界，有讨论的时候，就有行动的时候，在这里，大众运动（如果它确实发生了）从激进的意义上讲与政治无关，特定行动必须进行**自我**限制，它们必须有条不紊地把自身限制在教育功能上。

[159]

换言之，它们必须揭露、宣传、传播对特定的不公与犯罪的抗议，因为特定的不公与犯罪反映了整体的不公与犯罪。

今天，与以培养对当局来说有效的行为表现为目的的专业培训形成对抗的教育——即反向教育——是政治激进化不可或缺的武器。现在，我们已经清楚地认识到，资本主义"最后的危机"从发展的各个层面来讲是一个全球性的过程，它有可能需要一个世纪。该过程有可能使极其"非正统的"解体模式起到积极的作用，以应对现如今起着重要作用的本能控制。本能控制有其自身特有的矛盾。一方面，通过极大地削减有效的理性话语和行动同时又允许制度逐步增强它有利可图的破坏性，本能层面的社会控制的强化使现存社会得到了巩固。另一方面，这个制度释放出来的本能力量很可能使道德品行这一社会凝聚的重要因素逐渐解体。这样的解体有可能使经济和行政程序的正常运作受到严重破坏，比如，野猫式罢工得到推广，团体和个人为了抗议现行的条件（不仅仅是物质条件）拒绝工作。从传统工会的政策来看，反抗一开始可能是"非政治的"，也可能是暴动，但随着在人口中间传播，它有可能就会产生政治影响。有这样一个历史事件，它可以说明这种可能性：

[160]

> 1953 年夏，在法国历史上和国际工人运动史上，出现了一个独特的现象，那就是，数百万工人自发举行罢工，没几天，他们就使整个国家陷入了瘫痪。

> 这不是政治罢工，更不可能是暴动，确切地说，这是一次因悲伤而起的罢工——希望这个说法不会太令人感到震惊。人们歇工是因为一切都不值得。人们有一种被裹入大众的感觉：任何人都看不

到解决的办法。他们早就受够了。受够了什么？受够了一切，受够了一无所有。突然，他们毫无逻辑理由地爆发了。以前从未在夏天，在带薪休假期间发生过大罢工，以前的罢工也从未有过这样的特征，即全体人民出于道义在大街上坐了下来，双臂交叉，等待……整个民族都支持罢工者的行动，整个民族都认为，从他们不满的那一刻起，他们就是对的。（8月中旬，400万人加入了罢工的队伍）

到处都是效仿大家的做法而独自"走出来"的工人、服务员、理发师。"我已经对工作感到腻烦了。"天气很好，人们开始了自己的无薪假日。

这场罢工的空前性每一天都在加强……孟戴斯－弗朗斯(Mendès-France) 对他那个市镇上的罢工者提出了质疑：

——你到底想要什么？

——不能再这样继续下去了。

——你想加薪吗？

——是的，当你进行罢工时，你总会想到加薪。

——但如果你加薪了，同时物价也上涨了，那么你可能得不到任何好处。

——确实。

——那么然后呢？

——我们不能再这样继续下去了！[1]

---

[1]　Georgette Elgey, *Histoire de la IVième République: La République des Contradictions*. 1951–1954. (Paris, Fayard, 1968), pp. 149, 155, 156, 159.

[161]　　　　任何进一步的推测都毫无意义。我们从历史中得悉，在道德（甚至是经济）解体的阶段，社会仍旧可以在很长一段时间内继续自我再生产。一个通过技术控制和庞大的军事机构来运作的社会可以沉溺于长期的野蛮。即使是被极度地释放了出来的原始的破坏力量，如果被有效地导向了为现存的政权服务，也可能是"保守的"，也可能维持政权。法西斯主义就是一个很好的例子，有足够的迹象表明资本主义进入了新法西斯主义阶段。在当今工业社会中发挥作用的本能力量，即经济基础更深层次的结构，本身并没有能力对抗新法西斯主义的发展。尽管文化革命激活和改变了本能结构（如在嬉皮士和易比士运动中），但它也表现出了自身的矛盾性，激进与"保守"力量相互交织了起来，无论是通过市场吸收，还是通过使反抗者很容易成为法律与秩序追捕力量的猎物的盲目的"行动主义"，前者都不可能避免后者的入侵。

[162]　　　　类似的矛盾也困扰着"公社"。一方面，这些人与社会相隔绝（他们之所以发挥激进功能的先决条件）带来的是不成熟的"个性化"，因为他们把精力全放在了"私人问题"上，但却没有考虑中介，直接从政治上对它做出了解释。然而，这很容易削弱个人的责任，因为他们认为，"有问题的是整体"。另一方面，这些人生活在一个外在于社会的有限的空间里，一个通常都是偶然形成的团体中，而这很可能削弱（如果谈不上破坏的话）那个超越了一切资产阶级的现实化并仍然是个体自由不可或缺的土壤的"私人"维度。不过，这些公社不仅仅是一个逃离这个社会压抑的、伪善的生活秩序的避难所（虽然是最不稳定的），也是一个（最不稳定的）未来岛，即人与人之间关系的试验场。整个公社就像其他社会领域一样也变成了某些病态的、疯狂的人的避难所这个事实并没有废止它的政治潜能——反抗者甚至已经在一定程度上成功地使新感性（私人的、个体

的解放）听命于心灵严厉残酷的纪律（概念的努力，*die Anstrengung des Begriffs*）。后者完全可以通过运动的能量转化为相关的社会表现，使运动免受娱乐业和疯人院的侵害。整个社会疯狂的力量越是能够证明自发的抵抗的合理性（不管它有多强的自我毁灭性），绝望与抗争就越应该听命于理智的、实际的**组织**。如果革命缺乏理性，那么它毫无价值。易比士解放的笑声，他们在严肃地对待那些以血腥闻名于世的"正义""法律和秩序"上表现出来的无能，或许有助于阻止运动僵化为另一种官僚权威主义，或许有助于撕破保护法律与秩序的提供者的意识形态面纱，但却丝毫没有触及面纱下的结构。结构只能被支撑它、构成它的人力基础、再生产它的利润与权力的那些人推翻，而在那些人中间，中产阶级和知识分子阶层占的比重越来越大。目前，在庞大的、真正的底层人口中，只有一小部分人意识到了这个问题，并参与到了运动中。帮助扩大这一运动和意识是仍旧孤立的先锋派团体永恒不变的任务。与此同时，他们必须保护自己的意识，同时他们必须独立行动。

七 　[163]

　　《资产阶级民主制的历史命运》（未注明日期，大约完稿于1972—1973年）是在法兰克福马尔库塞档案馆中发现的另一份重要的文本（#522.00），它从未公开发表。它是在尼克松于1972年决定性地打败了自由派的反战候选人乔治·麦戈文，同时尼克松加强了美国对越南的干预的压力下完成的。它表明马尔库塞对美国民主制做了最为持续有效的批判，同时也表明他越来越坚信新法西斯主义势力当时渐渐地获得了压倒性的优势。它预示着马尔库塞在《反革命和造反》（1972）中对"预防性的反革命"的分析，它是马尔库塞与当代政治现实最激烈的一次接触，同时也表明他对美国民主制做了最为持续有效的讨伐。它之所以没有发表，有可能是因为水门事件和尼克松最终下台使马尔库塞对当前形势下尼克松总统和反动势力的力量的分析产生了质疑，也有可能是因为他当时转向了美学，正忙于完成他的最后一部作品《审美之维》（1979）。

资产阶级民主制的历史命运

　　1972年的选举再一次而且比以往任何时候都更加清楚地表明了资产阶级民主制的历史命运：它从动态的变成了静态的，从自由—进步的变成了反动—保守的。这种民主制已经成了变革的最大阻碍——它最多只能使社会变得更坏。经历了从"自由放任"到"垄断"再到"国家资本主义"，当前的资产阶级民主制的形式进入了一个新的阶段，此时，它只有两种可能的不同选择：要么是全球范围内的新法西斯主义，要么是过渡到社会主义。前者更有可能，它不会废除反而会强化现有的社会制度，并给它足够长的喘息的机会，但这却会导致不可挽回的毁灭。

我们必须把资产阶级民主制的退化及其自动转入戒备与战争状态放在美国的全球政策的框架下讨论。简单讲，1972 年，在国际共产主义阴谋论（冷战）影响下形成的政策结束了。尼克松对北京与莫斯科的访问标志着转折的开始(这与两个共产主义超级大国在政策上新的变化是巧合吗？1972 年 6 月，在《美国新闻与世界报道》中，尼克松提到了这一点)。这次访问之后，随之而来的是大规模的经济调整，苏联因此为美国的金融与企业打开了大门（中国对美国的开放程度还比较低）。同样，苏联在口头上对越南所遭遇的种族灭绝式的狂轰乱炸所进行的微弱的抗议表明政治改革也开始了。

与此同时，美国这一权力机器却搞起了侵略性的军事与政治建设，"自由世界"中的法西斯主义组织（菲律宾、波多黎各）也有了发展。在世界范围内大规模地动员力量到底是为了对付谁？资本主义与共产主义超级大国之间的全球性战争（对双方都是毁灭性的）不会发生，因为双方都忙着维持各自政权的稳定，再就是，双方的杀伤力都太过强大了。如果考虑到战争使国家其他经济领域的损失，那么，资本主义国家想从国防工业的持续增长中获得利润以及共产主义国家的竞争性的反应似乎就都不合理了。

就当前之所以使用这一战争机器的可能回答是：美国的"国家安全"受到了全球范围内的民族解放运动的威胁。不过，该回答需要进行严格的

[166]

限制：

1. 前殖民地国家的民族独立**本身**并不是帝国主义的障碍，并且新殖民主义仍然是殖民主义；民族独立与依赖外国资本并不矛盾（例如，大多数的拉美国家、阿拉伯国家、缅甸、泰国等）——这可能比"直接的殖民主义"更有利。

2. 民族独立运动无法长久地抵挡美国整个的军事力量（包括"用于局部战争的"核武器）。**越南也不例外**！尼克松曾宣布"我们可以用一个下午就毁灭北越"，也许他说的没错。与此同时，共产主义的政策趋向也表明，越南的这样一种命运**不**可能激起美国与旗鼓相当的共产主义国家的军事冲突。

不过，民族解放运动确实会对全球资本主义体系造成威胁，但这却有两个（相互关联的）条件：

1. 假设"多米诺理论"在一定程度上是正确的。也就是说，如果某一具有战略意义的国家胜利了，革命将会在颠覆其他卫星国家的政权的过程中产生雪球效应——速度太快，根本无法应对！这对发达资本主义的"生存空间"来说是一种威胁：不仅影响到了对性命攸关的原材料、廉价劳动力等的控制，还影响到了空间、人口和时间。从严格意义上来讲，垄断资本主义国家的经济是一种**政治**经济。阻止共产主义发展潜力——不仅包括苏联或中国政权，还包括西欧和第三世界**当地**人民的革命，而后者有可能使民族自决成为现实，并改变其卫星国的地位——这一长期需求"遮盖了"迫切的经济需求。

2. 这个世界历史的前景就像幽灵一样困扰着资本主义宗主国，在那里，现有制度的疯狂行为开始影响到了资本主义持续不断的、扩张性的运行所需的"正常"行为——不仅包括工作时的行为，还包括空闲时的行为。

该制度做出了有效的反应。资产阶级民主制正在不断扩大自己的民 [167]
众基础，以便支持清算自由时期的残留物，使政府摆脱民众的控制，允许
追逐帝国主义政策。民主制的陈词滥调：民有、民治（自治）的政府，现
如今却以人民大范围地**认同**他们的统治者的形式存在——这是对人民主权
的绝妙讽刺。卢梭被颠倒了过来；公意与政府而不是政府的行政部门一体
化了。异议与反对在可控的范围内是自由的。

这种认同是最高阶段的垄断资本主义国家（美国）的一项成就，它
在很深的维度上运作，而这也使制度的力量在个体身上得到了维持：资产
阶级民主制已经找到了与其倒退性的、破坏性的发展有关的本能基础。我
们会在接下来的部分中简要地讨论这一动态发展。

发达资本主义的特点是它的工人阶级无论在量上还是**质上**都有了
提升。① 它的一般特征仍然是依赖资本，资本家占有剩余劳动时间，工人
阶级不控制生产资料。随着经济力量的垄断集中，以及对剩余价值的剥削
延伸到了脑力劳动和"非生产性的"劳动（从亚当·斯密的角度看），大
部分的中产阶级也变成了工人阶级——不过并没有彻底"无产阶级化"。
只有在这一新的历史形势下，工人阶级才是人口的大多数；也只有在这一
新的形势下，资本主义社会才会彻底完成资本与劳动、统治者与被统治者
的两极分化。与此同时，巨大的依赖性人口，即被统治阶级，为资产阶级
民主制提供了人口基础——在其压抑的结构中再生产了民主制。

波拿巴主义？也许是，但却不存在波拿巴，也不存在真的或假的魅
力型的独裁者。在任何情况下，理论分析都要正视结构变化，因为正是该
变化阻止了它关于先前发展阶段的概念的固化。资产阶级民主制保留了资

---

① 参见 *Counterrevolution and Revolt*, Chapter 1。

本主义的阶级结构，与此同时，被统治阶级，底层的大多数人口，变成了政治的主客体，变成了民主制的主客体——**人民**在资本主义的意义上和范围内是自由的，也正是在这种自由中再生产了它的受奴役状态。

这一辩证法在左派的政治术语中得到了明确的反映。除某些宗教组织之外，理论与实践的重点从（传统的）工人阶级转向了"人民"："权力归于人民。"但是，**谁**是人民? 在官方，特别是法律术语中，人民指的是全部的美国公民（包括统治阶级），他们被专门的机构和组织代表了（在这个意义上，"人民与未知因素相对立"）。毫无疑问，这不是"权力归于人民"的本义。从较狭隘的意义上讲，在这个口号中，"人民"与"工人阶级"在外延上并不一致，人民包括家庭主妇、少数民族、雇员、失业者，概言之，它实际上包括整个底层人口。

[168]

因此，这一概念包括如下所有成员：穷人、国君的臣民（君主政体或共和政体）、被赋予了制度化的权利与自由因而能够参政或从政的公民。实际上，这一概念似乎没有对立面，因为即使是统治阶级与政府成员也都是纳税人和选民——受法律约束。正是这一无定形的概念反映了现实：现如今，正是这些无定形的大众构成了美国民主制的群众基础——这是美国民主制走向保守、反动甚至是新法西斯主义的先兆。

最重要的是，正如在1972年的选举——只不过是一个长期趋势的高潮——中所看到的那样，这些事实可以揭示美国民主制的群众基础与力量来源。在实行普选的自由选举中，人民选了（不止一次!）一个代表大公司（大劳工组织!）的好战的政府，一个这些年来投入到了战争中因而犯下了一系列的前所未有的反人类罪的政府，一个无法（或不愿意）抑制通货膨胀并消除失业的政府，一个削减福利和教育开支的政府，一个充斥着腐败但却得到了国会——已经成了（在做了些无关痛痒的批评后）只会说

"是"的机器——的支持的政府。然而，有相当一部分的劳动者把票投给了这个政府——人民抛弃了一个特别激进的、反资本主义的候选人，[①] 他虽然是统治集团的一员，但却很有可能去结束罪恶的战争并减轻某些显著的不平等与不公正。换句话说，人民甘愿（没人强迫他们）"购买"通货膨胀与失业、罪恶的战争与腐败、严重不足的卫生服务、为了日常生活而激烈的竞争——到底是为什么呢？

答案显而易见：国民生产总值正在不断攀升，好东西仍然源源不断涌现；人们的生活比以前好了很多，他们可以旅游，可以玩得很开心。毕竟，如果供选择的方案是社会主义，并且如果社会主义就是苏联及其卫星国家的社会形态（除某些知识分子不切实际的想法，那里到底还有什么呢？），那么资本主义是非常可取的。此外，人民受到了操控，被洗脑了；作为他们唯一信息来源的媒体反映和表达的都是政府的利益与政策，更准确地说是资本主义当权者的利益与政策，当然媒体也有批评，但很有限。教育，即使有的话，也正在变得越来越功能化，已经变得以求职或胜任某项工作为导向，即为当权者提供有偿服务。　[169]

这个答案有一定道理，但并不能说明全部问题。更高标准的生活以难以忍受的痛苦、挫败和怨恨为代价；因浪费、生产线上非人的工作以及在持续不断的屠杀中丧生所带来的精神错乱已经太过明显，以至于根本无法掩饰。另外，我们需要对人民屈从于政府邪恶的集权做出清晰的解释，因为它是以民主的方式发生的，并且还带来了对大部分人来说制度化的公民权和自由。

因此，我们不应错误地认为人民不该受责备，也不该认为他们虽然

---

① 马尔库塞指的是 1972 年民主党候选人乔治·麦戈文。

有心但却无力改变现状。毫无疑问，在向内投射之前，人民在它公然的残暴及其退化面前一直以来都有效地决定着自己的心理与行为。

人民**能够**有所作为！

例如，他们可以通过投票反对好战的政府；也可以通过集体抗议来表达自己至高无上的意志。他们可以自由地获取不顺从的、不受操控的、未经审核的信息（早已完全不再是秘密的所谓的地下刊物，甚至比较好的报纸或电视上的报道，以及听众支持的媒体等），但他们似乎并不想，并不真的渴望、**需要**读或看或听任何与公认的真相或谎言相抵触的信息。

因此，人民是自由地把票投给了他们的统治者，这并不是为了保住或获得一份工作，而是因为他们**认同**他们的统治者。因此，他们成了彻头彻尾的保守的大多数，他们在选举过程中并通过选举使自身延续了下来，使统治阶级及其政权延续了下来，并且挫败了反对派。

现如今资产阶级民主制出现了这样一个怪圈：既然不存在能够产生革命实践的革命形势，激进左派就必须通过联合国会反对党来加强它国会体制**外**的策略。然而，一个不同的政府只能通过大多数人被选出来，但大多数人却很**保守**。换言之，即便是在最好的情况下，选出来的也只能是统治集团的代表（虽然他们表现得更为自由些）——也就是说，不那么恶的人（不过，他们有可能会进一步巩固统治集团）。

[170]　　尼克松戏剧性的连任是一个时代噩梦般的缩影，在这个时代，资产阶级民主制自我转化成了新法西斯主义，即迄今为止最高阶段的国家垄断资本主义。人民对制度的认同在工人阶级（蓝领）中表现得最为明显。大量劳动者把选票投给尼克松，种族歧视，罢工期间仍不断地装运战争物资，憎恨"激进分子"，甚至野蛮地殴打示威者，抵制各国的船只（因为它们的工会拒绝将美国的炸弹运往越南），如果左派轻视这些行动，仅仅

把它们视为不具代表性的"反常"，不把它们归咎于工会官僚机构的力量，那么对于左派来说，这将是灾难性的。确切地说，这些行动都是劳动者对以新的方式超越了持续的阶级冲突而将人们与现有的制度联系起来的社会力量的献礼。

之所以是以新的方式，是因为生产与破坏、自由与压抑、权力与妥协（即贯穿当今整个资本主义的对立统一）之间的相互作用在前所未有的技术手段的帮助下在底层人口中建立了一种与制度的要求相对应并反映了制度的心理结构。顺从的大多数之所以认同这种制度化的暴力与侵略性的个体深层次的本能根源就是这种心理结构。在一切理性的辩护背后，是本能的亲和力，不，是力比多的亲和力把臣民与统治者联系了起来。

这里所涉及的心理结构也即是**"受虐狂的性格"**。受弗洛伊德启发，弗洛姆发展了这一社会心理学概念。①

在辩证唯物主义的观念下，我们这里讲的是经济基础与上层建筑之间的一种"中介"，社会结构在个体身上实现再生产的一种模式。法西斯主义与受虐性格之间存在着亲合力。②

毫无疑问，本能的认同往往主要是对人的认同，而不是对机构、政策、社会制度的认同。通过强调政治领导人性感的"形象""性吸引力"，美国的制度已经以一种极为有效的方式掌控了政治维度背后深层次的令人满意的服从维度。由于形象得到了本能的肯定，人们在他们的领导人身上发现了自己，现实问题被淡忘了。如此一来，领导人在越南的所作所为，

---

① 参见 *Studien über Autorität und Familie*, ed. Max Horkheimer, Paris, Alean, 1936, pp. 77–136。另参见 Fromm, *Escape From Freedom*, New York, Rinehart and Co., 1941。

② 参见 T. W. Adorno, Else-Frenkel-Brunswik, and others: *The Authoritarian Personality*, New York, Harper and Brothers, 1950。另参见威廉・赖希关于法西斯主义的大众心理学的作品。

[171]   他们执政时所犯下的史无前例的暴行，也就无所谓了；领导人是否撒谎或讲真话，他们做出承诺却不遵守，也就无关紧要了；甚至政府最高层的腐败与欺骗也不会造成太多的麻烦，也就不足为怪了……所有这一切都只是每天都在发生的事情以及与社会密切相关的事情的放大。如果政治人物做了坏事而未受到惩罚，那只能证明他们有竞争力。政府的罪行只有从"外在的"**道德**的角度出发才能被判定真正有罪——因为从其他角度出发的话，它们就是国家安全、自由企业、自我保护的需要。

值得注意的是，由于制度引起了越来越多的不愉快，它的成就带来了残暴，它用公开的谎言与欺骗取代了伪善，"形象"的特征似乎也跟着发生了变化。于是，作为国家这个巨型企业的首领，总统如今可以极其丑陋，可以缺乏魅力和性吸引力，但他得有能力和商业道德。

毫无疑问，资本主义一直都很残酷、丑陋，一直都在犯罪，但强大而又活跃的在野党的存在就公开宣传资本主义真正的方法与目标起到了一定的（意识形态上的）约束。但现如今，这种意识形态上的约束（它本身仍是一种道德）也被抛弃了。

一旦文明对破坏力的限制被抛弃了，一旦政府从善与恶中解脱了出来，一旦自由的人民之所以服从与"谅解"，本能冲动就会起作用，就有可能产生爆炸力。正是它们带来了大量的施虐受虐症状。主宰美国对越南的大屠杀的，主宰西贡的独裁统治的，主宰宗主国普遍存在的犯罪的，主宰警局、监狱、精神病院的，主宰无比奢侈的建筑物的疯狂建设的，主宰体育运动的，几乎完全是施虐狂。受虐成分更多的施虐受虐症在摇滚音乐会上猖獗泛滥，在那里，大批的观众快乐而又兴奋地忍受着噪音无端的暴力（"逃避自由"，逃避政治！）。施虐受虐症得到了人民——"自由的人民"——的宽容：统治着他们的恶棍与疯子得到了他们的宽容。

　　这种施虐受虐症根据其生产能力与力量有可能被完全合理化。正如我们前面在认同机制中所看到的那样，这种表面的合理产生于充满活力的本能，并得到了它的强化。这一汇合把心理范畴变成了政治范畴。施虐受虐症往往来自个体而不是社会，但个体的症状一旦通过社会中的大部分成员的行为表现了出来，它就成了一种社会症状。这个社会被交给了最残忍的**死亡本能**。像"城市之死""垂死的河流与湖泊""消失的森林"这样的措辞必须完全**照字面意思**来理解。

[172]

　　因为按照弗洛伊德的说法，死亡本能会绕很长一段"弯路"：在毁灭自己之前先毁灭他人。在毒品文化中，漫长的弯路被缩短了：吸食毒品曾经是政治反抗的一个组成要素，但从政治实践中分离出来之后，现在却变成了慢性自杀。美国文化有时仍被说成是一种"否认死亡的文化"——但事实并非如此。或者倒不如说，神经质式的否认死亡隐藏着对死亡的深刻"理解"：在媒体对暴行、越南的杀人率的日常报道中，在对"最终解决方案"（让我们干掉他们！）这一**最终手段**的宣传中，死亡得到了名副其实的颂扬。

　　人们并没有因为是自己的至亲（丈夫和儿子）而不再选择令人可怕的死亡。肯特州一位母亲有三个孩子在上学，但她却公然表示（其言论被公开发表），如果她的孩子不服从安全警卫人员，[①] 他们就应该被"射杀"，她有可能是一个极端的施虐受虐狂。还有一位女士，她作为美国东南亚战俘与战地失踪者家庭联盟的前任主席，居然同意再次对越南进行密集轰炸，即使这明显会延迟战俘回国并增加战俘的数量，而她或许是另一个极端的施虐受虐狂。这位女士宁愿如此也不愿意屈服于她所谓的签署有助于

---

① 　参见 *Counterrevolution and Revolt*, p. 26f.。

遣返战俘的和平协议的压力。① 她不认为她的陈述代表了大多数相关家庭的感受。通过这些极端的案例，我们可以看到这样一种常态，即媒体把它们公布并报道了出来——没有引起任何愤慨，也没有引起强烈的厌恶与憎恨，更没有带来压制这种暴力的暴力，因为选择了死亡就是选择了永久的杀戮，选择了反对和平与希望。这是一种**政治**选择。

　　在通往法西斯主义的道路上，发达资本主义国家很大程度上主要靠的是攻击性。因此，要扭转这种趋势需要彻底改变攻击性的方向。与施虐受虐的社会土壤的斗争同样要在本能层面上进行；但这里并不是压制攻击性行为，而是反向激活它。通过宣扬爱与非暴力来压制攻击行为，这给那些仇恨与暴力的实践者提供了方便。攻击性行为的不同表现之间在本能上和"政治上"存在着差异：对罪恶、压迫、破坏的仇恨能够加强生命本能，削弱死亡本能与施虐受虐的结构。那些失常的人，即那些支持解放的人总[173]　是过早地死去，因为压迫制度有其生理根源，这种说法有一定的道理。萨德侯爵深知，在这种制度下，残酷、不公正、恶习总是获得回报，而优点、德性、公正却总是受到惩罚。他想要表达的是这一点，而不是他对性欲的管理组织。在这种情况下，仇恨也许是唯一一种真正的爱的方式。

　　阿多诺写道：

> 可以这么说，我们的社会已经发展到了极限，在这里，爱的真谛只能通过对现存者的仇恨来表达，而任何关于爱的直接证据仅仅有助于确认相同的滋生仇恨的条件。②

---

① 参见 *Los Angeles Times*, December 20, 1972。

② "Social Science and Sociological Tendencies In Psychoanalysis," 1946, quoted in Martin Jay, *The Dialectical Imagination* (Boston, Little Brown, 1973), p. 161.

　　这种解放性的仇恨是意识获得了解放标志，并对本能结构产生了影响。一旦人们了解到了这些事实，一旦它们为什么和如何变成了事实以及它们对人们产生了哪些影响变得明显了起来，理性就有机会"本能化"，而理性与无意识就有机会结合起来。本能的需要，对自由的渴望，作为一种**否定**就会变得具体起来：渴望**从……中**解放出来，渴望改变世界。世界不可能被爱改变（人类在两千年的时间里都没有学会这一点），但却可以被已经转变为仇恨——在斗争取得胜利后，它又会重新变成爱——的爱改变。然而，这样的斗争从未取得过胜利：除了暴力，意识形态的力量也是失败的其中一个原因。自耶稣被钉在了十字架上以来（尼采早已认识到了这一象征的恐怖），崇拜死亡、**认同死亡**就一直统治着文明：死亡成了奖赏，成了生命的入口，成了幸福与救赎的先决条件。**爱情如死之坚强**（*L'Amour fort comme la mort*）：这句话是一个弥天大谎，这有助于用耐心、服从、忍耐来规训人。这种意识形态在教堂与学校被制度化了，藉由教育从一代传给了下一代；它全面影响到了资产阶级民主制，并且一再地帮助资产阶级阻止和"遏制"革命。

　　通过唯物主义、无神论的教育无法颠覆这种意识形态；这需要更为强大的力量。其中最关键的就是**征服恐惧**，主要是对痛苦、磨难、失败的恐惧。科学通过让成年人控制死亡，使它更容易受控制，不再痛苦，科学在此能够得到应有的承认。其他方面则可以通过全面、充分的健康保险得到照料。

　　这都是当前摆在激进左派面前的极其重要的问题：它们正在某些至今尚未被阐明同时也尚未被纳入理论与实践的领域持续生效。因此，我们又回到了左派的策略这个手头上更尖锐的问题上来。　　[174]

　　对资本主义一体化的分析将重点从**阶级**转向了**"人民"**，即整个依赖性人口。实际上，这种转向已经不再是也绝不可能是随着资本主义的发展而对阶级概念的重新界定，因此，重新界定可能是一个漫长的过程。如此看来，解体是一个内部问题，从系统内部（"内部"包括第三世界）开始，这个命题是成立的。所以，过渡的过程就有可能涉及资产阶级民主制的激进变革，它**先于**社会主义的革命建设，并且就发生**在**国家垄断资本主义的框架**内**。

这种变革可以减少保守顺从的大多数，但绝不会得到一个向社会主义过渡的"国会"。这种可能性(假如发达资本主义国家曾经有这种可能性)早已被统治阶级控制的全部的武装与技术力量完全地排除了。民主变革仅有可能使民众对现存制度的支持降到其激进的反对派能够动员起自身的群众基础的程度，即达到内战爆发的临界点。

接下来的部分将讨论美国资本主义有没有产生适合这样一种发展的条件。

我们必须从零开始。权力结构已经成功地使人们抛弃了反抗运动，回到了最微弱、最不可靠的抗议形式上：组织游行、建立游行纠察队、给编辑和国会议员写信、给总统发电报！简直太丢脸、太荒谬、太令人沮丧了——但还是有价值的：人数越多，次数越频繁，这种抗议就越不容易被忽视。除此之外，应该激化这些问题，而不是把它们变成程序上、法律上的争论。例如，如果示威者因为反对海军的校园招募人员受到了惩罚，那么抗议活动就不应反对他们利用或违反了规章制度（学术自由、学术行为），而是应该反对起初允许海军招募人员进驻学校的政府更应受到惩罚的违法行为。

大多情况下，一定要把**战争**当成首要目标，因为它是通货膨胀、教育和福利恶化、犯罪文化的原因。撕裂了整个邪恶的、欺骗性的程序和技术网络之后，抗议组织应该清楚的是，美军进驻中南半岛从一开始就是一种侵略行为，并且美国从那时起就卷入了一系列不间断的战争罪行之中。反战运动最大的错误是，通过为释放战俘而努力，它参与到了政府的游戏中。它的论点是，如果敌人在认识到美国的反战情绪之后愿意做出让步，那么这将反过来促使美国政府做出让步，然而，这个论点完全错看了这个战争国家的力量及其政府的残暴。

[175]

左派必须认识到，如今美国的统治阶级的权力与群众基础是以往任何时候都无法比拟的，它也从未像今天这样做好了以任何可获得的手段来使用这种权力的准备。这种权力通过人民的施虐受虐狂般的顺从态度得到了维系。解放有赖于一场普遍存在的本能结构在其中能够经历一次决定性的转变的革命斗争。占支配地位的攻击性不能被压制，应该改变方向，以对抗真正的敌人，即资本主义社会中看得见、摸得着的团体组织，它在政府、工业、军队、大学、教会等中的走狗和主人。行动决不能专注于小事，决不能有当权派特有的残酷行为和玩世不恭的态度。这样的行动很容易就会触及法律的底线，然而一旦超越了底线，就会适得其反，因此，为了消除各"共同体"的敌意与冷漠，就应该做好对它们进行彻底的政治启蒙的准备。

最高级的资产阶级民主制形式（在美国）的新的历史特征是：（1）它有着强大的群众基础，（2）它有着激进反动的特点。群众基础因为在个体身上再生产了资本制度的本能结构而得到了加强。该基础包括工人阶级中的绝大部分。如今毫无疑问，工人阶级被**"资产阶级化"**已不再是什么最新出现的状况。新出现的状况是，可以扭转这一过程的条件已经越来越少，劳工党与劳工报纸已不复存在，社会主义遭到了拒绝，甚至已不再被当成是目的。现如今，资产阶级民主制的政治特征是，这种民主制早已无须与封建或后封建的势力相对抗，它已经完全征服了军队、行政部门、教育机构。因此，国会的功能已经严重缩水。由于政府行政部门的集权，垄断经济已经越来越不可抗拒。资产阶级实现了完全的自治，在受统治的人群中，工人阶级仍然有其与资产阶级不同的阶级立场，但它仍然是这个社会**中**的一个阶级，它并没有超越该社会，也不是该社会的"有规定的否定"。因为阶级斗争并不影响野蛮的帝国主义政策：国际工人阶级的团结程度处在了历史的最低点（确切地说，跌到了零点），而激进的反战运动的主力仍然是"边缘"的少数群体。

[176]　　在这个阶段，资本主义把它自身的本质公开展示了出来：它从一开始就犯下了反人类罪。人剥削人，人与人之间的关系蜕变成了商品关系，侮辱性的工作性质与工作组织，支配性的制度，破坏自然，所有这些性质都已无法再通过其在生产力发展过程中的进步功能被隐藏起来或削弱。资本主义对这些力量的发展和运用，在剥削和非人化持续不断的刺激下，最终带来的是高效率的杀戮（杀戮中南半岛的弱者与穷人）：技术的、科学的、自动的杀戮使杀人凶手摆脱了负罪感。

　　现在的资本主义似乎很安全，所以它敢于摆脱阻止其生产性的破坏的制约因素，比如，法律的、道德的、政治的制约（或者说，资本主义似乎已无力维系这些制约因素了）。资本主义制度已经撕掉了自身的面纱，已不再进行自我核查。从它自身的表现来看，它证明了马克思的理论在日常生活中的正确性。恩格斯的《反杜林论》的第三部分和列宁对帝国主义的分析太过平淡，太过局限于与现实的比较了。大资本与国家的联合早已成了最直接、最公开的秘密：私人利益与公共政府之间的冲突早已不再受重视，如果有必要，甚至可以通过行政法令废除私人利益。

　　随着商业、黑手党和政治之间的区别的消失，腐败早已成了一个没有意义的词。腐败越是发生在职位高的人身上，就越是受保护——**正是**通过职位高这一事实"被合法化了"。

从现如今的美国民主制来看，政府从定义上讲（因为它是被人民选出来的，因为它是政府）是不能被颠覆的，而且它(同样从这个定义上讲)不必顾及任何口头的批评与国会的反对——这些都很容易管理。人与政府机关相分离，以及承认民众的抵抗权（这些都是新教与清教传统的核心观念）都被遗忘了。政府机关支持政府机关的公职人员，而且这种支持不受他的行为的影响。总统就是总统，他保留着自身应有的禁忌——不管他有没有下达投掷原子弹或屠杀越南人民的命令。他的臣民的施虐受虐心理增强了这种禁忌。

抵抗权：因为它由至高无上的**人民**来行使，所以抵抗往往是一个革命事件，而不是一项权利。抵抗**权**从未授予**集体**行动的全体人民；通常，它只授予被视为**代表**人民的特定的一部分人、某些群体或委员会或"阶层"，比如说，"地方行政官员"、议员。然而，从现如今的美国民主制来看，即便是这种受限制的大众抵抗形式也快消失了：由于国会的"平衡"行动把精力都放在了财政预算与口头抗议上，由于行政机构对权力的普遍掌控，资产阶级民主制已不再是法西斯主义的一个有效的障碍。

我曾经强调过，公民权在这种民主制中的功能很矛盾：必须以一切可用的手段来捍卫它们，尽管它们也服务于越来越公开地控制它们的初期的法西斯主义政府。大家可以看一下我的《压抑的宽容》：自那以后，形势变得更糟了。"客观性"概念，对于一个文明社会的运行来说至关重要，但如今却已经丧失了效力（不，是变成了它的对立面）——不是激进派、马克思主义者，而是控诉激进派、马克思主义者的政府使其丧失了效力。为了迫使媒体播放"平衡的"节目，政府制定了强硬的措施。严格的审查

[177]

制度（与其他所有制度一样，都要靠钱来运作：吊销或不续发许可证）只是打着客观性的幌子。如果只有取得了平衡才能获得客观性的话，那么只能走向反面，也就是说，**批判**、驳斥那些出自政府的观点和信息需要同等的时间和空间。

政府有可能允许批判的、客观的节目与报刊，但前提是它们仍然严格定量：譬如，在同一版面同时放上 10 封肯定的信和 10 封否定的信。平等是骗人的，因为肯定和顺从的观点通过整个大环境被放大和强化了：报纸的编排，专门分配给政府的声明和发言人的版面，惩罚的压力，社会的情绪。

此外，在这种环境下，当所允许的观点宣传暴力——在现行秩序中根深蒂固的施虐受虐狂式的暴力——最令人发指的训诫的时候，它的客观性也就促进了侵略、压迫和犯罪。敢于写信给《洛杉矶时报》并说他"唯一的遗憾就是美国没有使用核武器来对付北越"这句话的不是一个疯狂的左派分子，甚至不是人，而是阿纳海姆的弗林先生，这份报纸之所以会发表这样的无耻言论（1972 年 12 月 29 日，圣诞节后的第四天），是因为它在同一页也发布了抗议性的言论。安全地坐在世界上最受保护的白宫里的美国总统因为下达了炸毁人的生命和土地的命令而获得了"勇敢"的美誉，这样的谬论之所以能够被发表出来，是因为在同一页上，这位总统因为同样的原因受到了指责。

相比"悬置"公民权与自由、压制一切反对力量、对人民实施军国主义和极权主义的管控的**新法西斯主义**社会，资产阶级的民主制，即使是它的垄断形式，还是为过渡到社会主义、理论与实践教育和组织起来以便为这一过渡做好准备提供了机会（最后的机会?）。因此，新左派面临着捍卫这种民主制的任务——把它当成相比自杀与镇压的危害**更小的罪恶**来捍卫。新左派肩负着捍卫这种民主制的任务，同时它也肩负着攻击它的资本主义的基础的任务，也就是说，将资本主义的政治形式与它的经济结构分离开来。这种分离之所以可能是因为形式和内容之间的辩证关系：资产阶级的民主形式"滞后于"国家垄断资本主义结构，并且因此保留了与前一历史阶段（正在被迅速超越）密切相关的自由主义制度。如果冲突变得无法容忍了，发达资本主义完全有能力消灭这些制度，但与此同时，左派却还是很软弱，无法将它们转化为社会主义民主制。要克服这种软弱，不仅要利用资本主义民主制，还要与资本主义民主制中那些使人民成为保守、反动甚至新法西斯主义趋势的力量作斗争。 [178]

　　利用资产阶级民主制来削弱它的群众基础，毫无疑问，这并不是一种新的策略。但在今天，这项任务已经变得极其困难，因为：（1）作为一种革命性的力量，物质需求的影响已经大大地降低；（2）对人类的管理已经达到了前所未有的程度。因此，意识的提升必须在一个超越了狭义的工人阶级范畴的更大的基础上进行，它必须成为一项**教育**工作，以便真正实现价值与目标的转变，从而能够否定现有制度。在垄断资本主义的统治下，这样的政治教育无疑只能由未被整合的小团体或个体来完成。

　　精英？为什么是这个概念？它不是当局的宣传工具吗？当局不就是通过诉诸人民的反智主义来谴责它不喜欢的激进分子吗？"先锋"这一更具革命性的术语不是更好吗？它一直以来都是一个小团体，并且一直以来都有"知识分子"参与其中，而它的任务一直以来也都是教育。

　　诚然，社会主义革命的机会只能出现在革命斗争的实践中，但如今对美国、德国、英国（即最发达的资本主义国家）来说，最重要的是，革命斗争必须首先产生、形成并被组织起来。这需要将客观条件转化为政治意识，即社会主义意识。它不可能是以领导人自居的"精英"（为什么用"精英"取代"先锋"这一列宁主义的概念？难道这不是屈服于政府的宣传吗？）的任务，确切地说，它是**各个阶级**（**说起来令人感到可怕！**）中那些在校园中、在街道上、在商店中、在贫民区与社会对抗时已经有了解放的体验并且已经成了激进的社会主义者的个人与团体的任务。他们知道大众不是社会主义者，他们努力工作是为了提高他们的同伴（不管他们的同伴是不是工人）的意识，在理论与实践上对他们的同伴进行政治教育。

[179]   这也就回答了"谁教育教育者"的问题。一旦人们从关于这个问题的恶毒的反智主义的宣传中解脱了出来，答案就会变得很简单。答案是：**教育者自己教育自己**。理论是现成的，历史传统和经验是现成的，革命斗争的经验教训也是现成的——可以拿它们来学习和交流……

现如今，资本主义为激进的政治教育增加了新的焦点和新的"语言"。正如，在发达资本主义国家，激进的冲动很可能源于必要的物质需求（贫困）**之外**的生存维度，因此政治教育必须强调并明确地阐明这一维度。这意味着相应的"意识形态"变化增加了彻底重组体力劳动与脑力劳动的必要性：教育必须把注意力放在作为政治武器的"文化"和道德问题上。

轻视道德问题（把它"仅仅"当成意识形态问题）已经成了政治意识发展的一个主要障碍，也成了资本主义社会流行的道德的一种主要支柱。除非道德问题非常具体的政治内容被意识到了（在经历了一个多世纪的压抑之后，许多马克思主义者加入了资产阶级的队伍），否则作为一个本质上更好的社会的社会主义的形象就只不过是苍白的、抽象的、不值得为之奋斗的理念。这意味着，不是要从科学社会主义退回"乌托邦的"或"真实的"社会主义，不是要从辩证唯物主义退回唯心主义，而是相反，要通过承认道德问题的物质内容及其政治实质和潜能，重新夺回辩证唯物主义全部的力量。

道德范畴的政治内容**是**什么?

如果美国工人为了反对越南战争而举行**集体**罢工,那也是因为他们已经再也无法忍受对那些为了争取解放而战的可怜的人民的屠杀了,已经再也不能忍受对他们国家的大规模破坏了。这种团结将是一个**道德**范畴,将转化为政治行动。除了影响到资本主义经济之外,这种行动还将破坏劳动者对统治阶级及其利益的认同——工会改革派的策略根本无法破坏这种认同。简言之,社会主义道德将作为政治力量爆发出来。另一个例子是,如果条件充分,那么只要反对解放运动的战争仍在继续、贫民区仍然存在,玫瑰花车大游行(有 100 多万人参加!)这样的活动就根本不可能举行。这一成就将使道德成为一股政治力量,使政治贯注拥有目标——它象征着爱欲领域的商业意义的显现。与此同时,在丑陋的社会中,对美的大规模的展示的压制将变成对在屠宰场的气氛中举办欢庆活动的激进的道德 [180]
愤怒。

另一方面,〔我们认为〕资本主义的劳动道德是一种反动力量:1972年,在美国产业密集的几个州,相当数量的劳动者把票投给了再次参选的尼克松,原因是他反对校车制。"密歇根的蓝领工人似乎认为'他的孩子就读的学校比他发多少薪水更重要'。"[1]"文化"问题取代了物质经济问题吗?激起政治行动的到底是这些工人所关心的教育**质量**,还是种族主义的道德?结果是:他们进一步促进了最富有侵略性的资本主义形式的稳定性。道德的政治力量在垄断资本主义的条件下表现出了新的历史形式:相比早前的社会发展阶段,它的根基更加牢固,激进的潜能更大。

当资本主义从意识形态的约束中解脱了出来时,善与恶必须再次成

---

① *New York Times*, October 10, 1972.

为政治范畴。如果"人民不在意",那也只是因为他们早已知道自由世界与自由企业凌驾于善与恶、真与假之上——只要制度仍然运作……

显然,从善与恶中解脱出来极大地增强了社会的力量,它可以利用一切手段和资源来维护自我界定的利益。这些利益现在已经覆盖了整个世界,覆盖了整个内部空间和外部空间。在此,政治经济与制度在生存论意义上的非道德性结合了起来。

在这一阶段,大众之所以仍旧支持或容忍资本主义是因为他们"谅解"它的滔天罪行:宗主国的物质财富建立在顺从的大多数毫无人性的沉默的基础上。无疑,更高的生活水平是一个值得追求的目标。在发达国家,必须从人类解放的角度、以非常物质化的术语来从本质上对它进行重新定义。能否在没有剥削和野蛮的情况下获得美好的生活呢?无论是在理论上还是在实践上,答案都是肯定的。不过,这样一种发展却要以革命为先决条件,然而,目前革命不仅被政府和统治阶级压制了,也被顺从它们的人民压制了。

为了将政治教育的对象从工人"延伸"至"人民",美国新左派一直把"**社群**"作为政治教育的土壤。"社群"是一个意识形态概念:它表明那些跨越了阶级区分的利益从根本上讲是一致的。然而,之所以有这种意识形态上的"脱离正道"是有原因的。例如,像"邻里"这样的社群就为人们在日常环境中、在具体生活中与人接触提供了机会——无论是在下班后,还是在上班的时候(妇女!)。此外,把注意力放在社群上有助于抵制当权派官僚集权的政治组织,也有助于抵制反对党的官僚集权。社群控制是一种(试验性的)自主决断形式,一种"自下而上"的控制模式;就其本身而论,它有可能先于工厂、商店和贫民区中的工人控制,也有可能与工人控制相伴而生,而这意味着政治潜能有了直接的加强。

[181]

"邻里控制"（正如左倾自由主义的和平与自由党或人民党所宣传的那样）不是要取代"工人控制"，也不是一个社会主义口号，毋宁说，它与绝大多数人（包括劳动者）都是顽固的保守派这样一种形势密切相关。因此，问题出现了：邻里控制由谁来实施，目的是什么呢？除了白人与非白人贫民区之外，邻里反映的是保守自由主义的结构；这些社群的政治工作必须从这种结构开始。

这意味着政治工作将从讨论和集体决定社群面临的具体问题——比如，学校、儿童看护、租金、公共设施、生态环境——开始。毫无疑问，它们都是些"改革"的问题，与政治无关，但随着工作的推进，它们的政治性都将在整体中呈现出来，同时，它们将有助于人们获取非主流的信息，有助于发展地方组织的核心。下层中产阶级社群的邻里组织还将在居住地与职业（商店、办公室、工厂）之间建立一种人际关系。

社群控制的目的是什么？对于本质上仍然保守、顺从的社群来说，自我控制也许除了在效率方面取得了进步，并没有在其他任何方面取得进步。正如工厂里的工人控制，除非工厂由激进的男女工人来控制，否则它并不意味着向激进的社会与政治变革迈进，而对其他社群来说，情况同样如此。这里也一样，在通往社会主义的、反资本主义的控制的漫长道路上，政治教育必须走在最前面。无疑，控制的目标是"合理化"，即对工作与空闲时间进行组织，以便减少对人力和自然资源的浪费和破坏，但只有通过革命性的感性、想象力和理性，这个目标才有可能得到保护——否则，它将仍然是不自由的合理化，仍然是资本主义发展的更高阶段。自主控制的合理化与进步不会"自动"呈现出社会主义的特征，即自由控制的特征。要超越资本主义的框架，并走向对生活的彻底重构，换句话说，要夺取有着**质的**不同的工作与休闲，它们必须在一种有着质的不同的人类基 [182]

础（即一种新的人类潜能的表现形式）上进行。

　　过渡过程中量的因素与质的因素之间的同构关系在社群中表现了出来，而社群在一体化社会激进化的过程中起着决定性的作用，比如，**学生**社群。反主流文化、新道德大部分都源于这些群体——它们有着质的不同。不过，它们从一开始就缺乏令人满意的政治组织。后者因为狂热的自发性和反权威主义挡住了前进的脚步。虽然它们为建立大规模的组织付出了极大的努力，但它们的顶点（1968 年的芝加哥大会）也是衰退的开始……

　　在这种环境下，**妇女解放运动**极为重要——确切来讲，它在一定程度上变成了一场政治运动。对男性主宰的父权社会的价值与目标的否定也是对资本主义社会的价值与目标的否定——而这就发生在个体的生理与本能层面。因为把某些实际上由社会决定的品质（敏感、温柔等等）说成是女性特有的，人们经常指责我，说我屈从于"大男子主义"的女性形象。如今在我看来，以这种方式来区分社会决定的品质与生理意义上的（"自然"）品质似乎毫无意义：在历史发展过程中，前者渗入了生理机能，成了"第二自然"。不管怎么说，这些女性品质已经成了一个**事实**，而作为事实，它们可以被用到政治、社会上。如果因为它们是历史决定的就压制它们，那么这很可能就会牺牲掉男性社会。诚然，有些女性是有攻击性的，比如，"吃人的母亲"（正如有些男性很温柔并不暴力那样）。我们的目标是把这些适合于一个没有性及其他剥削的、更美好的社会的品质（男性的和女性的）——不论这些品质是生理意义上的还是社会决定的——解放出来。

　　在每一场革命中，都有"超越革命之外"的要求和力量，它们超越了实际的革命实践的经济和政治目标。在革命性的群众运动付之阙如的情况下，它们看起来就像是历史的早产儿。现今，情况也是如此。一向被认为是革命的后果与影响的生活条件与生活方式现在却走在了革命的前面，甚至成了发达资本主义国家引起革命的原因。我的意思是，价值变革的目标不只是颠覆资本主义的经济和政治，还要颠覆资本主义和苏联模式的社会主义现有的意识、道德和审美。

自由的总体化：资本主义生产越多地"流向"非生产性的商品与服务 [183]
市场，自由服从必然就越不合理。必然王国不仅趋向于收缩，还趋向于与现存制度的要求和支配自然（物质）的规律合并。

因此，在这一历史阶段，重新占有**马克思理论中的超越元素**并不令人感到意外。经济范畴本身就包含着解放的绝对命令：这是分析的前提而不是结果。绝对命令与科学真理这种内在的一致本身植根于一种客观的"星丛"，即一种历史形势，在该形势下，人类劳动（脑力与体力）已经为废除奴役与压迫创造了条件，但这些目标却受到了资本主义的社会组织的限制。经济范畴的超越性内容定义了剥削概念：即使工人的物质与文化需要或多或少得到了满足，即使工人不再是 19 世纪贫困的无产阶级了，剥削的事实却仍然存在。因为，剥削的实质就是否定自由，就是为了维持和扩大其发展与财富依赖于人类的退化的社会制度而工作（和生活）。资本家占有的剩余价值就是从工人身上夺走的**时间**，就是从工人生命中攫取的时间，生活时间的异化反过来以奴役的方式再生产了人类的实存。

在颠覆这种条件的过程中，第一阶段应该是占有和利用剩余时间，以便废除奴役：自行决定、自行组织社会必要劳动。那种认为这只有在技术发展的最高阶段（自动化！）才可以想象的观点似乎已经站不住脚了。中国政治经济的发展呈现出来的是一种在总体计划的框架下高度分散、自治的现代化进程。就这一点来说，问题不是"自下而上"的社会主义建设，而是全球的政治"星丛"，即超级大国美国的能力及其压制这种革命的决心。

我们有必要再次强调马克思关于资本主义发展的思想的复杂结构。内部矛盾主要体现在经济环境日益恶化上，但它们本身并不会导致资本主义制度的崩溃。法西斯主义的解决方案仍有可能是革命之外的另一种选择。诚然，任何社会都不能靠恐怖来维持，但社会（特别是技术高度发达的社会）却可以通过恐怖**以及**满足生存需求之外的需求来运转。美帝国主义仍有巨大的市场尚待征服：由于大规模的外力和与苏联的商业协定，拉丁美洲的解放运动被打败了。在马克思的理论中，没有排除这种发展的可能性，而唯一能够阻止这种发展的力量就是**政治**行动。

[184]

在国家垄断资本主义阶段，政治优先于经济——马克思主义左派的战略也是如此。我想说的是，在美国，这意味着理论与实践将重点关注战争、军事机构、权力结构对教育和福利的攻击、阴谋集团和秘密特工的政府、立法和司法对行政部门的屈从、审查和恐吓、歪曲事实的宣传手法的规则等。此外，它们还将关注意识形态层面的动员：努力消除支撑资本主义政治经济的施虐受虐心理。

战略重心的转变受到了不同于传统马克思主义思想的资本主义危机概念的影响。我认为应该从结构性解体的角度来看待资本主义危机，虽然资本主义体制下的经济仍然在运行：在日常实践中，无论是工作中还是工作之外，道德解体了。没有革命，但却有反抗：反抗者是社会中的个体与小团体。不过，他们太过强调自发性，太过孤立，甚至走向了犯罪，以至于他们无法成为先锋，这些人不是社会主义者，也没有做好建立政治组织的准备。对于恶意的扭曲，我们必须重申的是，他们**不**是流氓无产阶级（Lumpenproletariat），不是"乌合之众"，不是无业游民，相反，他们由雇佣工人（蓝领和白领）、知识分子、妇女等组成。凭借他们的立场和心态，通过痛苦而又耐心的教育，他们可以**成为组织**的政治核心。

如果这一趋势成为现实，并掌握了扩大了的工人阶级的一部分，那么接管个体工厂和商店、自行组织工作的条件也就成熟了。这时候，与法西斯主义势力的公开斗争也一定会爆发。揣测结果毫无意义，但或许可以谈几点看法。

1. 左派的机遇有赖于它的群众基础。这一点众所周知，但仅仅是群众基础并不能有效地阻止法西斯主义。1933 年以前，德国大多数人并不支持纳粹主义。法西斯主义的一个本质特征恰恰就是它有能力对付非法西斯主义的多数：通过实际的和"预防性的"恐怖手段，以及保留了宪法烦琐的手续的操纵与满足体系。权力的平衡取决于左派政治组织（即来源于地方和局部地区但在更大的层面上协调一致的组织）以一切可用的手段进行战斗的决心和能力。 [185]

2. 那种认为法西斯主义可能是社会主义的历史前提的观点完全就是一种错觉。如果非要说法西斯主义有什么贡献的话，那么它的贡献就在于，在急需强大的统一战线时，它削弱和分裂了左派。

3. 任何外国力量都不会有效地遏制法西斯主义的崛起，也不会有效地、积极地支持革命运动。理由是：担心这样的干预有可能带来世界战争，并有可能颠覆干预国的权力结构。

4. 法西斯主义可以被定义为在资本主义的维持和扩张无法通过市场正常的发展来实现的情况下为了达到这一目的所形成的极权主义的社会组织。资本主义有两个主要的威胁：一是它内部存在着强大的社会主义—共产主义反对力量，二是战争的失利、严重的萧条等使资本积累受到了限制。在这样的形势下，资本家的"解决办法"是降低工资水平，破坏工会的权力，采取侵略性的帝国主义政策，而这些解决办法需要打着统治阶级所定义的国家利益的幌子来动员全体民众，废除法治，削弱国会这一反对力量的讲坛，全面军事化，搁置**实际上存在的**民主思想。

现如今，这些情况在国家垄断资本主义的发展过程中浮现了出来——不过，略微有些变化：

1. 资本积累愈发困难和市场日渐缩小，其原因并不是战争失利或其他异常状况，而是劳动生产率的大幅提高，以及即使是降低了生产率但仍旧带来的持续不断的生产过剩。

2. 在与压制性的经济政策进行对抗时，降低工资水平遭到了工会的抵制，进一步加强剥削遭到了工人的抵制——但这还算不上是社会主义或共产主义的威胁；就这一点，我们看一下美国就知道了。

3. 德国和意大利法西斯主义之所以失败根源于全球性的战争，而**不是**内部。如果法西斯主义在当今最发达的资本主义国家建立了起来，那么就不可能再次出现类似的"星丛"了。自我毁灭的危险就在我们眼前。

[186]　　有没有另外的选择方案呢？在最理想的情况下，左派将会足够团结，足够强大和激进，完全能够阻止法西斯主义的潮流——这句话的意思是，只要反法西斯的潜力仍然存在，并有一定的行动自由，那么左派**现在**就可以联合和组织起来。也有可能（这或许随之而来），共产主义势力重新联合起来，准备好了，在不引起全球（核）战争的情况下，阻止帝国主义的侵略。这两种可能性仍然非常现实。

我想再次强调的是，对于美国的左派来说，它的当务之急是：

1. 用抗议的书信和电报来"淹没"政客、议员、媒体及其赞助商对每一次政治压迫和迫害的描述，对每一次战争的阐释。

2. 重新开始组织示威游行、抵制、抗议活动。

3. 提供有能力的律师团队在法庭上为被追诉人辩护（如果缺乏适宜的氛围，那么就应该放弃"政治"审判）。

4. 为反体制运动筹集资金。

5. 在地方开展教育和组织工作，比如，在社区。

八

Watergate: When Law and Morality Stand in the Way

Donald Evans

By Herbert Marcuse

LA JOLLA, Calif.—The treatment of the Watergate scandal has concealed more than it has revealed. With rare exceptions, mainly in the "underground press," the significance of the events has been hidden or minimized by publicizing it as an extraordinary case of corruption in the highest circles of the Government—extraordinary because of its bungling brutality, its violation of elementary constitutional rights. However, this sort of treatment isolates the scandal from the context which makes the extraordinary an ordinary event, not an aberration but the extreme political form of the normal state of affairs.

This context is the present state of American capitalism. It seems that it cannot function, cannot grow any more without the use of illegal, illegitimate means, without the practice of violence in the various branches of the material and intellectual culture. The rule of law, and the political morality stipulated by it, were appropriate to the period of liberal capitalism: the age of free competition and free enterprise. On the open market, certain legal safeguards, generally observed, sufficed to protect private enterprise from undesirable interference; their observance did not unduly

a series of conspiratorial agreements, and its political counterpart operates through latent or manifest interven-

holder, one of the most liberating achievements of Western civilization, has collapsed. Now, not the office of

as a whole—of its "normal" behavior. But what remains "operative" and unscathed by revelations and ex-

the sanity of the people. Reading the documents on the planning and organization of the super-intelligence agency, one must assume that in 1970, students, Panthers, Arabs, etc., were about to take over the country.

No, the vast, secret, illegal intelligence apparatus would not and could not suppress any real threat to national security, but well it could (and indeed did) suppress a threat against the established policy, domestic and foreign. While Congress was surrendering ever more of its balancing and controlling powers to the executive, while intimidation and self-censorship of the media became ever more noticeable, while inflation and unemployment continued unabated, while the power to wage war anywhere in the world was handed over to the President, the militant opposition was concentrated in the New Left.

Even without the full scale implementation of the "game plan" to hunt down suspects and enemies all over the place, the operation was at least temporarily successful. The student movement has been broken up, the opposition has retreated. Temporarily, because the spirit of 1968-70 lives on, all over the nation, and not only among the young and the intellectuals. And here, the all but irresistible

《水门事件：当法律和道德成为绊脚石的时候》于 1973 年 6 月 27 日发表在了《纽约时报》上，当时正值对尼克松政府的罪行进行严厉的指控——导致了他后来的下台。在 1973 年 6 月 14 日致《纽约时报》编辑哈里森·索尔兹伯里（Harrison Salisbury）的信中，马尔库塞写道："随函附上的是我关于水门事件的文章，我希望你不要因为它大动肝火。"几个星期之后，它发表了出来，但是，讨论尼克松政府盖世太保式的策略的那个段落被删掉了，指出"权威政体"有可能会"下定决心废除现有的自由民主的保障措施"的结论也被拿掉了。

水门事件：当法律和道德成为绊脚石的时候

　　在对水门丑闻的处理上，隐藏起来的东西要比揭示出来的东西多得多。除极少数的例外（也只能在"地下刊物"上看到），通过将这些事件宣传为政府最高层的不同寻常的腐败案件，事件的意义就被隐藏了起来或最小化了，而之所以不同寻常是因为它拙劣的野蛮行径，它违反了基本的宪法权利。可是，这种处理方式把丑闻与事件的背景割裂了开来，而正是后者使不同寻常的事件成了寻常的事件，成了正常状态下的极端政治形式，而不是反常的现象。

这一背景就是美国资本主义的现状。如果物质和精神文化的各个部门不使用非法的、不合理的手段，不使用暴力，它似乎就无法运转，无法继续发展。它所规定的法律规则、政治道德曾适用于自由资本主义时代，即自由竞争和自由企业的时代。在自由市场上，某些被普遍遵守的法律保障措施足以使私有企业免除不受欢迎的干扰；它们对法律的遵守并没有严重妨碍良好的商业活动，受法律规则约束的自由竞争也没有完全不利于进步；相互竞争的势力不仅发展了生产力，还为满足日益增长的人口的基本需要提供了商品和服务。

但是，随着世界大战的到来，形势发生了改变。竞争产生了寡头和垄断；国内资本市场的逐渐饱和带来了侵略性的帝国主义政策，巨头企业利益集团的迅速崛起使越来越多的独立企业变成了直接或间接的附属。与此同时，不断成长的工会势力威胁到了公司的统治，因此激化的冲突现如今需要国家干预（自由主义阶段，要求它降到最低限度）：政治变成了商业的一部分，反之亦然。由于条件发生了变化，建立在竞争者相对平等及其共同利益的基础上的法律规则、正统道德不仅成了商业和权力的障碍，而且也无法充分地保障弱者。无论是在国家层面，还是在国际层面，垄断竞争和帝国主义扩张都成了发展的引擎：经济通过一系列的密谋协议来运作，而它的政治对应物则通过或明或暗地干预——暗中或公然侵占——其他国家来运行。 [190]

这些趋势改变了统治阶级的构成、职能和行为。某种程度上，它早已不再发展生产力，而是扭曲和破坏了生产力。它变成了一个巨大的诈骗、派系和帮派网络（或链条），它的势力极其强大，如果现有的法律不是从它的利益出发来制订或解释，它甚至会篡改或破坏法律。按照自由主义经济学的说法，出于它们自身的结构，当今的企业集团和跨国公司会运用阴谋和非法的权力。黑手党与合法企业之间的区别早已变得模糊。那些把暴力当成娱乐或当成工作的一部分的供应商在底层人口那里找到了共鸣，也正是他们塑造了底层人口的性格。

政治领域不可能不受这些事态发展的影响。政治暗杀和刺杀行动的浪潮席卷全国。以前进步的共和体制现如今已经成了社会变革的障碍，现状的稳定器。选举过程早已被大资本力量所主导，分权也早已变成了总统独裁。作为西方文明最具解放性的成就之一，公职与公职人员之间的区别已经瓦解了。现如今，并不是总统这个职务，而是总统这个人成了禁忌：他界定和实现国家安全。他的界定和实现的方式超越了对与错，凌驾于异议之上。同时，他也超越了逻辑：他的陈述不存在真和假的问题，只讲求"有效"还是"无效"（按照他的新闻秘书罗恩·齐格勒 1973 年 4 月 17 日的说法）。

"有效"的意思是有力量，有效果；它对道德价值和法律规范来说是中立的。水门事件如果成功了，那么它就是有效的；但它却搞砸了，所以它就是无效的。这也意味着，它破坏了政治制度的凝聚力：作为（而且仅仅作为）一件拙劣的事，它变成了一件危险而又败坏名声的事，因此它属于道德和法律规范的管辖范围；它变成了一系列的犯罪、违法行为……他[191]们必须被公开，通过电视播放出来，接受惩罚，因为他们不仅危及了政府的威望和效率，也危及了整个社会的威望和效率，也就是说，他们危及了它的"正常"行为的威望和效率。

但是，在滥用职权被揭露和曝光之后，国家安全这个概念却仍然"有效"、毫发无损。白宫坚持认为要严格保密，以保护政府的敏感文件，这是可以理解的——之所以可以理解，是因为保密不仅保护了政府的文件，也保护了它的政策的偏执狂般的侵略性，使其没有被揭露出来。这个国家的国家安全不管是现在，还是在可预见的未来，都不会受到世界任何地方——不管是国内还是国外——的任何人的威胁。真正可能受到威胁的是美国世界帝国的进一步扩张，而保密则是为了防止人们发现在虚假的旗帜下对他们的所作所为。

大众对这些事实的认识受到了庞大的情报网络的遏制，也正是这一网络使间谍活动成了正常活动。它的范围、手段和目标与国家安全没有任何关系：他们在侮辱人们理智的头脑。在阅读与超级情报机构的计划和组织有关的文件时，一定有人认为，在 1970 年，学生、黑豹党、阿拉伯人意欲接管这个国家。不，这个庞大的、秘密的、非法的情报机构不会也不可能压制任何对国家安全的真正威胁，但它极有可能压制国内外对**现有政策**的威胁（它确实也是这么做的）。在国会将其制衡力量越来越多地让与行政机构，对媒体的恐吓和媒体的自我审查变得越来越明显，通胀和失业持续有增无减，在世界各地发动战争的权力移交给总统的过程中，最主要的反对力量曾经是新左派。①

尽管没有全面实施"通盘计划"来追踪所有的嫌犯和敌人，但至少可以说，这次有组织的行动暂时取得了成功。学生运动早已被破坏了；反对力量也早已退潮。但还是暂时取得了成功，这是因为 1968—1970 年的精神不仅在学生和知识分子中间，而且在社会各界中间仍然很活跃。在这里，几乎不可抗拒的反对与水门丑闻有关的人及其对政府最高层表现出来的盖世太保心态的抗议很好地表明了改变历史进程的可能性。　[192]

---

① 参议院调查委员会谈到了非法警察机构在制订计划和执行任务过程中表现出来的"盖世太保心态"（盖世太保心态同样表现在了它的语言中，比如，"堵防泄密人员"，"通盘计划"等）：破坏法律，扰乱秩序目的是为了确保领袖强加给美国人民的法律和秩序。（我们的领袖和同志：在谈到那些其获释很大程度上归功于新左派的反战努力的战俘交给他的牌匾时，尼克松就是这样说的。）

这股反对力量并不来自左派，而是来自那些仍然献身于进步的共和理念的保守派和自由派力量。

现在就对水门事件盖棺论定还为时尚早，同样，现在就说哪一方会赢也为时尚早。对水门事件负责的势力很可能保留下来，因为资本主义的基本趋势支持他们，特别是由愈来愈恶化的经济困境引起的权力的日益集中，大财团与政治的联合，以及对激进异议者的压抑支持他们。①

---

① 这些趋势很可能使权威政体下定决心废除现有的自由民主的保障措施。值得注意的是，两次世界大战之间欧洲的重大丑闻为极端右翼和法西斯主义政府的出现准备了土壤：这样的丑闻使人们对愿意清理奥吉亚斯牛圈（the stable of Augias）——废除整个"体制"——的强人产生了渴望。但是，这些势力的胜利并非不可避免。那些坚持要撕裂保护灾难性政策的神秘面纱的人（不管他们的动机是什么）做了一件了不起的事，他们为侵略性的政治气候——在该气候下，人民及其代表已经屈从于掌权者——的变化提供了可能。

九

[194]   《价值革命》（1973）首次刊载于《政治意识形态》，参见 *Political Ide-ologies*, James A. Gould and Willis Truitt, eds（New York: Macmillan, 1973, pp. 331–6）。1972 年 2 月，马尔库塞在坦帕市南弗罗里达大学举办的"科学、技术与价值"的会议上以此为标题作了一场演讲，从报告来看，他延续了对文化革命的反思，并对他所倡导的"价值革命"做了最集中的描述。

[195] # 价值革命

一开始，我必须先简要地说一下在这里"价值"的意思。我认为"价值"即规范和愿望，它们是社会群体在满足他们的需要（物质的和文化的）和定义他们的需要的过程中采取行动的原因。在这一意义上，价值并不是个人喜好，它们反映了现有生产关系和现有消费模式的需求。然而，与此同时，至关重要的是，价值还反映了某些内在于社会生产力但却又被社会生产力压抑的可能性。关于价值的这种双重性，即一方面受到了现存社会制度的约束与限制，另一方面又通过追求仍被现存社会否定的可能性超越了现存社会，我想举几个极为常见的例子。例如，在封建社会，荣誉作为一种价值首先反映了封建主义的基本需求，也就是说，它反映了建立在通过暴力和神圣的契约来确保的直接的人与人的关系基础上的支配性与依赖性的等级结构的要求。忠诚作为一种被充满了压迫和不平等的社会所宣扬的价值，在宫廷史诗、传奇故事以及当时的宫廷礼仪中得到了理想化和升华，然而，认为特里斯坦、帕西瓦里等英雄只不过是封建骑士和诸侯，并认为他们的理想、冒险、斗争没有超越封建社会则是荒谬的，他们确实超越了封建社会。在封建社会的框架之中和之上，我们发现了人类普遍的可能性、希望、痛苦和幸福。

同样，自由与平等作为价值首先反映了资本主义生产方式——即相对平等的自由竞争，自由的雇佣劳动，不考虑种族、社会地位等的等价交换——的需求。然而，与此同时，同样是这两种价值，它们还展现了更好的人类联合的形式，也就是说，展现了尚未实现的可能性。现代社会的另一个典型的价值，即作为职业和天职的工作概念，同样充满了矛盾。工作对于整个的成人生活来说是必要的，但这种必要性在大多数情况下令人讨厌；尽管如此，或正因为如此，工作被说成是受到宗教认可的人的天职。现在，对于大多数人来说，工作是一种非人的、痛苦的异化劳动，也就是说，在工作中，人不能发展和满足他或她自身的个人才能和能力。不过，作为职业和天职的工作概念对工作生活同时还展现了完全不同的态度和立场，即人类在创造性的工作中可以实现自我。

[196]

经过这些初步的、概略的定义之后，我想讨论一下我的主题的两个主要方面，即价值在社会变迁中的作用，以及当代价值革命是一场前所未有的变革。我想先讲一下马克思关于价值变革如何发生的理论。在进步的新兴阶级与现存的统治阶级斗争时，如果社会上有效的新价值反映的是前者的利益，那么新价值将取代现有的价值。但是，新价值以一种普遍的形式表达的是特定阶级的利益，它声称某个阶级的利益就是普遍利益，而这样一来，由阶级决定的价值就有了普遍真理的形式。这就是价值的意识形态特征。价值是意识形态，是因为它们从现实的限制或否定中分离了出来。在资本主义社会，自由与平等仍然是抽象的、部分的自由和平等，是一种特权。如果自由与平等这种意识形态以实现被扭曲和被否定的价值为旨归开始驱动大规模的政治行动，那么它们就会在变迁过程中变为一种物质力量。

马克思所设想的并不是一个简单的时间序列，即首先是基础性的阶级关系的变迁，然后是价值革命，认识到这一点非常重要。凡认为社会主义的新价值只能是新的社会与经济制度的产物的观点都是庸俗唯物主义，不是辩证唯物主义。其实确切地说，新的社会价值的表达往往先于新的阶级关系和新的生产方式的制度化。这样的例子在历史上比比皆是，我只提两个：启蒙运动先于法国大革命，社会主义理论本身先于社会主义运动。这可以表明知识分子在社会变迁过程中起着很重要的作用，随后我将对此做出讨论。价值转变并不仅仅是社会结构在意识形态上的反映。毋宁说，根本性的价值转变会使全新的历史可能性显露出来，使还没有被纳入社会变迁过程的力量呈现出来。思想革命，即"文化"革命，先于社会革命，它是对后者的筹划，也是后者的催化剂。

[197]

从现有的价值体系或价值结构过渡到另一种价值体系，这是一个辩证的过程。因此，资产阶级意识形态正是通过使封建契约关系一般化为一种社会契约理念，将所有的社会成员捆绑在一起，并使他们以极其不同的方式服从压倒一切的交换经济的规律，废除了封建契约关系。类似的，社会主义也将废除处在资产阶级的自由和平等的意识形态背后的抽象的剥削结构，并使工作成为真正的天职，也就是，个人在与自由人的联合中实现自我。这种意识形态向现实的过渡将发生在无产阶级的革命行动中。这种观点如何运用于今天的发达资本主义国家呢？

现今的文化革命（我只想谈一谈西方的文化革命）也是一场价值变革，它打击的是整个的包括物质和精神在内的现有的文化。对整个传统价值体系的抨击在对绩效原则的拒斥中达到了顶点。根据这一原则，每个人都必须通过异化的但却是社会必要的劳动来谋生，每个人的报酬，每个人的社会地位都应取决于绩效（工作—收入关系）。对绩效原则的拒斥同样驳斥了到目前为止表征西方文明发展的"进步"概念。在西方，进步就是不断加强对外部自然和人类内在自然的生产开发和征服，但它的结果却是自身不断走向毁灭与支配。要注意的是，对绩效原则的拒斥不仅打击了支配现存资本主义社会的原则，而且也打击了任何使人受制于其劳动工具的社会。现在，为了反对这种绩效原则，文化革命需要终止这种支配，需要把自由和团结当成是人类实存的品质，需要废除这个迫使其大部分成员为了谋生而把他们的生命当成工具而不是目的本身的社会。

此时此刻，必须警告一切虚假的浪漫主义。异化不可能整个地被废除。辩证唯物主义认识到了自然、物质的无情的客观性，认识到了人和任何社会形式下与人类主体相对而立并限制其自由的自然之间都存在着无情的斗争。问题不在于完全废除异化，而是废除我所谓的"剩余异化"，也就是现存社会为了维持和扩大现状所苛求的异化。这种剩余异化已经成了量的进步之所以发生的土壤：它维系着脑力劳动和体力劳动的分离，维系着需要，维系着对非人化的、寄生虫式的、破坏性的工作与日俱增的需要，以及对压抑的需要；它浪费和污染了可用的资源——技术、自然和人力。现在看来，量的进步能够也应该转化为质的进步，即新的生活方式，而它通过否定现存的剥削制度及其价值能够把人和自然的潜能释放出来。这种价值的转变不仅能使现有的政治、经济体制丧失效力，而且有可能带来一种新道德，新的两性关系与代际关系，以及新的人与自然的关系。

[198]

　　这些趋势的范围及其激进的特征使它们成了当前资本主义发展阶段的一种新的力量。从先前所有的价值革命来看，它们一直以来都是些抽象的、边缘的需求，它们不仅超越于充满了社会压抑的秩序"之外"，也超越于充满了本能的压抑——只要真的能够发展生产力，它本身就是合理合法的——的秩序"之外"。然而，目前，这种社会组织结构正变得与进一步发展不相容，与作为种族的人类的生存不相容。因此，今天的价值革命已不再是现有的量的进步这个连续统一体内部的变化，相反，它有了打破这种连续统一体的倾向。它是一种**质的飞跃**，跃入了一种本质上完全不同的生活的可能。

　　关于它对现有的连续统一体的突破和超越，我只想列举一些主要的方面。突破与超越的根据和目的仍然是从自我推动的生产方式转向以自由发展个人需要为目标的集体控制的生产方式，即社会主义。这意味着要从使用价值转向审美价值，形成新感性、新的知觉或经验模式。审美价值本身是非剥削的、非压迫的价值，它们在激进的政治运动中的体现表明文明的本能基础同样在谋求变革。说到底，这种趋势会抵消父权文明中男性的攻击性，使攻击本能更有效地屈服于爱欲能量和生命本能。今天，我们可以看到，对大男子主义、英雄主义和力量这些专横跋扈的价值的反抗已经非常普遍，而这唤起了人们对一个没有暴力的社会的想象。

　　这是妇女解放运动深层次的历史和心理维度。它似乎并没有意识到自身真实的颠覆性的激进的潜能，实际上，它能够推动整个物质和精神文明发生决定性的转变，也能够减少压迫，并为一种有着较少攻击性的现实原则提供心理、本能基础。

　　如果新的激进的价值主宰了世界，那么它就不仅仅是一场意识形态革命了，确切地说，它会成为一种物质力量，尽管这种物质力量就源于发

[199]

达资本主义社会的发展，但它却预示着该社会本身正在弱化甚至瓦解。这一几乎可以说颠覆价值的意识形态革命表明社会发展到了一个新的历史阶段，也就是说，到了社会已经满足其绝大部分社会成员的基本需要但国内外的压迫和痛苦仍然存在的阶段。因此，在扩大资本积累的压力下，该社会必须不间断地创造和刺激基本的生存需要之外的需要，即文化的、奢侈的需要。因此，该社会正在使持续存在的有利可图的压抑失去合法性。现有的劳动生产率水平将允许维持社会再生产所需的工作时间减至最少，因此将消除全日制的异化劳动的必要性——但全日制的异化劳动是资本主义制度的基础。持续不断地生产对生存来说过剩的商品和服务渐渐地削弱了该基础。由于人的生命耗费在了谋生上，所以生命成了一种手段而不是目的本身：这种生存方式现在看来显然是非生产性的、过时的、不合理的——仅就其维持现状而言才是合理的。在这种情况下，需求源自完全不同的社会分工和劳动组织，源自工作—收入关系的废止：在以绩效原则为基础的制度框架下，自由"超越性"的需要无法得到满足。

对应于这一阶段的发展，一种新的社会变迁模式正在渐渐地浮现出来，也就是说，建立在已被满足的基本需要和未被满足的超越性需要基础上的革命的可能性正在慢慢出现。这将是一场在迫切需要自我决定、迫切需要快乐以及不再去做无处不在的各种机构的工具的压力下迫不得已的革命。它可不仅仅是众所周知的提高期望，从现有的"蛋糕"获取更多的份额，毋宁说，它将有意识地把颠覆价值现有的层级机构和优先顺序，寻求新理性、新感性、新道德当成目的。

现在，这一价值革命是以何种方式表现为一种物质力量，表现为激进的社会酵素的？这里，我只能指出这个过程最显著的特征。首先，在这个国家，我们表现出了某种"极端的凯恩斯主义"倾向。韦伯曾经将资本

[200]主义精神定义为"人世的禁欲主义",即为了获取更大的利润和成果而不断节省、不断投资的冲动,以及接受最低贱、最不人道的工作并将其当成"职业"和天职的冲动。如今,我们看到的是对这一原则的否定:强烈的花费欲望,对预先评估生产感到厌恶;工作纪律和责任感不断弱化;人们对终身异化的必要性提出了有效的质疑。

其次,并且与刚刚讨论的趋势相关的是,商品世界本身,以及商品和服务的质量正在普遍恶化,同时,生产过程也正在以一种远非"正常"的方式反复地遭到破坏,比如,野猫式的罢工,即为了更高的工资和更好的工作条件而反抗整个工作体制的罢工。高旷工率盛行,个人和团体的破坏活动时有发生。在这个大形势下,生态运动清楚地表明人们需要人与作为人的生活环境的自然之间能够出现一种新的关系——该运动如果能够得到维持和扩大,它能够变成一股政治力量,打击造成并维持污染的体制。

这一切的背后是,人们已经意识到和感觉到他们可以像人一样活着,无须进行激烈的竞争,无须从事非人的工作,同时他们也意识到了"消费社会"所产生的压迫性的、破坏性的影响。考虑到发达资本主义的结构和组织,新的价值没有能够通过某一新兴阶级在它与统治阶级斗争的过程中表现出来,就不足为怪了。因为这些价值并不反映任何特殊阶级的直接利益。在现阶段,它们仍然只是在年轻人、女性、黑人与棕色人种、年轻工人、知识分子中尚未被整合的群体的身上表现了出来。

他们是少数,而且本身并不是革命群体,也不能在任何意义上取代工人阶级而成为激进的社会变迁的基础。但在今天,他们必不可少,因为他们不仅是变迁仅有的催化剂,而且他们表达的是整个底层人口的现实需要。再就是,即使工人阶级成了革命的载体,它也会是一个全新的阶级,其中蓝领工人将只占少数,广大的中产阶级将成为它重要的组成部分,与此同时，中产阶级中的知识分子将起到越来越重要的作用。

这一趋势突显了高等院校在变迁过程中的重要性。学生远不是没有物质基础的特权精英，实际上，他们是现存社会与将来社会潜在的干部。建立一个自由的社会，消灭全世界的贫困，把必要的但却非人的工作时间减至最少，重建城镇，恢复乡村，控制疾病与出生率，这些任务不仅需要科学技术的高度发展，也需要人文社会科学的高度发展！逐步消除暴力和解放感官并不意味着拒斥理性和合理性，而是要求一种新的更为合理的理性，要求一种新的更为合理的合理性——能够组织和发展非工具主义的、非功利主义的、非压抑性的目标。那么问题来了，是不是过剩的攻击性和暴力并不存在于现有的科学与技术之中，不存在于它们的结构之中，它们是否有可能只是科学技术服务于破坏性的社会力量的反映，是科学技术进一步服务于破坏性的社会力量的刺激因素。我们能否在任何意义上理性地推测说，运用科学的过程以及科学的方向和方法都将发生一场变迁，即一场源自对自然全新的体验，源自人与自然全新的关系的变迁呢？作为非暴力的、非攻击性的价值，审美价值的提升至少表明，科学概念可能有不同的构造方式，科学抽象可能有不同的方向，可能存在着更为具体、更为感性、更为定性的科学与技术，它能够把以作为人的创造性能力的想象力为研究对象的科学也包括进来。

简单概括一下。我在这里所努力勾勒的这些趋势把本能结构本身也拖入了变迁的过程，也就是说，把人的感官、心灵以及身体——它们扩大了潜在革命的范围——拖入了变迁的过程。现存社会似乎完全清楚挑战的范围与深度。所以，权力结构通过加强法律内外压抑的力度，通过预防性的反革命组织做了回应，而之所以是预防性的，是因为爆发于发达工业国家的革命之前从未成功过。在这种情况下，前景不太乐观。如今，主动权

[201]

掌握在压迫者的手中。社会主义必将取代资本主义的历史规律根本就不存在。社会主义传统本身自始至终都承认并保留了不同的选择方案：要么就是一个自由的人类社会，即社会主义，要么就是一个漫长的文明的野蛮时代，即一个完全处在全在、全能的行政管理机构掌控中的社会，即某种新法西斯主义。我觉得现在为时不晚。我认为我们仍然能够打败野蛮，即打败新法西斯主义的野蛮。如果现在不打败它，也许就晚了，因为我们知道，法西斯主义政权一旦建立了起来，根本不可能从内部被击败。因此，还不算太晚，但是如果这一代人还不斗争的话，那么也许就晚了。

[202]

BRANDEIS UNIVERSITY
WALTHAM 54. MASSACHUSETTS
February 16, 1961.

Dear Leo:

I am disturbed. I am disturbed. I am disturbed. From a
catalogue of the so-called Free Press, I see that you and
Lipset are editing a book on Riesman. It is none of my
business to judge whether your mental and other energy
is productively spent on such an undertaking. But since
you are dear to my heart I must tell you that I am
grieved to see you tied up with your colleague, Lipsit whose
book POLITICAL MAN is, in my view, one of the most repuls-
ive pieces of closetdeckel sociology I have ever seen.
I think you know what I mean. Do you think you will get
over it?

I may have told you that I am going to have my sabbatical
next year and that we intend to spend most of the time in
Paris. What about seeing you - either there or in this
country before we leave?

Give my love to Marjorie.

Do not resent my frank opinion. It is motivated entirely
by loyalty.

Herbert

Marcuse

书　信

　　马尔库塞与他最亲密的朋友之一洛文塔尔有大量的往复书信。至今尚未向公众开放的洛文塔尔档案馆不仅保留着大量的他与社会研究所各成员的通信，大量的他与马尔库塞的往复书信，还有很多马尔库塞档案馆中看不到的手稿。因此，在本章，我们把马尔库塞与洛文塔尔的通信放在了最前面，在信中，马尔库塞表示他希望帮助洛文塔尔获得合适的教职，同时，他也表达了他对当前社会理论的看法，并提到了他的《爱欲与文明》。马尔库塞－洛文塔尔部分最后一封信是洛文塔尔致理查德·波普金，当时，波普金是加利福尼亚大学拉荷亚分校哲学系（马尔库塞从 1965 年到1970 年被迫退休一直都在此任教）的主任。感谢彼得－欧文·詹森与洛文塔尔档案馆允许我们把马尔库塞与洛文塔尔的往复书信发表出来。

　　在霍克海默、阿多诺、波洛克回到德国以后，马尔库塞仍与他们常有书信往来。这些内容丰富的信件谈到了他们各自的作品、当时的思想和政治趋势、他们的学术追求以及个人的变化。这部分的第一封信是马尔库塞致阿多诺，信中，马尔库塞对阿多诺的言论做了挑衅性的评论，并提到了那些声称阿多诺正在推动冷战意识形态的朋友们；不过，马尔库塞指出，他并未在阿多诺的作品中发现这方面的证据，但对于霍克海默和阿多诺近来为保罗·马辛（Paul Massing）那本反犹主义的著作所写的导言中的某些评论，他深感不安。霍克海默和阿多诺联名复信，气势汹汹地为他们自己做了辩护，而这却促使马尔库塞做出了更加尖锐的回应，但这封信并未寄出，不过，我们在这里把它收录了进来。马尔库塞在随后一封写给 [206] 阿多诺的信中指出，他与霍克海默在美国见了面，"澄清"了一些论点，他声称他原本想修改信中的某些表述，但那时信已经寄出了。他写给阿多诺的这封信目的是为了和解，并没有发生论战，但后来迫于学生运动的压力，论战还是在 20 世纪 60 年代爆发了——学生运动的戏剧性发展将成为劳特里奇出版社发行的《马尔库塞文集》第三卷《新左派与 20 世纪 60 年代》的主题。

　　除了与法兰克福学派的创始成员有大量的书信往来之外，马尔库塞还经常与杜娜叶夫斯卡娅通信。杜娜叶夫斯卡娅在底特律成立了马克思主义—人道主义团体，她是一位高产的作家，也是一位积极的活动家。虽然他们对无产阶级的革命潜能持不同意见，但他们都对黑格尔和马克思有着浓厚的兴趣，并且有大量的富于启发性的书信往来。我选了几封与出现于 20 世纪 60 年代的与自动化相关的信件，那时，马尔库塞正在创作《单向度的人》。杜娜叶夫斯卡娅在信中对与自动化有关的文献做了详细的概括，并阐释了她自己的观点。虽然马尔库塞在一些主要观点上与她有着巨大分歧，但是杜娜叶夫斯卡娅推荐的一些文献与她的一些推论还是出现在了《单向度的人》中。

　　马尔库塞与波洛克就自动化、马克思主义理论以及社会研究所的事务也有过零星的通信。波洛克于 1956 年出版了《自动化》一书，所以马尔库塞会偶尔就这个主题以及经济学与马克思主义理论中的其他问题给他写信。我们在这里把 1960 年马尔库塞与波洛克的一份谈话备忘录和一封波洛克就谈话写给马尔库塞的信发表了出来。有趣的是，从备忘录的形式来看，马尔库塞就像一个提问的学生，而波洛克则像一个无所不知的教授。我们很想知道马尔库塞对波洛克的立场的回应，但是在他的档案馆中，我们没有看到任何与回应有关的信件。

　　感谢约翰·爱博梅特（John Abroweit）能够翻译这些书信以及哈贝马斯对马尔库塞的总结反思，感谢他能够为他翻译的书信提供注释。

1955年3月26日马尔库塞致洛文塔尔

马萨诸塞州沃尔瑟姆布兰迪斯大学

利奥：

布兰迪斯大学这边一直拖拖拉拉，没有进展。[1] 我想，到目前为止，我已经让他们放弃考虑查尔斯·佩奇（Charles Page）、康奈尔大学的罗宾·威廉姆斯（Robin Williams）等人，但我还未能成功地让你成为唯一的候选人。马克斯·勒纳（Max Lerner）常年出差在外——我已经与他约定在复活节那一周见面。所以，在春假结束前（4月20日），不会有什么动静。

为什么你不写信来说说你那边的情况，你怎么愿意去教那些健康的散发着防晒霜味道的加利福尼亚学生呢？[2] 除了《纪念文集》仍未出版，法兰克福那边，我还没有听到任何确切的消息。我的书已经进入了出版社常规的文字编辑阶段——关于它的德文版，我仍然不知道该怎么办；研究所似乎碰上了别的麻烦。你知不知道？我与屈纳（Koehne）谈过了，但是他显然没有时间翻译这本书。[3]

有件事要让你失望了，那就是我们只有一套德·迈斯特的作品，但我想自己留着——就当是付给我这个执行者的"酬金"吧！你应该不希望我失去它吧？你不需要伯克的作品吗？这个图书馆很可能要卖给愿意以美元支付的西柏林大学。但房屋建筑还没有卖出去，虽然我们已经在牛顿买了一块非常好的地，它就位于剑桥与沃尔瑟姆之间的波士顿郊区。我们预计 6 月 1 日左右搬过去。

4 月 11 日，我们将在哥伦比亚大学为弗兰茨举办一场"答谢会"：斯凯勒·华莱士（Schuyler Wallace）、基希海默和我将发表演讲。[4] 你要是能来就好了。我很挂念你——听起来可能有点怪。对于你明年还要在假行为科学的地狱中继续逗留，我感到很遗憾——我会竭尽所能把你解救出来。[5]

我携英格向你致以最亲切的祝福与问候。

你的赫伯特

编者注：

1 当时，马尔库塞刚刚获得布兰迪斯大学的终身教职，他正在极力想办法让洛文塔尔也在这里获得一个教职，并阻止很有可能出现的保守人士的任命。

[208]

2 洛文塔尔当时就职于加利福尼亚大学伯克利分校；具有讽刺意味的是，马尔库塞于 1965 年来到了加利福尼亚大学圣迭戈分校，他将执教他所说的那些"散发着防晒霜味道的加利福尼亚学生"。

3 马尔库塞首先谈到的是纳入那年晚些时候发表的研究所出版系列的《霍克海默纪念文集》，随后谈到的是他自己的由灯塔出版社 1955 年出版发行的《爱欲与文明》，他向研究所提交了出版该书德译本的申请，但是，正如我之前在引言中所讲的那样，这本书没有被纳入他们的出版系列。

4 马尔库塞的好友纽曼前不久刚在一场车祸中丧生，他参加了好友在哥伦比亚大学举办的追悼会。他的思考作为纽曼的文集的前言被发表了出来，参见 Franz

Neumann, *The Authoritarian and Democratic State*, ed. Herbert Marcuse（New York: Free Press, 1957）, pp. vii–x。关于马尔库塞和纽曼，参见 *Technology, War, and Fascism*, pp. 7ff. and 93ff.。

5 洛文塔尔在次年成了斯坦福大学行为科学研究所——马尔库塞不无讽刺地称之为"假行为科学的地狱"——的成员。

1955 年 9 月 9 日马尔库塞致洛文塔尔

马萨诸塞州沃尔瑟姆布兰迪斯大学

亲爱的利奥：

在结束了缅因州短暂但却美好的假期之后，我们收到了你的来信。我很高兴你对克拉克洪感兴趣——他确实是一个了不起的人。[1] 我还没有与他接触过，但应该快了。我的书应该在 10 月底前出版。研究所似乎并不急于出版它的德文版——如果"法兰克福文稿"规定了出版的标准，那么这也是可以理解的。拉扎斯菲尔德（Lazarsfeld）很欣赏（但我却认为，他是在嘲弄）"小组试验"（Gruppenexperiment）。我忘了我有没有写信告诉你弗洛姆已经打算在《异见》上单独回应我对他的批判。出版社随后会直接把《理性和革命》寄给你——当我们见面时，我再题字留念，但我们什么时候见面呢？[2] 我羡慕你除了思考和写作之外可以什么都不做——不过，你觉得你身边的那些人怎么样？这让我想起了一件事：在旧金山的心理学家会议上，一个来自耶鲁大学名叫罗伯特·莱恩（Robert Lane）的劣等人（《纽约时报》，9 月 3 日）向会议提交了一篇毫无人性可言的文章：它主要讨论了"影响政治利益的人格特征"，如果你能帮我弄到这篇文章，我将无比感激。**3**

　　我已经很长时间没有待在布兰迪斯大学了，但是我与校长和一些同事都见过面：社会学并没有新的发展，我也不知道科塞（Coser）能否成为主席。但是谁又知道呢？我会一直盯着这个事。

　　《霍克海默纪念文集》出版了吗？他们怎么允许在 Soziologica 这个标题中把拉丁文与德文混在一起呢？**4**

　　我携英格向你和玛乔丽致以最好的祝福！ [209]

你真诚的老赫伯特

　　编者注：

1 马尔库塞这里说的是备受尊重的美国人类学家克莱德·克拉克洪。

2 1954 年，哥伦比亚大学再版了马尔库塞修订的《理性和革命》。

3 罗伯特·莱恩是耶鲁大学的政治学家，《政治意识形态》（参见 *Political Ideology*, New Haven: Yale University Press, 1963）一书的作者，他显然不为马尔库塞所尊重。

4 参见前一封信的注释 3。

1961年2月16日马尔库塞致洛文塔尔

马萨诸塞州沃尔瑟姆54号布兰迪斯大学

亲爱的利奥：

我很不安。真的不安。从所谓的自由出版社的书目中，我注意到你和李普塞特（Lipset）正在编写一本关于里斯曼（Riesman）的书。我本不该评判你是否该把精力花在这样的事务上。但因为你是我牵挂的人，我必须告诉你，看到你被你的同事束缚我很悲伤。在我看来，李普塞特那本《政治人》是我见过的最令人反感、肮脏的社会学著作。我想你应该知道我的意思。你觉得你能脱身吗？ **1**

我可能已经告诉过你了，明年我准备休假，我打算大部分时间都待在巴黎。我们见一面如何，你看是在巴黎见，还是我走之前在国内见？

替我问候玛乔丽。

请不要介意我的坦率。这完全是出于对你的忠诚。

赫伯特·马尔库塞

编者注：

1 参见 Seymour Martin Lipset, *Political Man*, New York: Anchor Books, 1963。

1964 年 3 月 31 日洛文塔尔致理查德 · 波普金

加利福尼亚州圣迭戈市

加利福尼亚大学哲学系主任

理查德 · 波普金教授

亲爱的迪克：

我写这封信是为了答复你 1964 年 3 月 25 日的来信，在信中你要求我谈一谈对布兰迪斯大学赫伯特 · 马尔库塞教授的看法以及他是否能够胜任圣迭戈分校的教职工作。

我认识马尔库塞先生已有 34 年了。1930 年，他加入了法兰克福大学社会研究所，当时，我是这所大学的资深研究员。1931 年他成了研究所在瑞士日内瓦的分支机构的一员，1933 年，在希特勒掌权后，其他成员也加入了他这里。从那时起，我们成了亲密无间的同事，一开始我们都在瑞士，1934 年以后，我们又一起来到了美国，而研究所正是在这里成立了总部，并且加入了哥伦比亚大学。无论是在著述方面，还是在演讲方面，我们都有过密切的合作，并且从那时起，我们一直都保持着非常密切的专业和个人关系。

　　我认为马尔库塞先生是我们这个时代杰出的学者和知识分子之一，同样毫无疑问的是，他也是他这一代人中的领军人物之一。他有着最高水准的学术背景。这尤其表现在他对哲学史和哲学问题透辟的了解上，同样也表现在他对政治学、文化史、社会学和精神分析领域非同寻常的精通上。我之所以特意说他极为精通，是因为他运用自如的知识和学术材料的范围极其坚固、可靠。

　　我想就他在学习新知识方面的才能举个例子，我记得他在研究众所周知的苏联马克思主义时，他已经五十多岁了，为了做好充分的准备，以便能够读懂原始材料，他学会了俄语。顺便提一下，他通晓英语、法语和德语三种语言。

　　我认为没必要过多地介绍他的著述。学界都很清楚他杰出的履历。尽管如此，我还是想提一下他写的第一本关于黑格尔的书，该书大约 35 年前在德国出版，但它却已表明这个人有着巨大的创造力和学术想象力。他有幸在年轻的时候就能受教于当时德国大学哲学和文化史领域最优秀的　　[211]　学者，我们只需提一下埃德蒙德·胡塞尔就够了，当时，胡塞尔希望马尔库塞成为弗莱堡大学的一名教员，但未能如愿，因为有反犹倾向的海德格尔是那所大学的哲学二号人物。

　　自那以后，他出版的每一本书都是一个新的里程碑。他的《理性和革命》是研究政治哲学从黑格尔到当代初期这个阶段的发展的权威著作。他的《苏联的马克思主义》在该领域的专家中享有极高的声誉。他的《爱欲与文明》在过去十年里引发了对弗洛伊德的哲学内涵的有意义的讨论。正如我们可能已经看到的少数评论所说的那样，他最新的著作《单向度的人》将再次引起学界的密切关注。

　　当然，我没有太多的关于他教学的第一手资料。但据我所知，他是布兰迪斯大学最受崇敬和最成功的教师之一。我听过他在哥伦比亚大学的几次演讲，在布兰迪斯大学访学时，我有幸听了他的一些课。在我看来，看他给学生授课是一种理智和审美上的享受，他的讲述和讨论风格令人愉悦并且质量极高。在我的印象中，他曾多次（不止两次）受邀到巴黎大学作讲座报告，这所庄严的大学在一两年前甚至还向他提出了终生教职的建议。

几乎没必要去讨论这个人的个人品质。因为每个和他共事过的人，包括我自己，都从他那里获益良多。他是一个非常正派和正直的人，在与他的同事、领导和学生的相处中，他的言谈举止很有分寸，充满幽默感，也很谦卑。我不能想象在日常交往中还有比他更好的同事和朋友了。我觉得有必要稍微提一下马尔库塞的夫人，她是一位迷人的女性，有着优秀的知识分子的品质，并且自身学识渊博。我可以毫不犹豫地说，如果这样的家庭加入我们的教职团体，那简直是太难能可贵了。

如果有需要的话，我很乐意向你提供更多的信息。

你真诚的利奥·洛文塔尔

1960 年 1 月 24 日马尔库塞致阿多诺

马萨诸塞州牛顿市玉兰大道 26 号

亲爱的泰迪：

你应该记得我们在锡尔斯·玛利亚（Sils Maria）的那次谈话吧！我跟你说过，有些人声称你说的或写的一些东西似乎正在推动冷战意识形态。我拜读过你的《伪文化理论》（*Theorie der Halbbildung*），[1]但我从中却没有找到任何可以证实他们这种说法的根据。你当时是同意我这个说法的，即我们必须把对东方的批判与对西方的批判联系起来——因为，对我们双方来说，理由不仅严肃而且显而易见。但在你和马克斯为马辛那本著作所写的序言中，我却看到了这样的话，即："现如今，在东方世界，雅恩[2][这种人]与"监工"[3]完全站在了一起。"我没有看到任何有关西方世界的"监工"的描述，他们可能不尊敬雅恩这种人，但却尊重那些在促进反犹主义方面同样罪恶深重的其他人。这不是一种机械性的需求，而是一种实质性的需求，你们应该在这里倾注更多的注意力。否则，就真的有可能像你所相信的那样，"监工"只存在于东方。毫无疑问，西方的"监工"与东方不同：他们的老板更有钱，因此可以给他们提供更多的自由。但我认为，这种"监工"会不会给人类的事业造成更大的破坏，这个问题仍然悬而未决。在我看来，正如他们东方的同行那样（至少在他有了自己的核武器之前是如此），西方的老"监工"完全依赖于占领军的力量，他们是最明确、最坚决反对和平的人。过去几周里西方国家发生的那些事已经使反犹主义与东方世界相互勾结这种说法听上去很虚假。难道不是这样吗？你通常几乎不写毫无必要的东西——为什么会写这个主题呢？还是出于战术上的理由而不得已这样做？这对西方来说并不好。最后我想说的是，东方的"监工"依靠西方的"监工"来维护他们的政权，反之亦然——这种险恶的共生关系不允许抽象化。

我无权去扮演一个道德法官的角色。但我很认同你的观点，我甚至把你写的都当成是我自己写的，或至少是我自己想写的。我想维持这种认同。请写信告诉我你在想什么和做什么。我正在努力写自己的新书。

致以最诚挚的问候。

赫伯特

[213]　　译者注：

1 参见 Theodor Adorno, *Gesammelte Schriften*, Vol. 8（Frankfurt, 1972），p. 93。德博拉·库克把它翻译成了"伪文化理论"，参见 "Theory of Pseudo-Culture", translated by Deborah Cook, in Telos #95（Spring, 1993）。

2 弗里德里希·路德维希·雅恩（Friedrich Ludwig Jahn，1778—1852），德国体操运动创始人。在解放战争期间，他是民族主义的鼓吹者，在德国三月革命之前的那段时期，他一直都在宣传浪漫主义的民族主义（带有反犹主义倾向）。他的教育学特别强调体育教育的重要性。

3 监工（Frönvogte）是强制劳动的监督者；从历史上看，在俄国，他们曾经是直接监督农奴劳动的人。

1960 年 2 月 12 日霍克海默与阿多诺致马尔库塞

美因河畔法兰克福

亲爱的赫伯特：

因为你在 1 月 24 日的来信中提到了我俩，所以我们想一起回复你。

你的批评——即我们正在推动冷战意识形态——实际上只是建立在假象的基础上。我们认为你在批评的过程中选择"似乎"（scheinen）这个词是经过深思熟虑的。不过，还是让我们回到要讨论的问题上吧！我们不仅要批判东方，还要持续不断地批判西方，这是一个无须辩护的理论结果。马辛在他的书里已经讲得很清楚了；不管怎么说，它确实对德国反犹主义的历史起源做了深入的研究，并摧毁了这个拙劣的借口，即它像自然灾害一样来自外部。在序言里，我们说过这样一句话，即你或其他任何一个人都会发现与西方有关的著作都是有罪的，但与东方有关的著作却并非如此。从这个角度来说，你需要的平衡一直保持到了今天。

但如果每次说到反对俄国，就立马提出也要反对西方国家，而这只是为了避免伤害这位最近公开发表反犹言论的和善的赫鲁晓夫先生世人皆知的情绪，那么这个要求也太过机械了。尽管他最近的政策都是在努力地回应他在苏共二十大上对所谓的个人崇拜的批评，但他仍然代表着这样一个政府，这个政府不仅消灭了数百万人，而且令人痛苦和感到可耻的是，它还对俄国革命实践和理论上的开创者进行了清算。他想避免与美国发生核战争，但这并不意味着他愿意放弃对政权的极权主义诉求，即使是现在，他在几个附属国仍旧对可怜的犹太人实施恐怖统治。我们的理论不能服从于计分［Auszählverfahren］。这种看待事物的方式让人想起了审查制度，而这也恰恰是我们普遍拒绝的他律精神。

[214]

如果我们没有弄错的话，正是"辩证唯物主义"（Diamat）**1** 仍然与我们的哲学有关系这一信念在批判东西方的过程中支撑着对某种平衡的需要。但是，如果它拒不去看它信以为真的对象的内容的转变，那么忠诚就会变成不忠。我们不能忽视的事实是，只要做出适当的改变，对我们而言，在西方描写现实甚至是完善现实都是可能的，而在东方，毫无疑问，我们可能早就被杀了；我们暂时也不能忽视这一事实，即相比东方，目前有着思想自由的西方简直就是人间天堂。这种自由有一个物质基础，这对我们来说并不是什么新鲜事。众所周知，它是一切自由的基础。

另一方面，我们几乎不敢相信你会接受这样的观点，即人们应该把东方的恐怖仅仅看成是正确道路上迈出的第一步。正是因为在理论中手段压倒了目的，所以手段在实践中战胜了目的，并且打着最终创造更好的事物的幌子使此时此地一切坏的事物合法化了。东方人可以期待美好时代在将来的某个时刻到来，但对我们来说，这不足以替这种命运辩护，即单身出租车司机因为生活在西柏林而不能看他在东柏林的可怜的市郊小花园（Schrebergärtchen）**2**。在我们当中，你在哲学上最接近亚里斯提卜**3**的精神，你应该是怀疑这种拖延的。如果说这一观点与对所谓的历史哲学本身的批判产生共鸣，那么这与我们的意图并不相悖。

　　总之，我们不愿意我们的言论自由受到任何限制，尤其不愿意以正义的名义——我们不能擅自认为也不能相信它是实质性的——受到任何限制。当写作时，要求人们必须把可能产生的误解也考虑进来，这是机械性思维方式必不可少的一部分。这种思维方式虽然坚持理论与实践的统一，但最终却破坏了自身的目的。你提到的"监工"**4**确实触及了问题的核心。这种目前无论是在东方还是在西方都正在蔓延并被小心翼翼地维护着的幻觉主要是为了通过过分强调外交政策来防止对国内关系的反思。西方轻狂的政治家们庄严的话语表达的是他们所代表的社会现实，与波雅尔贵族们（boyars）在轻拍中西部农民的肚皮时发出的欢笑声没什么两样，都很卑鄙。东方国家管理愚蠢和衰退的关键在于，它们完全是依靠恐吓让人民 [215] 在短短几十年间接受了西方国家在几个世纪的苦难与危难的历程中建立起来的职业道德标准。这完全出自"监工"之手。这种情况要归咎于这样一个事实，即每一个超出既定指导方针的冒险想法都被解释为"蓄意破坏"，即有可能减少产品的产量；忠诚就像曾经的商品一样被盲目崇拜。这不是巧合，肖斯塔科维奇（Schostakovitsch）近来在接受采访时宣称，颓废音乐的主要问题在于它没有充分鼓励人们在他们的工作中寻找快乐。说到快乐，雅恩 **5** 毫无疑问是领路人。顺便提一下，你特别反对那段把这位大胡子的反犹主义者与共产主义联系起来的话，但具有讽刺意味的是，你本该是最先承认这一点的人；这主要是因为反犹主义与共产主义都来自西方，而按照你的说法，我们应该把他们都纳入到我们的批判当中，我们也确实这么做了，他们也认为自己是他的后裔。尽管他们有着利益冲突，但他们势不两立的反对者是同一个。**6**

向你与英格致以亲切的问候。

马克斯

你的泰迪

译者注：

1 按照马尔库塞的说法，"Diamat"指的是在苏联发展起来的"辩证唯物主义"哲学。在他的《苏联的马克思主义》一书中，马尔库塞批判了"辩证唯物主义"，认为它是一种具体的官僚主义的马克思主义的话语形式，它构建起来是为了服务于苏联的国家利益。

2 "Schrebergärten"是一块地，它通常位于市郊，那些在城市有住宅但却没有足够空间的人往往用它来建花园。

3 亚里斯提卜（Aristippos, 前435—前355）是希腊享乐主义哲学学派的创始人。他建议生活在当下，而不是未来和过去。

4 参见马尔库塞1960年1月24日致阿多诺的信的尾注。

5 弗里德里希·路德维希·雅恩（1778—1852），德国体操运动的创始人。他是一个民族主义的鼓吹者，特别强调体育教育的重要性。

6 *"Trotz der Interessengegensätze sind die Unentwegte eins."*

马尔库塞致阿多诺

亲爱的泰迪：

当马克斯来到这里时，我已经写好了回信，对你的信做了详细的答复。在谈我的答复的内容前，先说说你的信，马克斯解释说你的信里有一个重大的错误，那就是出租车司机的例子。这完全是因为疏忽造成的——秘书没有把马克斯想要做的修改加进来就把信寄了出来。但我的答复主要针对的就是这个例子（我记得你曾宣称例子都不是偶然的！）。因此，我的答复就没必要再寄给你了——但有些话仍然有意义，我把它们摘录了下来。

[216]

这段时间，我读了你的《黑格尔哲学的经验内容》，**1** 我必须告诉你的是我真的很兴奋。这是现如今人们所能看到的最好的有关黑格尔的研究。我希望你能够用英语把这些带着"角度"（Aspekten）的文章发表出来。

我也喜欢你的《整理过去》**2**——它满足了我在回信中坚持的愿望。不过，不包括你关于德国民主的那句话，因为在那里，你竟然认为，社会生活现如今的再生产比人类记忆中的它的再生产要快乐得多。

如果我们能当面讨论这些问题，那该多好啊！不过我可以奢望的是，你把自己发表的所有文章都寄给我——我需要用它来救赎我的灵魂[Seelenheil]。

我携英格祝你和格莱特一切都好。

译者注：

1 《黑格尔哲学的经验内容》可能是阿多诺的《黑格尔：三个研究》的早期版本，参见 Adorno, *Drei Studien zum Hegel*, Gesammelte Schriften, Vol. 5（Frankfurt, 1970），p. 247；另参见 Theodor Adorno, *Hegel: Three Studies,* trans. Shierry Weber Nicholsen（Cambridge, Mass., 1993）。

2 显然，这是阿多诺的《整理过去》的其中一个版本，参见 Adorno, "Was bedeutet: Aufarbeitung der Vergangenheit?" *Gesammelte Schriften*, Vol.10（2），p.555。关于它的英文版本，参见 *Critical Models: Interventions and Catchwords*, trans. Henry Pickford（New York, 1998）。

马尔库塞致霍克海默与阿多诺（未寄出）

亲爱的马克斯和泰迪：

你们的来信证实了我太多的疑问。只有当面讨论才能解决。不过，我还是想先回应你们几个问题。

第一，你们误解了我的立场。我在信中并没有为苏联政权辩护——所以没必要纠正我。你们所说的一切，比如，手段和目的的关系，"辩证唯物主义"与"**乐在工作**"（Arbeitsfreude）**1**，以及"**过渡阶段**"（Zwisch-enstufe）**2** 的意识形态，我在《苏联的马克思主义》**3** 中都做了讨论，并且在演讲中也一直强调。但无须辩解，我确实提出了到底哪里的"**监工**"**4** 给人类的事业造成了更大破坏的问题，同时，我认为西方和东方的"监工"之间的联系绝不是机械性的…… [217]

你们谈到了他律精神，即我们的理论不能服从于计分，而这是我们都想拒绝的。你们说得简直太好了。这也正是我在信中想说的，即东方和西方都存在着他律。我想捍卫思想的自律，以免它在其他更让人感到舒适的他律形式面前低头。我觉得非常可怕的是，你竟然拿生活在西柏林的出租车司机不能去看他在东柏林的**市郊小花园**5 来作为例证，对我来说，这似乎是一种毫不留情的嘲弄（泰迪，你不是说过例子绝不是偶然的而是富有启发性的吗?）。带着美国商人般的冷漠拿德国人难以见到**市郊小花园**来反驳为了减轻数百万人真正的痛苦而做出的努力，即使他们只是提供了像样的医院和医生，对我来说，这才是受制于非人道的、无可救药的他律。"东方人可以期待美好时代在将来的某个时刻到来"（这个说法来自西方的"**监工**"）可能无法使你甘心接受德国人难以见到**市郊小花园**这个事实（我承认我不会有任何良心上的折磨!），但这根本不是问题所在。问题是，今天的东方**早已**比以前做得更好了，西方的"**监工**"也做了很多事情，但却是为了缓慢地减少痛苦。我还是想再讲一下这个例子。有或没有**市郊小花园**的出租车司机很具体，人数很少；而东方人很抽象，很遥远，人数很多。数百万的受害者比不上一个亲密的人。但辩证法并不是谁都可以随意叫停的马车。因为其他人也在那里。

　　但声称我把对东方的批判与对西方的批判联系起来"只是为了避免伤害这位最近公开发表反犹言论的和善的赫鲁晓夫先生世人皆知的情绪"，这种说法是完全不公平的。（请问：我何时何地说过这样的话?）我不知道他的情绪是不是比阿登纳（Adenauer）先生的更好些——在西方他们是不能得罪的，因为他们正致力于原子弹研究。我无法完全把握——更确切地说，我根本就把握不住——政治家的情绪。但你却写道，赫鲁晓夫代表着"这样一个政府，这个政府不仅消灭了数百万人，而且令人痛苦和感到可耻的是，它还对俄国革命实践和理论上的开创者进行了清算"。所以他代表的不是他自己的政府，而是它的前任，但他却一直都在试图弥补其罪行——这一点要比阿登纳强得多。西方的"**监工**"代表着（尚未被扬弃的）过去，与此不同，他恰好代表着根除过去。在我看来，比起苏联，西方过去与现在（以及将来!）之间的裂缝要小得多。在西方，他们正在就导弹

[218]

基地和训练场地与弗朗哥（Franco）进行谈判；以 8000 马克的罚款来惩罚塞普·迪特里希（Sepp Dietrich）（每个犹太人值多少便士呢？）；给希特勒的军官发放养老金；恢复和加强在刚刚过去的美好时代里发挥了重要作用的资本。到底是谁让自己的理论服从于计分？是坚持这种"机械的"联系的那个人，还是拒绝该联系的那个人呢？

毫无疑问，西方有"思想自由"，"相比东方，目前有着思想自由的西方简直就是人间天堂"。是不是任何一种思想都能出版发行？我不否认。但是，无论是在你们的作品中还是在其他什么地方，我都没有看到任何有关西方的自发的批判——这与你们对东方所做的具体的批判不相称。人们是从何时何地开始凭着自己的良心计算和分配各政府主要方面的分数的？为什么开始于 1928 年？为什么不把其他方面也包括进来？是不是其他方面在西方被根除了？你们不是理直气壮地说过希特勒政权并非偶然而是植根于现存的西方制度吗？毫无疑问，这关系到未来。但到底是从什么时候开始我们的理论只允许把思想局限于当下，却完全忽视确定的、可测的趋势的？

所有这些都是因为雅恩。[6] 我承认错误！[7] 但我真的相信比起穿着新制服在今天的西方世界游走的原子弹之父们，老雅恩毫无危害。

也许确实如你们所说："尽管他们有着利益冲突，但他们势不两立的反对者是同一个。"但是那些热衷和解的人不应该让这个联盟轻易形成。

译者注：

1 霍克海默和阿多诺在信中谈到与苏维埃政权的强制劳动计划相伴的意识形态时用到了这个术语。

2 它是这样一种观念，即压抑的苏联国内政策在实现社会主义完全解放的道路上是一个令人不快但却必要的"过渡阶段"。

3 Herbert Marcuse, *Soviet Marxism: A Critical Analysis*（New York, 1958）.

4 参见马尔库塞 1960 年 1 月 24 日致阿多诺的信的尾注。

5 参见霍克海默和阿多诺 1960 年 2 月 12 日致马尔库塞的信的尾注。

6 Ibid.

7 *Mea culpa*!

1960 年 8 月 8 日马尔库塞致杜娜叶夫斯卡娅

亲爱的杜娜叶夫斯卡娅：

    没能回复你的各种笔记和信件我很抱歉，主要是因为我正在神经质般地忙着我的新书，同样对轻微的干扰也表现得很神经质。请接受我的道歉。我相信你会理解。但现在让我觉得更不好意思的是，我现在写信给你是想请你帮个忙。我之前跟你说过我这本标题暂定为《发达工业社会意识形态研究》的新书与《苏联的马克思主义》形成对照，研究的是西方——也就是说，它不仅要讨论意识形态，也要讨论相应的现实。[1] 我其中的一个问题是在合理化、自动化特别是生活水平越来越高的影响下劳动阶级发生了哪些转变。我相信只需提一下法国社会学家在杂志《争论》中的讨论，特别是塞奇·马利特（Serge Mallet）的文章，你就会明白我的意思。这是一个变迁问题——也就是说，劳动者不仅越来越肯定整个体制，甚至也越来越肯定更加现代化的工厂中的工作安排了。在对加德士石油公司法国分部的法国工人的实地研究中，马利特尖锐地指出高度合作态度和公司里既得利益正在抬头。

    我现在想问你的第一个问题是，你怎么评价法国的这种情况；其次，希望你不要觉得厌烦，希望你能讲一讲美国文献关于这个问题正反两方面的观点。我知道你的评价与工人已经和工厂完全一体化这个论点背道而驰，但我仍想知道有没有任何明显支持另一面的理由。

希望我没有占用你太多的时间。你自己的工作进展如何？

致以最美好的祝愿和问候！

你忠诚的马尔库塞

编者注：

1 马尔库塞的《发达工业社会意识形态研究》最终以《单向度的人》为题发表了出来，参见 *One-Dimensional Man*, Boston: Beacon Press, 1964。关于马尔库塞与杜娜叶夫斯卡娅通信的整个背景，参见 Kevin Anderson, "The Marcuse–Dunayevskaya Dialogue, 1954–1979," *Studies in Soviet Thought* 38（1990）: 89–109。感谢安德森能够为我们提供书信最新的复印件，并允许出版杜娜叶夫斯卡娅的信。

1960 年 8 月 16 日杜娜叶夫斯卡娅致马尔库塞

亲爱的赫伯特·马尔库塞：

很高兴收到你的来信。（你的来信拖了好久才到我手里，因为你寄的是旧地址；请记下新地址：第 28 街 4482 号）

你的来信出现在了 8 号这样一个可疑的时间点上，因为《新闻快报》的专刊刚刚出版，它接下来会以《工人与自动化的斗争》为题以小册子的形式出版，对你来说，它应该很有价值，因为你会看到工人正在为自己的劳动条件和所谓的高水平的生活标准发声。我知道，自我们上次谈话那刻起，你一直认为这些观点完全是受我的影响。虽然查尔斯·登比（Charles Denby）和这个小册子的某些（绝不是全部）作者是马克思主义的人道主义者，但如果你认为他们的观点太过优秀，就认定他们不代表美国的工人阶级，[1] 那么你就犯了一个严重的错误。他们代表着汽车、钢铁、煤炭及其他一切基础产业的美国工人的一个非常重要的组成部分，他们描述的状况都是他们冒险亲身经历过的，而不是那些社会学家在"实地研究"中看到的。我想提醒您留意一下第 6 页的《出路在哪儿》，因为与那些认为在面对公众时必须要发出"一致声音"的铁板一块的共产主义者和激进分子不同，工人们在这里可以公开表达反对意见。你应该还记得我在《马克思主义与自由》一书中引用过安吉拉·特兰诺（Angela Terrano）的话，因为她提出了真正马克思主义意义上的劳动到底什么样的问题，然后她又说了这样一句话，即工作应该是完全不同的，"全新的东西，工作不仅是为了赚钱来买食物和其他东西。它必须与生命紧密联系在一起。"（p. 275）这里完全抛弃了自动化，而你却坚持认为，如果工人管理工厂，工厂不会成为"恐怖之屋"，随之而来的就会是工人有更多的渠道控制生产，缩短工作日等。**2**

另外，我碰巧认识一位加德士石油公司的工程师，他说了一些与塞奇·马利特完全不同的东西。我让他针对你提出的问题专门加了一段话，不过，1948 年在芬兰发表的《石油与劳动力》更全面些，我觉得你应该没有，所以也随函附上了。（不过你看完后，请在你方便的时候再寄回来。）再就是，我不确定你是否有我在《争论》（*Arguments*）上发表的《国家资本主义和官僚主义》，这篇文章涉及某些你肯定想了解的某种程度上比外在于现象的"组织人"的水平更高的社会学家，比如，赖特·米尔斯 [221] （Wright Mills），同时，它与从国家资本主义出发对我们生活的时代的分析形成了鲜明的对比。因为它同时也以英文发表了出来，所以我把 1960 年 1 月 2 日的《社会主义社论》（*Socialist Leader*）也随函附上了。今年年初，我再试着找找《两个世界》，这些文章涉及美国不断走向衰退的战后经济。

那么现在再谈一谈美国与这个主题有关的文献：我早就不再关注那些社会学家了，他们早已完全沦落为"社会心理学"派，成了工厂工人口中的"缩头乌龟"，所以我的书单不可能太详尽，我只能提供主要的参考文献。由于阶级斗争从未被美国社会学当成分析框架，所以你一定要记住，你提到的那些谈到了工人对管理甚至对"工作安排"持所谓的合作态度的人都是前激进分子和准激进分子，他们最近对资本主义优越性的吹捧某种程度上在丹尼尔·贝尔（Daniel Bell）以及他那本名为《意识形态的终结》（*The End of Ideology*）——当然，这里说的意识形态的终结也就是阶级斗争的终结——的著作的一系列文章那里得到了集中的体现。当然，他们现在早已不再挣扎了，因为他们的庸俗甚至使他们都不具有西欧阶级斗争终结者（法国以及英国的"新左派"）的外表，相反，只能促使他们为国务院的"文化"（现在，相比"路线"，这难道不是一种更委婉的说法吗？）进行最不堪的辩护。

他们中最严肃认真的也许就是西摩·李普塞特了。他的《政治人：政治的社会基础》（*Political Man: The Social Bases of Politics*）一书主要是为了"用事实证明"阶级斗争正在衰退：通过福利立法、税收的再分配、强大的工会和"充分就业"立法，晚期资本主义发生了改变。李普塞特的论点是："工业革命最根本的政治问题已经解决了，工人们已取得了工业和政治公民权，保守派已经接受了福利国家，再就是，民主左派已经认识到过度的国家权力的增加对自由的危害大于对经济问题的解决。"（即使在这里，美国人也与法国人非常不同，当法国人支持阶级斗争衰退时，他们同时转向了严格的计划，然而美国人却仍然保留了"自由企业家"，尽管当意识形态输出成为一个问题时，国务院转向了"人民资本主义"。）

最近普林斯顿大学社会学家斯坦·罗伯特（Stein Robert）的一本名为《共同体的消失》（*The Eclipse of Community*）的著作因为以清晰的新闻语言对半个世纪以来的社会学做了某种程度上全新的概括，引起了各方很大的关注。尽管众说纷纭，比如彼得·德鲁克（Peter Drucker）提出了"工业人的终结"，威廉·科恩豪泽（William Kornhauser）在《大众社会的政治学》中提出了"政治人的终结"。但现在却没有人认为，这种经济人、

[222]　工业人、政治人终结了，甚至他的思维也被电子计算机接管了，他会对自己的工作感到满意、满足。在这方面，矛盾心理在丹尼尔·贝尔的《工作及其不满》中表现得最为清晰，文章宣称，阶级斗争衰退无论如何都会发生，即使不是在工厂里发生，也会因为"对蜜饯胡萝卜的新的渴望"而发生。我们看过太多有关"职业流动"的电视节目了，也听说过大卫·里斯曼（David Riesman）从《孤独的人群》到《个人主义再探》对"为了愉悦和消遣而不是为了工作本身而提高工作自动化"的需要所作的负面的记录。贝尔有一句经典的话，即从所谓的"人际关系"的规划中产生的描述"不是对人的，而是对牛的，社会学的"。

　　如果你接受经济学家的看法，你会有另一种选择，所以虽然每个人都因为"美国资本主义的衰退"而对过往感到羞耻，但路易斯·哈克（Louis Hacker）现在却鼓吹起了"资本主义的胜利"，正如从科里（Corey）到斯大林主义的辩护者那些被认为是马克思主义权威——保罗·斯威兹（Paul Sweezey）就是其中之一，而所有的消费不足主义者也都无一例外——所写的一切所谓的马克思主义著作（甚至约瑟夫·熊彼特也因为那部不朽但有倾向性的著作《经济分析史》而被当成了马克思主义权威），不管你看的是20世纪30年代（当时"所有人"在某种程度上都是马克思主义者，一些严肃的作品也已经出现）的著作，还是现在（几乎所有反对资本主义的作品都出自斯大林主义者之手）的著作，你都会发现，根本就没有真正意义上的马克思主义者从历史、社会、经济的角度对美国经济进行分析。但是，我们至少可以从经济学家的数据中看到，比如，在《富裕社会》中，有些人比其他人富裕得多。此外，早在社会学家所崇拜的麦卡锡主义出现之前，他们的一些社会学著作就已经对某些方面做了专门的研究，比如，社会学家莱因哈德·本迪克斯（Reinhard Bendix）和李普塞特对职业流动的研究，林德夫妇（Lynds）的《米德尔敦：当代美国文化研究》，劳埃德·华纳（Lloyd Warner）的《扬基城》，路易斯·沃思（Louis Wirth）的《贫民区》，弗洛里安·兹纳涅茨基（Florian Znaniecki）对美国的波兰农民的研究。即使是研究的范围变大了，比如，约翰·多拉德（John Dollard）的《一个南方城镇的等级制度和阶级》，也没有把美国当成一个整体。"一战"前的扒粪者（如果你没读过《林肯·斯蒂芬斯自传》，可以读一下）与 20 世纪 30 年代乃至"二战"期间的专门研究停止之后，我们进入了最著名的埃尔顿·梅奥（Elton Mayo）对"工业文明中的人类问题"所作的霍桑研究，我认为，这取代了对收益分成的佃农和等待分配救济食物的队伍的统计研究。

接下来我们专门谈一下自动化。除了我在《马克思主义与自由》中罗列的那些书目以外，目前还有在华盛顿举办的第 84 届经济报告大会的 [223] 联合委员会听证会上发布的《自动化与技术变革》，即霍华德·雅各布森与约瑟夫·罗塞克主编的《自动化与社会》（费城图书馆），查尔斯·沃克的《关于自动化的工厂》，弗洛伊德·曼和理查德·霍夫曼的《自动化与工人》，尽管它的标题是这么写的，但却与工人的感受无关，它只是密歇根大学针对发电厂展开的专题研究。1959 年发行的《自动化的经济和社会影响：文献综述》（密歇根州东兰辛市密歇根州立大学）是很好的参考书目。我不确定你是否真的会花时间看这些书，但是至少 1958 年新成立的"技术史学会"及其创办的杂志《技术与文化》（1959 年冬第一卷第一期出版）不会带着负罪感去写那些社会学家所写的东西，因此，不需要试图通过"大众"的终结来确定意识形态的终结，所以在某种程度上更客观。由于不太关注大众（那些社会学家的前哨实际上是芝加哥大学，主要人物是基督教人文主义的社会学家、技术专家约翰·乃孚，而"技术史学会"

的出版中心在韦恩州立大学，它的主编是凯斯理工学院的梅尔文·克兰兹伯格，两者相去甚远），所以它可以把注意力放到对其他领域形成冲击的技术基础上。如果你不急于现在就出版你的著作，我觉得你有必要先看看它的下一期，它承诺要整个地投入到《技术史》这一里程碑意义的第五卷的研究上来，这一卷的主编是查尔斯·辛格（Charles Singer），而后者会对它上面的系列性文章——不管是批判的还是其他的——做出介绍。

正如你所看到的那样，我无法给出你要的美国有关这个主题的文献的清单，也无法给出我的观点。现在，我希望总结一下我对美国社会的观点，而不仅仅是对那些研究美国社会的著作的观点，不过，它可能与你的观点有很大的不同。如果可以，我想说的是，我希望你在关注"劳动阶级的转变"时千万不要掉入陷阱，即把马克思的社会主义看成是一种分配哲学。我把你归入消费不足主义者之列，并不是有意冒犯，像罗莎·卢森堡这样伟大的革命家也在此列，尽管她的《改革还是革命》完全是为了把阶级斗争的问题从"个人财富"的问题转移到生产关系上来。恩格斯确实写了许多关于生产关系的著作，甚至从来都没有发现丝毫的背离，在尚未成为辩证论之前，人道主义的马克思也写了很多离题的短文。希法亭曾把《金融资本》当成《资本论》的最新发展，然而，具有"稳定"倾向的"有

[224]　组织的资本主义"把社会主义变成了一个"接管"问题而不是彻底重组的问题，更不是工人自发行动的问题。毫无疑问，你可能会说这正是马克思"错误"的地方，你当然有资格去表达你自己的意见，多年来你也确实不断试探着去把它们付诸文字。我的说法可能对你来说很不公平，因为我手头上没有你的手稿（我真希望你能把它寄给我，这样我就可以给出具体而不是基于假设的观点了），但我只是觉得，这种对所谓的高水平的生活标准的关注改变了你自己在我的书的序言中所说的重心，即"在马克思理论

的基础上——在人道主义的哲学中——重新夺回该理论的整体统一性"。

因此，请允许我简单地讲一讲基本原理，尽管你都很熟悉。首先，你肯定记得，在《马克思主义与自由》第 125 页，即我引用《资本论》第一卷第 708—709 页关于积累规律的那一页，通过引证马克思的话，即"不管工人的报酬高低如何，工人的状况必然随着资本的积累而**日趋恶化**"（粗体字是后加的），我对工人"更富裕了"这种普遍流行的说法提出了反对意见。从自动化下的劳动条件和它所带来的失业，我们可以明显地看到工人的状况日趋恶化。"干瘪的口袋"对于那些没有处在这种状况下的人来说听上去很偶然，但在 1960 年，甚至是杰克·肯尼迪（当时还在竞选中）也一定会对西弗吉尼亚的情况感到震惊，因为在那里竟然有母亲为了免于挨饿而去卖淫的真实案例。那些高水平的生活标准的倡导者难道不该歇一歇，去调查一下 500 万失业人口乃至由他们的家庭构成的 1300 万人口的状况吗？并不仅仅是失业，甚至是造成三次衰退的美国战后缓慢的经济增长速度，也是自动化下所谓的常规状态。我看到矿工居住在带有户外厕所而不是室内厕所的简易棚屋里，但他们却打算分期付款来购买电视机，这并不意味着满足或他们"选择了"这样的"蜜饯胡萝卜"，而只是意味着电视可以在水管设施之前安装，因为后者的首付远多于 5 美元——你必须彻底清除这些茅舍，包括在这个最具公路意识的工业发达的自由的土地上修建通往他们的道路这个可怜的借口。

那些似乎持相反观点的人的答案是：（1）他们甚至都懒得去建立一个劳动党；（2）他们现有的工人领袖是他们应得的，是他们选了鲁瑟氏、米尼氏和霍法氏；（3）这些人在改变社会这一运动中并不"积极"。攻击、野猫式的罢工，以及对他们自身的思想进行组织似乎不太重要。就目前而言，我接受这个难以接受的观点，但我想知道的是，这有没有超出马克思 [225]

和恩格斯哀叹的"英国无产阶级的资产阶级化"或列宁视之为第二国际瓦解的根本原因的"工人贵族"趋势。

这使我想到了马克思主义的第二个基本观点，即到最底层的无产阶级那里寻求它革命本质的问题。你可能记得我在《马克思主义与自由》第187页引用过1871年9月20日马克思在巴黎公社瓦解后的一次演讲，那时，甚至在英国工会领袖面前无产阶级都表现得很懦弱。（我只见过俄文版的演讲稿，不知道有没有德文版的。）我还想说的是，列宁原先并没有从中"发现"后来他所说的"马克思主义的精髓"，直到他亲身面对第二国际的背叛和布哈林——准备严厉鞭挞第二国际的领袖乃至工人阶级本身——的极端左倾主义时，他才意识到了这个问题。在《马克思主义与自由》第187页最后一段，我从现实的和理想两个层面对列宁处理问题的方法做了探讨，希望你能留意。

的确，自动化和国家资本主义不仅是我们当代社会的"量"变，也是质变，而这个显著的事实也会影响到一部分工人阶级。但部分并不是整体。确实，这个事实不仅使资产阶级觉得这是一个富裕社会，甚至使大众也觉得这是一个富裕社会——数百万的就业者，所以500万的失业者看起来"微不足道"，但这并不能表明那些失业者大多数就是生产工人。他们并没有出现在郊区，而是集中在工业中心，他们在那些被从来都不得消停的黑人问题激怒了、有组织但却喜欢"野猫式罢工"的工人阶级中间，他们也在那些证明了自身的反叛是有理由的青年人中间。我知道你不接受我的这个观点，即他们正在寻找一种总体性哲学，并不想把自己扔进历史的垃圾堆里。当赫鲁晓夫访问时，不管是上百万的正在罢工的无产阶级还是艾森豪威尔都想向他展示美国在工业上的优越性，而不是工业停滞不前，这是事实，同样，就在这几个月里，刚刚开始讨论自由和青年"应该达到西欧的水平"的黑人大学青年已经从未来转移到了现在，这也是事实。

在我真正看到你的书的手稿并了解了你的思想脉络之前，我就先说这些吧！到时，我会高高兴兴地再写信给你。你从激进分子的压力中解脱了出来，但我还是得用绝对理念的方式工作，所以我的工作进展很慢，但我希望劳动节之后能把更多的时间投入到这本书当中。冬天我可能会去一趟波士顿，我去年三月份去过那里，但只在那里待了两天，作了两场演讲，所以没机会联系你。如果今年秋天我再次受邀请的话，我会抽机会去看你，与你聊一聊。　[226]

编者注：

1 马尔库塞在《单向度的人》中对查尔斯·登比的小册子《工人与自动化的斗争》做了讨论。

2 马尔库塞为杜娜叶夫斯卡娅的《马克思主义与自由》撰写了序言，参见 Dunayevskaya, *Marxism and Freedom*,（New York: Bookman, 1958），pp. 7–12。

1960 年 8 月 24 日马尔库塞致杜娜叶夫斯卡娅

亲爱的杜娜叶夫斯卡娅：

能得到你这么快又这么大的帮助简直是太好了。我迫不及待地读了那一期的《新闻快报》。不要误解我的意思：事实上我完全赞成那里面所说的一切，不过，有些地方确实也犯了根本性的错误。（1）它所抨击的并**不是**自动化，而是前自动化、半自动化和非自动化。自动化作为先进工业社会突破性的成就实际上是完全消灭这些文章中所描述的劳动模式的。不过，资本家和工人却阻碍了这种真正的自动化——这有很充分的理由（就资本家而言：利润率下降，需要全面的政府控制；就工人而言：技术性失业）。（2）因此，他们就会通过阻止、限制自动化来拯救资本主义制度，然而完善的自动化将不可避免地推翻它：马克思，《政治经济学批判》592—593 页。（3）关于安吉拉·特兰诺：你应该如实地告诉她，人性化的劳动以及它与生命联系在一起这一切只有通过自动化才有可能实现，因为这样的人性化被马克思正确地放入了超越了必然王国的自由王国，即超越了物质生产中的整个社会必要劳动王国的自由王国。但前提条件是必要劳动王国完全丧失了人性。

　　但这一切最好是当面讨论。希望这个冬天我们能有机会见面。再一次向你表示感谢!

　　我给你寄了 10 美元——增援《新闻快报》。

1960 年 10 月 8 日波洛克致马尔库塞

提契诺州蒙塔尼奥拉

亲爱的马尔库塞：

最近一段时间我一直想把我们在纽黑文那次难忘的谈话记下来，因为它解决了一些理论问题。但直到今天我才得空写下这份随函附上的备忘录。（算不上是备忘录，因为我记忆不是太好，所以为了便于提醒自己，我在回程中记下了几个关键术语。）

在加利福尼亚的那一周里，我租了一辆 1959 年的雪佛兰，跑了几百英里，开着它时我一直在想你所说的汽车质量已变得越来越差这个事。这辆车已经行驶了很多英里，它跑得非常好。无疑，十年前许多汽车比今天相同品牌的产品要好得多。但这个比较并非如此简单。要做出判断，我们必须把今天的价格兑换成 1940 年或 1950 年的美元数额，并拿今天的汽车质量与 10 年或 20 年前同类机型的汽车的质量进行比较。我猜想，这有可能证明后一种机型是一个进步。

这并不意味着如果不花那么多钱在不必要的电镀上，就不可能以同样的价格生产更好的汽车。

我只在几次谈话中听说过帕卡德的《废物制造者》，因为这本书还没有出版。但我猜想，他的结论应该来自极其离谱的例外。考虑到大多数产业部门（国内的和国外的）产能过剩，只要消费品的生产商愿意，他们就不会剥削消费者。

尽管我没有忘记你就我所说的当前经济制度下一切都井然有序最后所作的尖锐评价，但我还是不太想接着讨论这个问题。用什么标准来衡量，这是十分混乱的。但理论要想对这个制度做出有意义的理解，就不能满足于揭示它所产生的巨大的非生产花费，而是必须意识到它仍然能够避免危机。你应该还记得对近代伽利略所作的悲喜剧式的谴责，尤金·瓦尔加（Eugen Varga）说那是因为他给资本主义制度带来了［……］。[1]

肯尼迪先生和他的顾问似乎很了解目前制度中的这个弱点。他们是否能够借助于激烈的改革与同样激烈的增税在国会取得成功，这是另一个问题。

我也希望你关注一下这两本书：瓦根莱纳（Günther Wagenlehner）的　　[228]
《苏联的经济制度》和《卡尔·马克思》（科隆，1960）；虽然保守，但是里面有很多有价值的材料。

再就是：《美国和苏联经济体的比较》（1959 年 11 月 13 日至 20 日联合委员会听证会发布，华盛顿，1960 年，货物编号 48448），一共 292 页，其中包含的材料极其丰富。

我原本只想写几行，但现在却成了一封长信。从这一点你可以看出我有多想和你讨论这些问题。

携家人向你致以诚挚的节日问候！

你忠诚的波洛克

译者注：

1 原信中的字迹难以辨认。

1960 年 11 月 10 日马尔库塞与波洛克谈话备忘录

与赫伯特·马尔库塞在纽黑文讨论的理论问题

1. 马尔库塞：对资本主义国家而言殖民地的产品重要吗？

波洛克：不重要，除某些军用物资以外。

2. 马尔库塞：扩大军备对他们来说重要吗？

波洛克：不重要，见第 8 个问题。

3. 马尔库塞：考虑到自动化等因素，价值理论还可行吗？

波洛克：如果我们想从正统的［马克思主义］理论的角度来解释它的话，不可行。

4. 马尔库塞：如果我们认为由市场支付的劳动时间是社会必要劳动时间，那么我们是不是就该放弃批判理论？

波洛克：不是，因为对什么是"社会必要"的重新解释能够重新回到批判上来。我们只需考虑一下废物在这个社会有多么"必要"，以及有多少对于一个良好的社会绝对必要的商品、服务和机构现如今"过于昂贵"。

我们就会发现"社会必要"这个概念的使用和加尔布雷思的"富裕社会"一样具有讽刺意味。

　　5.马尔库塞：在资本主义晚期，商品的质量是不是会越来越糟？

[229]

　　波洛克：不是，正好相反，除那些被人为缩短了寿命的商品（如灯泡等）之外。但这只是例外。一般来说，今天的工业产品质量比五十年前的质量要好。你可以拿最初那些贴着"德国制造"或"日本制造"标签的垃圾与今天的产品质量进行比较。

　　6.马尔库塞：经济领域的技术进步，特别是自动化，在一个理想社会中是不是会有更进一步的发展？

　　波洛克：这个问题没有太大意义。也许你的意思是，如果军备预算用在自动化上，那么它是不是会有进一步的发展？但这却是一个恒真命题。显然这个问题不能用笼统的术语来提出。这种"理想社会"只存在于一个国家还是全世界？是否因此就不需要军备预算了？对劳动过程有主要责任并与其呈正相关关系的到底是劳动过程逐渐实现了机械化还是这个社会的工人成了团队的一分子？（按照乔治·弗里德曼的说法）

　　7.马尔库塞：现如今自动化是不是正在遭受人为的阻碍？

　　波洛克：你所谓的人为是什么意思？从技术上讲，并不是每件事情都有可能得到实施，确切地说，只有那些有利可图或不太伤害劳资关系的事情才有可能？在当前的资本主义时期，它们都不是"人为的"，相反，它们都是"自然的"。

　　8.马尔库塞：是不是不持续增加军备预算，严重的危机就会不可避免？

　　波洛克：它并非"不可避免"，因为原则上，现如今的扩张可以通过其他公共支出来维持，正如肯尼迪所建议的那样，可以通过经济政策来维持。那将是朝着国家资本主义这个方向迈出的又一步，而只要危机对每个人来说都不明显，国会大多数人就会支持这一举措。

9. 马尔库塞：美国资本的国外投资已经增加到 300 亿美元，这意味着什么？难道这不是一种新的帝国主义形式吗？

波洛克：只要能够从国外更低的劳动力成本和税收中获得更大的利润，人们就会做出积极的反应。但即便如此，我们也不应该失去判断力。300 亿看上去数额庞大，但相比美国私人企业 1959 年在美国投资的 370 亿美元却少了近 20%。

[230]

十一

哈贝马斯的这篇《不同节拍的哲学与政治——纪念马尔库塞诞辰100周年》以德文的形式在《后民族结构》（参见 *Die postnationale Konstellation. Politische Essays*, Frankfurt: Suhrkamp, 1998, pp. 232–9）中发表了出来，约翰·爱博梅特把它译成了英文。长期以来，哈贝马斯一直都是马尔库塞很亲密的朋友，他最先把对马尔库塞作品的这些思考发表在了《新苏黎世报》上，参见 *Neue Zuricher Zeitung*, July 18–19, 1998。感谢哈贝马斯同意我们把他对马尔库塞的反思翻译并发表出来。

后　记

不同节拍的哲学与政治

——纪念马尔库塞诞辰 100 周年

尤尔根·哈贝马斯

在他第一任妻子苏菲去世之后，马尔库塞在 1951 年 3 月 3 日致霍克海默和波洛克的信中写道："死亡隶属于生命的观念是错的，我们应该更严肃地对待霍克海默的思想，即只有消灭了死亡，人类才能真正获得自由幸福。"此岸永生是有可能的——马尔库塞接受了这种摆脱了新教影响的思想（可追溯至孔多塞），并以活力论的语调把它表达了出来。尽管基因技术取得了很大的进展，但这种思想仍未成为现实。否则，我们就能够观察到马尔库塞百年诞辰与另一个纪念仪式之间独特的联系了：比如，1998年6月，在热那亚举办的会议上，"1898—1968—1998"就成了马尔库塞纪念活动的宗旨。尽管哲学家的学者朋友也出席了这场会议，但只是在回首学生运动和马尔库塞作为导师的矛盾角色时，大家才表现出了强烈的兴趣。如此看来，人们更加珍视的似乎是马尔库塞诞生的日子与1968年之间的巧合，而不是其哲学作品的影响。

　　一度畅销的作品一旦在哲学界销声匿迹了，这往往意味着对它们的研究从兴趣浓厚走向了一时的冷寂。阿多诺就是这样，不过，他的作品出于种种原因对当代来说仍然是一种挑战。甚至霍克海默的作品在他所创立的传统的范围内仍然广受关注。但是，对马尔库塞来说，学者的形象被政治导师这一历史角色掩盖了。对于某些重要或相对比较重要的哲学家的影响会出现起落，我们并不感到陌生。政治干预比起哲学作品来更容易受到历史环境的制约，所以它的后续影响服从不同的、更为短促的历史节拍。就马尔库塞而言，他的哲学作品的影响与他的政治人格的影响的历史节拍在合成的时候似乎发生了短路。他的哲学观点的重要性也淹没在了对其政治**参与**的批判的洪流之中。人们很容易以否定其中一方面为代价来肯定另一方面。但是，如果我的观点包含真相的话，那么就会出现这两个方面都失真的危险，特别是考虑到他的政治活动并不亚于他的哲学。[234]

　　与霍克海默周围的其他核心圈子成员相比，马尔库塞无疑最有政治气质。1918年，他就加入了柏林的士兵委员会，事隔60年，他还耿耿于怀地说："我和朋友们经历了德国革命的失败，也经历了卡尔·李卜克内西和罗莎·卢森堡的遇害。"第二次世界大战期间，马尔库塞在美国战略情报局的政治部门供职，他通过"分析敌人"以自身特有的方式参与到了与这个曾把他驱离德国的政权的斗争中。20世纪60年代初，在他加入反对越南战争的抗议活动以及最终影响大西洋两岸的学生抗议运动之前，美国的民权运动又一次激起了他的政治热情。当然，偶尔的激进主义并不能使我们忽略这一点，即甚至是与阿多诺或霍克海默相比，他也是一位严格意义上的学者，因为他遵守职业准则，写了许多学术著作。

通过跟海德格尔学习，马尔库塞熟悉了当代哲学的主题和水准。作为第一位"海德格尔式的马克思主义者"，他写了一本常规意义上的**教授资格论文**①，并于1930年前后在主要学术刊物上发表了一些文章。社会研究所迁到纽约之后，不是阿多诺，而是马尔库塞在霍克海默确立的分工中承担了哲学研究的任务，正是他对《传统理论与批判理论》这篇纲领性的文章做了注释。1941年，通过对黑格尔哲学中的社会理论的形成过程进行历史系统的研究，马尔库塞在专业范围内获得了广泛的认可。无论从哪方面来讲，《理性与革命》都可以与洛维特的名著《从黑格尔到尼采》相媲美。甚至是他最激进、在某种意义上也"最具特色"的著作，即《爱欲与文明》，马尔库塞同样认为它有助于学科讨论。《单向度的人》是他最著名但并非最好的作品，它出版于1964年，充满了悲观主义色彩，并用本雅明的一段话做了总结，即"只是因为有了那些不抱希望的人，希望才赐予了我们"——也就是说，没有与学生们不久后自身创造的实践联系起来。

在《理性与革命》的前言中，马尔库塞指出，"法西斯主义的兴起迫切要求重新解释黑格尔的哲学"②，而他也藉此为自己的黑格尔研究做了辩护。马尔库塞的作品如果真的被笼罩在了过去的政治影响的阴影之中，我们就应该从那时已经开始变化的历史环境中得出不同的结论。我们无须"以一种新的眼光来看待他的哲学"，但却需要重新审视我们在看待马尔库

[235]

---

① 在德国，不管是谁，要想获得大学教授资格，都要完成另一篇论文，即**教授资格论文**。

② *Reason and Revolution*, (Boston, 1960)，p. xv.

塞的政治作用上是否怀有成见。

沃尔夫冈·克劳斯哈尔近来在《法兰克福学派与学生运动》^① 中给出的文件为我们以联邦德国为例来重新审视马尔库塞的观点对"68 年学生运动"的直接影响提供了可能。马尔库塞早在 1966 年 5 月 22 日"德国社会主义学生联盟"于法兰克福大学组织召开的"越南大会"的演说中就已经提出了其主要理念。他的出发点是"社会财富、技术进步以及对自然的控制与对所有这些力量的使用——从贫穷与苦难来看，使用这些力量主要是为了使国内和国际层面的生存斗争延续下来——之间的对立"^②。现如今，超级大国的军备竞赛已经结束，相比于越南战争期间，"对积累起来的财富的毁灭性使用"已经不再那么明显。但是，在失业率与股票价格同步上涨的全球化的资本主义时代，马尔库塞最重要的诊断，即"生产力与破坏力不可避免地联系在一起"以另一种激烈程度毫不逊色的方式得到了证实。

[236]

马尔库塞认为，现存的生产关系与其说是束缚了生产力，不如说是解放了生产力。他对唯生产论的社会解放模式提出了质疑。早在罗马俱乐部之前，马尔库塞就已开始抵制"先进生产力这个可恶的概念，因为按照这个概念，自然不过是一个可以被无偿剥削的对象"。此后，生态运动使每个人都意识到了这一点。马尔库塞认为，社会主义与资本主义的区别"与其说在于生产力的发展，不如说在于生产力的倒退。这是消灭劳动、需要获得自主性以及缓和生存斗争的先决条件"。从"劳动社会的终结"的论题来看，马尔库塞这个观点同样有道理。人们普遍认为，在经合组织

---

① *Die Frankfurter Schule und Studentenbewegung: von der Flaschenpost zum Molotowcocktail 1946–1995*, 3 volumes, ed. Wolfgang Kraushaar, (Frankfurt, 1998) .

② Ibid., Vol. 2, p. 205.

国家，国民生产总值只需 20% 的人口就可以生产出来。但是，如果越来越多的劳动人口对于社会再生产来说是"多余的"，那么职业成功与社会承认之间的紧密关系也就很难维持下去了。

马尔库塞对于抗议潜力的估计同样也不是没有现实意义。他从来都不认为苏联可以替代西方资本主义世界。他也不认同这样的观点，即社会的普遍利益只能在被剥削的大众的苦难与反抗中表现出来。在当时的美国，多数与少数之间的关系已经明显发生了变化。一体化的多数与缺乏有效的平衡手段的边缘化的少数形成了对立。这也正是马尔库塞把希望寄托在年轻人、知识分子、妇女、宗教团体等所具有的道德感性上的原因。这些有着普遍认同的目的的团体必须与那些精疲力竭、受尽压迫的人的物质利益联合起来："我学到了一点，那就是道德和伦理并不仅仅是上层建筑，也不仅仅是意识形态。"就像虔诚的理想主义者那样，马尔库塞谈到了"理性与情感的团结一致"，而自从社会学家注意到物质的价值取向一定程度上已经转向了所谓的后物质的价值取向，甚至这种说法也变得越来越可信了。

当然，仅仅从这些观点出发还无法解释为什么马尔库塞在学生群体中会引起强烈的共鸣。其实是某种带有弗洛伊德色彩的活力论确立了马尔库塞在他孙辈那一代人心中的地位。马尔库塞本人深受世纪之交青年运动的影响，所以他对新青年运动的文化革命特征深有体会，也就是说，他对反抗的动机和造反者的自我理解深有体会："这不仅是一次性反抗、道德反抗，也是一次思想反抗和政治反抗。从这个意义上讲，它是总体性的，针对的是整个制度。"

[237]

不过，这个说法同样可以揭示，这种存在主义的描述为什么能够轻易地把青年造反运动与历史哲学意义上的总体变革概念，也就是说，与

"革命"概念联系起来。马尔库塞本人虽然没有把造反与革命混为一谈，但他确实认为，他们可以成为导火索。他建议他的听众把自己理解为未来革命运动的一个部分。他关于暴力问题模棱两可的表述同样可以证明这一点。1967 年 7 月，他在柏林发表了对库尔特·内费曼的评论，而他也以此与"德国社会主义学生联盟"的自由派划清了界限："我从未把人性等同于非暴力。相反，我曾提到过这样一种形势，在该形势下，使用暴力最符合人类的利益。"这种倾向得到了以不加批判的理性概念和精英主义的教育观念——通过德国文科中学①在政治上有问题的课程传授给了马尔库塞及他那一代人——为基础来理解哲学和启蒙的支持。阿伦特同样持这样的观点。

异想天开地将反抗的年轻人与革命先驱相提并论可以部分地解释哲学家马尔库塞的影响之所以销声匿迹的原因。由于当时的影响与时局太过紧密，所以今天在回顾的时候很难把学者的学术成就与未实现的**决定性的时刻**，也就是与把马尔库塞夸大为扭曲的判断标准的历史语境分离开来。但是，一种哲学在一定的历史语境当中被奉为区分**真实**与**虚假**的标准，同时又在这个历史语境当中消亡，这种情况已经出现过不止一次。无疑，这样的判断有点幸灾乐祸的味道，因为它没有公正地对待马尔库塞理论分析中真实的内容。马尔库塞通过求助于总体性概念——已离我们越来越远——把握住了经济增长的生产力与它的社会后果的破坏力之间特有的纠缠关系。因为他认为必须引入一套词汇，才能通过对看似熟悉的现象进行严肃的分析，使人们对根本无法感知的事物保持清醒的认识，所以马尔库塞通过诊断向我们呈现了一个封闭的极权社会的形象。

---

① 德国精英中学。

[238]　　　　形势已经变了。现如今的报纸读者已经不可能再被生产力和破坏力之间的纠缠关系所迷惑。在高效的"地缘竞争"的推动下，我们的政府自愿卷入了一场放松管制、竞相降低成本的竞赛，而这在过去的十年里带来的是邪恶的红利，收入的两极分化，文化设施恶化，失业率不断上升，越来越多的贫困人口被边缘化。我们无须任何新的语言，就可以认识到这一点，因为我们已经不再认为我们生活在一个"富裕的社会"。

　　思想状况也变了。后现代主义已经解除了现代性的自我理解。通过一体化的公民的意志和意识在政治上实现自身这种社会民主观念所反映的是一种讨人喜欢但却过时的乌托邦还是一种简单而又危险的乌托邦，我们已经不再是那么十分清楚了。悲观的人类学与新自由主义联手使我们在日常生活中已经越来越习惯于一种新的全球形势，而在此形势下，社会不平等和排斥已经被当成了自然事实。现有的宪法则对事物有着完全不同的看法。归根结底，我们可能需要一种新的语言，以便在强制适应功能命令过程中不要忘记这种规范的视角。

鸣　谢

　　我要再次感谢彼得·马尔库塞选择我来编辑他父亲的文集，感谢他在形成这个文本的每个阶段的密切合作。他的前言再次提供了富有启发性的走进他父亲的作品的方式，并对马尔库塞声名狼藉的文风的优点做了精彩的分析。感谢尤尔根·哈贝马斯的后记，它对马尔库塞的作品的重要性做了精彩的概括。此外，还要再次感谢约翰·爱博梅特在关键时候对书信和哈贝马斯的反思做了一流的翻译。我要感谢我加州大学洛杉矶分校忠诚的学生莱斯利·亨德里克森（Leslie Hendrickson）和李华伦（Hua-Lun Lee），他们在编辑这些文本上提供了很大的帮助。最后，还要感谢劳特里奇出版社的托尼·布鲁斯（Tony Bruce）、穆纳·科加利（Muna Khogali）和莉兹·奥唐奈（Liz O'Donnell）对整个制作过程细节的处理。

道格拉斯·凯尔纳，洛杉矶，2000 年 10 月

索 引^①

A

G

Great Society，大社会，26, 61–2, 76; and capitalist enterprise，与资本主义企业，62–4; creativity，创造性，72; education，教育，76–8; and Enemy，与敌人，65–6; internal contradictions，内在矛盾，78–80

H

Habermas, Jürgen，尤尔根·哈贝马斯，22, 23

happiness，幸福，12–14

Hegel, G. W. F.，格奥尔格·威廉·弗里德里希·黑格尔，5, 9; absurdity，荒谬，112; *Aesthetic*，《美学》，138; desire，欲望，149; dialectic，辩证法，6; Marcuse's study，马尔库塞在黑格尔方面的研究，3, 4, 234, 235; master and servant，主人与奴隶，86–7; system of needs，需求体系，136

Hegel's Ontology and the Theory of Historicity，《黑格尔的本体论和历史性理论的基础》，3, 4

Heidegger, Martin，马丁·海德格尔，2, 4, 7, 211, 234

heteronomy，他律，214, 217

Hilferding, Rudolf，鲁道夫·希法亭，223–4

Horkheimer, Max，马克斯·霍克海默，233, 234；bourgeois，资产阶级，141; correspondence，往复书信，21, 24, 205–6, 213–18; critical theory，批判理论，9, 16, 17, 19, 23, 25; Institute for Social Research，社会研究所，1, 2, 4, 5–6, 8, 20

humanities，人文，75

Husserl, Edmund，埃德蒙·胡塞尔，4, 211

I

ideology，意识形态，41

imagination，想象，15–16, 117–18

责任编辑：曹　春　刘可扬
封面设计：木　辛　汪　莹

图书在版编目（CIP）数据

马尔库塞文集 . 第二卷，走向社会批判理论 ／（美）赫伯特·马尔库塞 著；
　高海青，陶焘 译 . —北京：人民出版社，2019.12
书名原文：COLLECTED PAPERS OF HERBERT MARCUSE VOLUME TWO
TOWARDS A CRITICAL THEORY OF SOCIETY
ISBN 978－7－01－019808－8

I.①马… 　II.①赫…②高…③陶… 　III.①马尔库塞（Marcuse, Herbert
　1898–1979）–哲学思想–文集 　IV.① B712.59–53

中国版本图书馆 CIP 数据核字（2018）第 217557 号

马尔库塞文集　　第二卷
走向社会批判理论

MA'ERKUSAI WENJI DI'ERJUAN
ZOUXIANG SHEHUI PIPAN LILUN

[美] 赫伯特·马尔库塞　著

高海青　陶焘　译

人民出版社 出版发行
（100706　北京市东城区隆福寺街 99 号）

北京盛通印刷股份有限公司印刷　新华书店经销

2019 年 12 月第 1 版　2019 年 12 月北京第 1 次印刷
开本：710 毫米 ×1000 毫米 1/16　印张：19.5
字数：246 千字

ISBN 978－7－01－019808－8　定价：108.00 元

邮购地址 100706　北京市东城区隆福寺街 99 号
人民东方图书销售中心　电话（010）65250042　65289539

ISBN 978-7-01-019808-8

9 787010 198088 >